大连理工大学经济管理学院出版基金资助出版

高　雅◎著

大数据环境下
投资者信息获取偏好
与非理性交易行为

The Research of Investors' Information Acquisition Preference
and Irrational Trading Behavior:
Under the Big Data Environment

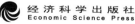

中国财经出版传媒集团

经济科学出版社
Economic Science Press

·北　京·

图书在版编目（CIP）数据

大数据环境下投资者信息获取偏好与非理性交易行为/
高雅著．－－北京：经济科学出版社，2023.11
（大连理工大学管理论丛）
ISBN 978 - 7 - 5218 - 5081 - 9

Ⅰ．①大⋯ Ⅱ．①高⋯ Ⅲ．①投资管理 Ⅳ.
①F830.593

中国国家版本馆 CIP 数据核字（2023）第 162556 号

责任编辑：刘　莎
责任校对：蒋子明
责任印制：邱　天

大数据环境下投资者信息获取偏好与非理性交易行为

高　雅　著

经济科学出版社出版、发行　新华书店经销
社址：北京市海淀区阜成路甲 28 号　邮编：100142
总编部电话：010 - 88191217　发行部电话：010 - 88191522
网址：www. esp. com. cn
电子邮箱：esp@ esp. com. cn
天猫网店：经济科学出版社旗舰店
网址：http：//jjkxcbs. tmall. com
固安华明印业有限公司印装
710×1000　16 开　16.5 印张　270000 字
2023 年 11 月第 1 版　2023 年 11 月第 1 次印刷
ISBN 978 - 7 - 5218 - 5081 - 9　定价：82.00 元
（图书出现印装问题，本社负责调换。电话：010 - 88191545）
（版权所有　侵权必究　打击盗版　举报热线：010 - 88191661
QQ：2242791300　营销中心电话：010 - 88191537
电子邮箱：dbts@ esp. com. cn）

序

2015年11月，中央财经领导小组第十一次会议中，习近平总书记再次强调"要建立投资者权益得到充分保护的股票市场"。关注市场中投资者的交易行为，并对其非理性行为所造成的影响进行准确刻画，是金融市场得以健康发展并对实体经济起到有效支撑作用的关键所在。本书也主要基于此重大需求的背景而撰写。

互联网大数据时代加快了市场中信息的传播速度，投资者信息获取渠道与可获得信息量显著增加，使得传统研究中信息不对称导致的投资者非理性交易行为得到控制。另外，信息爆炸式增长使得有限关注的投资者在信息获取时注意力的分配变得更加重要，投资者在交易决策时面临的主要问题由信息获取不足转为信息过多而信息筛选能力不足，在自身心理偏差因素和信息显著性特征等影响下，投资者对市场有效信息的主动选择成为影响其交易决策的主要因素。

投资的最终决策是外界信息到达与投资者信息处理能力综合作用的结果，信息获取和信息加工的局限性导致个体判断失误并对其交易行为产生的偏差在大数据时代仍然存在，且可能有更加显著的影响。准确把握大数据时代下投资者信息获取偏好的来源与具体表现，分析其对投资者决策行为产生的影响，并寻求信息获取偏好与非理性交易行为可能的改善因素，成为本书写作的主要目的。本书通过关注月度频度与日内频度股价信息对投资者交易行为的影响，分析不同信息源对投资者交易行为的影响，旨在了解投资者在信息获取与交易时存在的偏差，有助于监管者制定政策以改善投资者交易信息环境，保护其合法交易权益。

本书的主要写作动机以及相关的成果展示均与国家自然科学基金青年项目"大数据环境下投资者信息获取偏好与非理性交易行为研究"（72001033）密切相关。本书的写作与出版得到了大连理工大学经济管理学院的大力支持，在此，特表示感谢。当然，此话题下相关的研究内容以及研究成果在当前的文献中不胜枚举，本书的内容也仅包括本人部分的研究发现，不尽之处必然存在，也将激励本人与研究团队继续努力。

本书中主要内容与本人博士毕业论文《中国股票市场动量效应研究》密不可分，感谢指导教师天津大学熊熊教授对本书撰写的悉心指导。感谢本书中相关成果的合作者新西兰奥克兰大学的 Xing Han 高级讲师，赫尔大学的 Youwei Li 教授，路易斯大学商学院的塞缪尔·A. 瓦因（Samuel A. Vigne）教授，天津大学熊熊教授、冯绪教授，天津大学郭彬副教授对合作研究成果的出版给予认可。

还要感谢天津大学樊瑞鑫、刘诗萌、陈庆冲、张雨萌、刘金池、王宇涵、张宇彤和大连理工大学任慧婷、郝睿盈、张赛雅、李江喆、李悦宁、白子若、李嘉欣等同学对书稿的整理和校对工作。

高　雅

目 录

第1章

绪　论

1.1　研究背景与意义

1.1.1　现实背景

得益于国民经济的快速发展以及数量庞大股民的积极参与，我国股票市场自建立以来便保持迅猛发展的态势。2014 年之后，我国 A 股股票市场的市值仅次于美国股票市场，成为世界上第二大股票市场，并位居新兴市场首位。

股票市场在快速发展的同时，也逐渐显露出一些潜在问题。

（1）市场中占据主导地位的投资者类型为个人/散户投资者。上交所统计年鉴数据显示，截至 2021 年末，市场中自然人投资者持股账户数为 4 609.28 万户，占比为 99.72%；自然人持股市值为 106 456 亿元，占比为 24.48%；个人投资者的显著占比成为中国股票市场的独有特征之一。

（2）个人投资者交易非理性程度高。相较于机构投资者，个人在信息获取与决策专业性等方面均存在劣势。深交所 2020 年调查数据显示，约 43% 的个人投资者在交易中存在"过度自信"和"损失厌恶"等交易行为，这些非理性行为在增加市场活跃度的同时，也成为影响市场稳定发展的隐患因素。

随着互联网大数据的发展，在线新闻媒体、股吧论坛等社交平台的出现扩展了投资者可利用的信息范围，改变了投资者的信息获取和交易行为特征。

（1）互联网媒体成为投资者信息获取的主要渠道。证监会投资者服务中心调查数据显示，当前网络媒体在投资者信息获取渠道中所占比例为57.7%，而传统媒体仅有20%。

（2）参与者年轻化趋势加剧了对互联网信息的依赖。2018年新入市的投资者中，30岁以下投资者占比为56.2%，新入市投资者平均年龄为31岁；缺乏股市相关知识是青年投资者进入市场的最大障碍，互联网搜索成为其信息获取的主要来源。

（3）信息获取偏好和非理性行为对投资者交易盈亏的影响逐渐显现。深交所统计数据显示，与盈利投资者相比，亏损投资者阅读上市公司公告和金融机构研报的比例相对较低，而听信传言、听人荐股的比例更高；亏损投资者有更高比例的频繁交易与处置效应行为，且在交易中较少使用止损策略。

信息爆炸式增长使得有限关注投资者的注意力分配变得更加重要，投资者交易决策时面临的主要问题由信息获取不足转为信息过多而信息筛选能力不足，在自身心理偏差因素和信息显著性特征的影响下，投资者对市场有效信息的主动选择成为影响其交易决策的主要因素。投资的最终决策是外界信息到达与投资者信息处理能力综合作用的结果，信息获取和加工的局限性导致个体判断失误并对其交易行为产生的偏差在大数据时代仍然存在，且可能有更加显著的影响。

1.1.2　理论背景

互联网大数据时代加快了市场中的信息传播速度，投资者信息获取渠道与可获得信息量显著增加，使得传统研究中信息不对称导致的投资者非理性交易行为得到缓解（Becker et al.，2017；Di Maggio et al.，2019；郭白滢等，2019）。

在投资者非理性交易行为的研究中，市场微观结构理论从结构性摩擦角度分析了交易制度（如涨跌停限制、卖空约束等）对投资者交易行为以及市场表现产生的影响（Miller，1977；张维和张永杰，2006；陈国进和张贻军，2009；Morse & Shive，2011；Callen & Fang，2015；熊熊等，2017）；行为金融学研究则将心理学基本理论引入对个人信息获取和非理性交易行为的解释中，从认知偏差和信念修正的角度分析了投资者心理因素对其决策过程的作用机理（Hirshleifer & Teoh，2003；Portes & Rey，2005；董大勇和肖作平，2011）。二者对于投资者信息获取偏好和非理性交易行为的形成均具有一定解释力度且相互补充。

基于已有研究，本书拟从金融市场微观结构基本研究思路出发，结合行为金融学和心理学相关研究理论和研究手段，研究大数据时代下投资者信息获取偏好的来源与具体表现，分析其对投资者决策行为产生的影响，并寻求信息获取偏好与非理性交易行为可能的改善因素，以提供中国股票市场中投资者信息获取偏好与非理性交易行为分析的综合证据。大数据环境对投资者信息获取与交易行为进行了更加准确的刻画与记录，也为本书研究提供了重要的数据支持。

1.1.3 理论意义

在理论层面，本书研究的主要意义如下。

（1）更准确地识别投资者交易所依据的信息渠道。传统金融市场研究中，由于投资者决策过程很难被记录，往往只能根据市场成交结果来反向推断投资者交易前的信息获取行为。本研究借助于大数据环境下各类数据的详细记录，更加准确地识别出了投资者关注的信息渠道、信息类别以及不同类型投资者对信息获取偏好的差异性，扩展了理论层面关于投资者决策行为影响和驱动因素的研究。

（2）丰富和扩展了现有关于投资者行为规律的认识。金融市场是典型数据驱动的交易场所，大数据环境下信息技术的进步对投资者信息获取和交易决策行为产生了显著影响，市场参与者的行为规律展现出了传统研究中未曾记录的特征。本书研究基于多源互联网媒体数据与投资者微观层面账户数据，提供了大数据背景下投资者行为规律的实证证据，丰富和扩展了相关的研究内容。

1.1.4 现实意义

在实践影响层面，本书研究的主要意义如下。

（1）有助于市场参与者优化自身交易决策。股票市场中投资者信息筛选和信息获取行为往往受到其自身心理偏差因素、信息处理能力和外界信息显著性等的影响，使得市场中有效信息在个人交易的信息集中未能完全反映，造成了交易行为的非理性。本书研究有助于投资者认清自己，减少或纠正其在交易决策中的非理性行为，从而更好地遵循行为金融理论相关的投资策略，并提高投资收益。

（2）为信息发布者提供发布平台与扩散渠道选择依据。现有研究表明，投资者对信息的获取存在显著的渠道偏好，同质的信息可能由于其发布平台不同或者是否在首页出现而受到投资者完全不同的关注。本研究关于投资者对多源信息平台选择优化的研究提供了不同类型投资者主要信息渠道选择偏好的实证证据，有助于市场中信息发布者针对各类投资者选择差异化、更有效的信息发布平台。

（3）有助于市场监管者政策制定以促进股票市场健康发展。现实中许多股市不稳定现象都是由于投资者非理性行为所引起的，如交易本地偏好导致对特定地域股票的追捧而造成的资产不完全配置、盲从性羊群交易导致股市的暴涨暴跌等。监管者在制定相关政策时需要充分考虑投资者非理性行为对市场交易产生的影响，并对其进行合理的规范和引导，本研究为此提供了参考依据。

（4）有助于实现党中央和证监会优化投资者结构和保护其合法权益的目标。作为市场中最大的资金提供者和主要交易者，个人投资者的成熟与发展

成为衡量股市质量的重要指标之一。习近平总书记在中央财经领导小组第十
一次会议中指出"要建立投资者权益得到充分保护的股票市场",证监会副主
席李超也提出要"加强对各类型投资者画像的掌握,优化不同类型投资者交
易行为及交易占比"。本书研究结果有助于深入了解投资者在信息获取和分析
时存在的偏差,对于监管者制定政策以改善投资者交易信息环境、保护其合
法交易权益具有重要意义。

1.2 文献综述

本书研究重点关注投资者信息获取偏好来源、信息获取偏好对非理性交
易行为的影响,以及投资者信息获取偏好与非理性交易行为的改善等相关研
究在大数据环境与中国情境下的扩展。相关文献综述主要围绕这三个方面
展开。

1.2.1 投资者信息筛选与信息获取偏好

卡内曼(Kahneman,1973)指出投资者关注度是一种稀缺资源,互联网
大数据环境下,市场中海量信息使得投资者关注度的分配更加重要,关注度
分配直接体现为投资者对于不同类型信息的获取偏好。投资者信息获取偏好
与投资者确认性心理偏差和信息显著性程度密切相关。

(1)确认性偏差下投资者基于已有信念的信息获取

培根(Bacon,1620)从心理学角度提出了个人在信息获取和分析过程中
存在的确认性偏差现象(confirmatory bias),即人们一旦采纳了某种观点,便
会倾向于寻找其他事物来支持和佐证这一观点,尽管现实中存在更多的实例
证明相反观点的合理性,但这些相反的证据通常被无视或者忽略。查普曼等
(Chapman et al.)通过心理学实验证实,个人的先入之见胜过即时可得数据
提供的信息。拉宾和施拉格(Rabin & Schrag,1999)将心理学确认性偏差的

影响引入资本市场的理论模型构建中,形成了两个学科研究的有效交叉,并指出确认性偏差影响了经济学中投资者基于贝叶斯更新对信息进行处理的基本假定,即使在信息无穷到达的情况下,第一印象对个人随后信息获取和信念更新产生的影响也不会减弱。贾德巴拜等(Jadbabaie et al.,2012)强调了在非贝叶斯更新的观察式学习中,个人先前经验对于真实世界正确认知的重要性。赫什莱弗和张(Hirshleifer & Teoh,2004)在其提出的收益率预测模型中也指出,在有限的注意力下,投资者会有意识地忽略某些资产的盈利公告,称为信息的理性忽略(rational inattention)。查尼斯和戴夫(Charness & Dave,2017)、卡费拉塔和特拉蒙塔纳(Cafferata & Tramontana,2019)通过理论模型扩展证实了确认性偏差对投资者信息获取和信息解读过程产生的影响。普吉特等(Pouget et al.,2017)提出的三期理论模型,也进一步从理论建模角度明确了确认性偏差对市场中新信息获取和扩散速度的影响路径。

(2)信息显著性与投资者信息获取偏好

有限关注度下投资者信息获取具有排他性(Hirshleifer et al.,2009),只有强度超过一定阈值的显著信息才会被投资者主动获取(Da et al.,2014)。巴伯和奥丁(Barber & Odean,2008)提出的价格压力假说也表明投资者只会从高度吸引其关注的股票中作出选择。伯纳德·詹森(Bernard Jensen)对Excite搜索引擎的研究发现,高达80%的用户仅查看检索结果首页便不再继续浏览。马黎珺等(2019)发现投资者更容易注意到报告中处于醒目位置的盈余预测、推荐评级、目标股价等定量信息,却忽略那些对估值有重要意义但不明显的信息。方军雄等(2018)发现投资者有限关注度在竞争性的信息环境下更加显著,对于同行业竞争信息较多、可见性较差的公司而言,投资者信息获取的偏好更加显著。卡佩尔奇克等(Kacperczyk et al.,2019)发现投资者更倾向于将精力放在高波动的股票中。信息显著性对投资者获取偏好的影响也表现为市场层面信息获取。袁(Yuan,2015)发现市场指数新高和主流媒体头版等重大事件会吸引投资者注意力,进而影响市场整体交易行为。彭和熊(Peng & Xiong,2006)发现有限关注度的投资者更加注意类别学习,将更多注意力集中在市场和行业层面的信息,而忽视了个股层面的信息。佩雷斯和施密特（Peress & Schmidt，2018）及黄等（Huang et al.，2019）以股票市场外重大新闻事件发布作为吸引散户关注的外来冲击，发现当投资者较少关注金融市场时，会将更多关注度分配给市场而非特定公司的信息。

（3）文献评述

当前文献对于投资者信息获取偏好已经有比较充分的研究，但由于对投资者心理偏差因素进行直接刻画数据可得性的限制，相关研究大多通过理论建模分析或者基于股市交易数据进行的后验式推理。本书拟基于互联网媒体和账户数据对投资者行为数据的详细记录，补充由于先验信念指标构建困难造成相关研究中实证分析结论的不足，并提供投资者信息获取偏好在个体层面的直接证据。

1.2.2　信息获取偏好与投资者非理性交易行为

投资者信息获取偏好表现为对市场中特定类型信息的积极获取和对其他类别信息的主动忽略，信息获取偏好导致了市场中有效信息在个体交易信息集的未完全反映，进而产生了投资者微观交易中的非理性行为。投资者非理性交易行为是金融市场微观结构和行为金融学研究的热点话题，相关的研究文献也层出不穷，本书重点关注与大数据环境下信息获取和信息记录相关的两类非理性行为。

（1）投资者信息获取与交易行为的"本地偏好"

弗伦克和波特伯（French & Poterba，1991）发现投资者在跨国投资中对于本国资产的投资比重过大，不符合马科维茨投资分散化的基本理论，并将其解释为跨国投资的"本地偏好"（Home Bias）。西肖尔斯和朱（Seasholes & Zhu，2010）及黄等（Huang et al.，2016）将这一现象扩展到投资者对本国的资产配置上，发现在本国股票市场交易时，投资者也会更多关注地理上离自己比较近的上市公司。休伯等（Huber et al.，2019）进一步发现投资的本地偏好在散户投资者和专业投资者中普遍存在，且在散户交易中更加显著。先前研究对投资者交易本地偏好的产生原因并未得出一致结论，主要分为本地股票的信息获取优势和"家乡情怀"两个流派。信息获取优势理论基于客观存在的信息不对称现象，认为投资者对本地股票在信息获取（Portes & Rey，2005；Ferreira et al.，2017）和信息解读（Van Nieuwerburgh & Veldkamp，2009）方面存在优势。"家乡情怀"则认为投资者对本地股票的信息获取并不存在相对优势（董大勇和肖作平，2011；杨晓兰等，2016；Jia et al.，2017），投资偏好主要来自情感因素且不能从投资中获取超额收益（Morse & Shive，2011；Sulaeman，2014）。大数据环境下信息成本降低和传播速度提高使得投资者间信息不对称导致的相对信息优势程度减弱。20世纪90年代后我国国内人口流动的加快和大学生外出求学、工作的现状使得市场中大部分青年投资者主要居住地并非家乡，"家乡情怀"对投资者交易行为的影响相对减弱；而股票市场显著存在的本地偏好现象却并未得到缓解，使得对互联网时代投资者本地偏好产生原因的研究变得更加必要。

（2）投资者信息获取和交易中的"羊群行为"

羊群行为（herd behavior）来自个人在形成自己的认知和判断时从众心理偏差的影响，表现为服从公众舆论或者大多数人的行为方式。先前关于信息获取和交易中羊群行为对投资者交易获利和市场信息质量影响的研究并未得出一致结论，主要的研究争论在于羊群行为是否基于相似但有效的信息。德维诺和韦尔奇（Devenow & Welch，1996）指出投资者存在遵从市场共识的内在偏好，因而会放弃自己的信息而去盲从其他的市场参与者。赫什莱弗和张（Hirshleifer & Teoh，2003）及江和韦拉尔多（Jiang & Verardo，2018）发现了盲从性羊群行为在资本市场存在的证据，并指出这种非信息驱动的羊群行为阻碍了有价值的私人信息在股价中的反映，降低了资本市场的透明度和预测的准确性（Du & Shen，2018），放大了市场风险（Cai et al.，2019），使得股票价格偏离基本面价值。另外一种形式的羊群行为则是基于对外部共同信息或正相关信息所作出相类似的反应，如投资者对热门行业（Choi & Sias，2009）和特定投资风格（Celiker et al.，2015）的追逐以及为了满足监管需求而采取的相似交易行为（Blake et al.，2017），这些行为与投资者自身投资策略和私人信息获取无关，主要反映了其对公开信息的共同获取和相似解读，为投资者交易和市场信息环境带来了积极的外部性。中国股票市场中羊群行为的讨论同样存在争议，特别是大数据时代下信息传播加快对投资者盲从交易的扩大与整体投资者金融素养的提高导致对互联网有效信息主动获取间的平衡，因而成为本书重要的研究方向之一。

（3）文献评述

投资者非理性交易行为是金融市场微观结构和行为金融学研究中的热点话题，大数据环境对投资者信息获取和交易行为的详细记录为投资者微观非理性交易决策形成和演化规律的研究提供了便利，独特的投资者构成和市场频繁波动的现状也使得这部分研究在中国股票市场的扩展变得更加重要，厘清现有研究存在的争议和补充由于数据获取困难而导致的研究不充分，成为本书分析的主要目标。

1.2.3　投资者信息获取偏好与非理性交易行为的改善

信息获取偏好和非理性交易行为的改善与市场信息环境及投资者获取信息的便利性密切相关。大数据时代投资者交互对信息获取成本的降低、信息发布平台增加为投资者更全面掌握市场信息及非理性交易行为优化提供的数据支撑、市场交易制度不断完备对投资者信息获取不对称性的影响等，在一定程度上均对投资者信息获取偏好和非理性交易行为起到了改善作用。

（1）投资者间交互对信息获取偏好和微观交易行为的影响

昂贵信息获取成本是投资者在市场交易中停止信息搜集、产生非理性交易行为和对市场信息不完全反映的主要原因（Stigler，1961）。投资者间交互对降低信息获取成本、加快市场信息流通具有促进作用。洪等（Hong et al.，2005）和布洛克（Blocher，2016）发现金融市场投资者之间会相互观察并交流信息，这一观察和互动的结果对于投资者交易决策以及未来市场价格形成等都具有显著影响。贝克等（Becker et al.，2017）通过真人实验发现网络中个体通过对他人行为的观察和学习增加了一致预期，提高了群体智慧。埃亨等（Ahern et al.，2017）和马伦科（Malenko，2019）通过投资者间信息网络模型的构建，证实了信息互动使私有信息在机构投资者间的传播。迪·马吉奥等（Di Maggio et al.，2019）和郭白滢等（2019）指出基金信息网络规模的扩大增加了基金之间信息互动的可能性与频率，并提高了股票市场的定价效率。此外，也有学者认为交互行为不一定带来新信息。哈利姆等（Halim et al.，2019）发现投资者间信息交互增加了交易量，但由于对已购买信息相邻个体的搭便车行为，社交活动减少了信息的产生。基金经理间持股信息网络密度增加也可能与市场极端风险相关（肖欣荣等，2012；陈新春等，2017）。现有研究大多基于机构投资者间信息共享数据建立，而缺乏对个人投资者在社交媒体中交互行为的刻画；散户显著占比的独特投资者结构和社交媒体中投资者交互数据的可得性为本书对这部分研究的扩展提供了必然性和可行性，本研究基于此对这部分进行了扩展。

（2）信息发布平台增多对投资者信息获取和交易行为的影响

海量信息发布与发布平台增多为互联网时代典型特征，多平台信息发布为投资者信息获取提供了便利，并对投资者交易行为产生了显著影响。传统新闻媒体信息发布对投资者关注度和交易行为的影响在先前研究中已经得到了广泛证实（Barber & Odean，2008；Yuan，2015；Ben - Rephae et al.，2017）；基于网络搜索引擎对信息的直接获取也成为投资者对个股信息关注的直接衡量指标（Da et al.，2011；张永杰等，2018；Gargano & Rossi，2018；王宇哲和赵静，2018）；社交媒体平台不仅改变了金融市场参与者获取信息的渠道，还使得市场参与者由过去单纯的信息获取者变成了信息的发布与传播者（程学旗等，2014；张维等，2015；刘海飞等，2017；刘杰等，2019；Gao et al.，2019），互联网用户对相关信息的转发和评论可能会夸大或扭曲信息原本的含义，进而对投资者关注度和随后买入卖出行为产生更加显著的影响。投资者对信息获取平台选择偏好的不断变化也是大数据时代的主要特征。根据美国通信流量监测机构 Statcounter 的统计，百度搜索在我国搜索引擎市场中所占比重由 2017 年的 77% 降至 2019 年 10 月的 61%，百度指数对投资者信息获取与关注程度的描述能力仍占据显著地位但影响程度下降；"股吧"和"雪球"等财经媒体所占据的市场份额也不断变化；2013 年 11 月起深交所"投资者关系"和上市公司"投资者问询渠道"等交流平台的开放也为投资者对相关股票信息的直接获取提供了便利。因此，提供中国情境下投资者最优信息获取平台的选择以及多平台信息整合方式成为本书研究的主要方向。

（3）交易制度完备对投资者信息获取和交易行为的改善

戴维斯（Davies，2015）发现由于卖空限制的存在，投资者在实际交易中会忽略其库存为零股票的信息，导致投资者对市场中正面和负面信息的获取偏差，使得股票交易表现为对投资者看涨预期的过度反应。2010 年融资融券政策的开放首次提供了中国股票市场个股卖空渠道，对于健全市场交易制度、改善投资者信息获取不平衡所造成的非理性交易行为有重要作用。已有研究从理论建模（Miller，1977；张维和张永杰，2006；陈国进和张贻军，2009）和实证分析（Callen & Fang，2015；熊熊等，2017）的角度广泛证实了卖空交易对投资者信息获取和市场信息环境的改善作用，并认为卖空交易者更好的信息来源（Chang et al.，2014；苏冬蔚和彭松林，2019）以及更强的信息处理能力（Engelberg et al.，2012；Xiong et al.，2017）可能是卖空交易改善市场定价效率和信息含量的主要原因。当前研究存在的不足之处在于对投资者负面信息获取行为改善的非直接衡量，已有研究大多从卖空交易后市场股价虚高缓解的角度分析融券交易对负面信息的反映，未能给出卖空政策对投资者信息获取行为产生的直接影响。此外，作为中国股票市场仅有的个股卖空渠道，融券交易推出的政策效应远大于基于股票市场交易数据的衡量。融券交易由机构主导、实施过程"一券难融"的现象和监管机构一直以来持有的谨慎叫停态度使得市场中实际融券交易数据未能完全反映投资者对可卖空股票负面信息的获取行为，基于互联网媒体数据分析投资者对相关股票信息获取偏好和潜在交易行为的改善，成为本书这部分研究的重要扩展。

（4）文献评述

投资者交互对信息获取成本的降低、多源信息渠道带来的信息获取便利以及交易制度完善对投资者均衡获取各类信息的促进作用等，均在一定程度上改善了投资者信息主动获取的外在动机。当前研究可能存在的不足在于未能将大数据环境下的改善因素与中国情境进行有效结合，包括对市场中占据主导地位的个人投资者信息交互网络模型构建的不足，缺少对多平台信息数据的整合以及政策推出对投资者信息获取不平衡改善的非直接衡量等。本书研究针对这些内容加以扩展。

1.2.4　发展动态和扩展研究

已有文献给出了投资者信息获取和非理性交易行为较为充分的研究结论，但仍存在一些未能解决的争议；此外，对于投资者微观决策行为准确、直接的衡量尚显不足，特别是从心理偏差背景下对投资者信息获取偏好和非理性交易行为进行分析的研究视角更加欠缺。本书基于此对相关研究进行如下扩展。

（1）从确认性心理偏差和信息显著性两个方面，给出内在和外在因素对投资者信息获取偏好产生及具体表现影响的直接证据。

（2）充分利用互联网媒体平台对投资者不同维度信息获取和交易行为的详细记录，解决传统投资者非理性交易行为研究中两类主要争议。

（3）将大数据环境与中国情境相结合，给出投资者信息获取与非理性交易行为相关改善因素的可行性分析与研究结论参考。

第 2 章

月频度股价信息对投资者
交易行为的影响

2.1 中国股市的短期动量效应

2.1.1 引言

自从杰格迪什和蒂特曼（Jegadeesh & Titman, 1993）的开创性工作以来，过去表现良好的股票以及后续也持续表现良好的动量异象已经引起了学术界和从业者的大量关注（Asness, 1995; Jegadeesh & Titman, 2001; Chui et al.,2010; Li et al., 2014）。此外，动量异常在股票以外的资产中也广泛存在，例如奥库涅夫和怀特（Okunev & White, 2003）及塞尔邦（Serban, 2010）研究了货币市场；厄尔布和哈维（Erb & Harvey, 2006）及莫斯科维茨等（Moskowitz et al., 2012）研究了外汇期货合约；米夫雷和拉利斯（Miffre & Rallis,2007）及比安基等（Bianchi et al., 2015, 2016）研究了商品期货；格布哈特等（Gebhardt et al., 2005）和乔斯托娃等（Jostova et al., 2013）研究了政府债券。

　　然而已有研究对于短期动量的来源并没有一致的结论。行为金融的研究理论认为，短期动量是由投资者对信息的非理性反应引起的：巴尔贝里斯等（Barberis et al.，1998）、洪和斯坦因（Hong & Stein，1999）、小古铁雷斯和普林斯基（Gutierrez Jr & Prinsky，2007）、布里茨（Blitz et al.，2011）和张等（Chang et al.，2018）研究了投资者的反应不足；德隆（De Long et al.，1990）和丹尼尔（Daniel et al.，1998）研究了投资者的过度反应。丹尼尔等（1998）提出了投资者过度自信和有偏见的自我归因的理论模型来解释股票市场的反应不足和过度反应（DHS 模型）。具体而言，DHS 模型发现过度自信的投资者最初对他们的私人信息反应过度，由于有偏见的自我归因，这种信心在随后的公开信号到来时增强，并导致对信息的进一步过度反应。此外，库珀等（Cooper et al.，2004）提出，在市场上涨后，投资者的偏见会更加突出，从而进一步促进价格动量在市场正收益后的盈利能力。

　　阿赛木和狄安娜（Asem & Tian，2010）扩展了库珀等（2004）的发现，并提出是市场状态的动态变化而不是市场状态本身预测动量策略盈利。具体而言，阿赛木和狄安娜（2010）提出，当市场继续处于上涨（下跌）市场状态时，对买入（卖出）行为的过度自信程度会增强。因此，当市场继续处于相同的状态（持续上涨或者持续下跌）时，动量策略利润应该比市场反转到不同的状态（从上涨到下跌或从下跌到上涨）时更高。阿赛木和狄安娜（2010）也发现子样本中从下跌到下跌和从下跌到上涨的抵消表现是美国股市下跌后整体动量表现不显著的原因。在阿赛木和狄安娜（2010）的开创性发现之后，哈诺尔（Hanauer，2014）、林等（Lin et al.，2016）和杨等（Yang et al.，2018）也发现日本和中国台湾股市存在类似的市场状态相关动量，即动量策略的利润在市场状态持续的子样本上增强，而在市场反转的子样本上减少。基于这些发现，本书探究中国股市的动量，以及动量在市场持续的子样本和市场反转的子样本上的不同表现，试图为中国市场短期动量表现提供解释。

　　中国股市在三个方面有其独具的特点。首先，中国股票市场虽然交易历史较短，但已成为世界第二大股票市场和最大的新兴市场，在国际资本市场中发挥着重要作用。其次，中国股市从成立之初就经历了许多波动，市场状态的变化比发达国家的股票市场更加频繁。最后，更重要的是，中国股市具有其独特的投资者结构，上海证券交易所 2021 年年报显示，个人投资者持有全年 99% 以上的账户和 50% 的交易。个人投资者，特别是不知情的散户投资者，被认为是过度自信和非理性的，因此市场状态相关动量在中国股市中可能有更显著的表现。

为了验证市场状态对中国股市短期动量表现的影响，本部分研究提出一种可能的动量交易策略，并进一步探究与市场状态相关动量的有关因素，进而对动量策略作全面的研究。具体而言，本节按照传统动量策略构建方式对中国股票市场动量效应进行了研究，发现无论是使用前 12 ~ 2 月回报作为策略构建依据还是使用前 12 ~ 7 月回报作为动量策略构建依据，都无法找到中国股票市场存在显著短期动量效应的证据。这个发现与先前对中国股票市场动量效应研究的文献一致，但异于其他资本市场的结论，因此，本节探索了中国市场中动量策略失效的原因。

根据市场回报在动量策略构建期与回报期的不同表现对全样本进行细分后，本部分研究发现传统动量效应在不同类型市场状态子样本中有不同的表现。当市场状态在两个时期同方向时，传统动量效应有显著为正的超额收益，而当市场状态在两个时期反方向时，传统动量效应有显著为负的超额收益。由于中国股票市场中市场状态在两个时期同方向与反方向的占比相近，两个子样本中表现相反的动量效应相互抵消，因而导致我国整体动量效应表现得不显著。

进一步，本部分研究发现动量效应表现随着市场状态变化而改变的原因主要来自市场变化对最高组股票与最低组股票相对 Beta 差值的影响，且本部分研究发现的市场回报符号在两个时期是否相同对动量效应的影响对于其他市场动量效应的表现同样适用。

将策略构建期与回报期市场回报符号是否一致的因素考虑至动量策略的构建中后，本部分研究发现改进后动量策略可以产生从最低组到最高组明显的回报递增趋势，最高组与最低组差值在统计意义与经济意义上均显著，且回报具有一定的持续性，即本部分研究找到了中国股票市场中存在显著动量效应的证据。

最后，本节分析了改进后动量策略回报与 Fama 因子模型和 French 因子模型的相关性。研究发现，Fama 因子模型和 French 因子模型对各分组回报值有很好的解释能力，但各个因子与回报的关系并没有显著的组间差异，因而本研究构建的调整后因子模型动量策略最高组与最低组的回报差值无法被 Fama 因子模型和 French 因子模型所解释。本研究推测，动量策略模型中可能包含 Fama 因子模型和 French 因子模型所无法解释的部分，动量因子可能成为中国股票市场中解释股价回报的新因子。

2.1.2　数据描述

本部分研究的样本为上海证券交易所和深圳证券交易所中 A 股股票数据，具体包括上海证券交易所主板数据、深圳证券交易所主板、中小板和创业板数据。为了保证数据的充足性和有效性，在研究中剔除了所有 ST 的股票样本、月初股票价格小于 1 的股票样本、金融股、上市时间不足一年以及在本研究样本期内终止上市的所有股票数据。最终样本共包含 3 366 只股票（包含上交所主板 1 340 只，深交所主板 463 只，深交所中小板 881 只，以及深交所创业板 682 只）从 1991 年 1 月到 2018 年 9 月共计 427 318 个月度—个股维度数据。不同股票根据其上市时间以及数据可得性的限制，数据起始时间段不同。

本部分研究使用的数据包括个股月回报值，市场指数月回报值，月度无风险收益值，个股市值数据和个股账面市值比数据等，数据来源于锐思数据库（Resset）。

2.1.3　传统动量策略表现

参考杰格迪什和蒂特曼（Jegadeesh & Titman，1993，2001）、以色林和莫斯科维茨（Israel & Moskowitz，2013）、阿斯尼斯（Asness，2013）和黄

（Huang，2018）等构建美国股票市场动量策略的方式，构建了中国股票市场基于传统动量效应的投资组合策略。具体的构建方式如下。

根据每只股票前 12 个月到前 2 个月的回报值对股票进行排序，按照排序结果对中国股票市场中 A 股股票进行分组，比较各组股票在投资回报期（本部分研究主要关注一个月回报期）内的平均回报值是否存在差异，以及最高组与最低组回报的差值是否在统计意义和经济意义上显著。

根据发达资本市场的研究结论可以推断，如果中国股票市场中存在显著的短期动量效应，则从最低组到最高组，各组在投资回报期内的平均回报值应当呈现递增的趋势，且最高组与最低组回报的差值应在统计意义上显著大于 0。也就是说，股票的回报具有一定的持续性，历史上表现较好的股票在短期内也会延续其良好的表现，从而在投资组合的回报期也能够保持较高的收益；与之相对应的，历史上表现较差的股票也会延续其较差的表现，从而在回报期维持较低的收益。

此外，根据诺威·马克思（Novy - Marx，2012）的研究，在美国市场中，传统动量效应的表现主要是由策略回报期前 12 个月到前 7 个月股票的回报值决定的，因此本研究也同样使用了前 12 ~ 7 月的回报值对 A 股股票进行分组，研究这个时期动量策略构建依据是否在中国股票市场也有相对更好的表现。为了保证结果的统计有效性，本部分研究在策略构建时只保留了组内股票样本数大于 30 只的投资组合策略，以及考虑到使用前一年数据作为策略筛选依据所造成的样本量的损失，本部分研究最终得到投资组合策略的时间段为 1997 年 7 月至 2018 年 9 月。

根据前 12 ~ 2 月和前 12 ~ 7 月的回报值，本部分研究对中国股票市场中 A 股股票的回报值从小到大进行排序并分组，分别构建了 10 组、5 组和 3 组投资组合策略。为了方便对比分组结果，本研究将按照前 12 ~ 2 月回报构建的投资组合策略和按照前 12 ~ 7 月回报构建的投资组合策略所得出各组在回报期的平均回报值以及相关统计量在表 2 - 1，表 2 - 2 和表 2 - 3 的左半部分和右半部分分别给出。

表 2 - 1 中左半部分给出了基于前 12 ~ 2 月回报值进行分组，并持有一个

月的投资组合回报值，第一列中"1"到"10"给出了按照策略构建依据，将前12~2月回报值从小到大进行排序后，最低组到最高组的投资组合策略。"10-1"给出了策略构建时期最高组与最低组在投资组合回报期的回报的差值以及相应的统计指标。相应地，表2-1中右半部分给出了基于12~7月回报值的分组，并对持有一个月的投资组合给出回报值。表2-1中所包含的投资组合回报的数据有：投资组合相对于同期无风险利率的超额收益均值，超额收益的T值，投资组合的标准差以及投资组合的夏普比率。表2-1中投资组合的回报为样本期内的平均持有回报，投资组合的超额回报值以及回报的标准差均为百分比值，回报均值及标准差为将月度数据进行年化后的结果。表2-1中*给出了T值的显著性程度。

表2-1   基于传统动量效应的投资组合回报（10组）

组序	12~2月				12~7月			
	收益	T值	标准差	夏普比率	收益	T值	标准差	夏普比率
1	11.24	5.12***	34.93	0.32	9.79	4.41***	35.35	0.28
2	13.05	6.04***	34.40	0.38	12.21	5.65***	34.37	0.36
3	14.00	6.53***	34.12	0.41	14.82	6.88***	34.30	0.43
4	14.45	6.88***	33.43	0.43	12.04	5.79***	33.10	0.36
5	13.50	6.48***	33.19	0.41	14.27	6.87***	33.06	0.43
6	14.41	6.91***	33.22	0.43	13.04	6.36***	32.66	0.40
7	13.00	6.21***	33.35	0.39	13.36	6.42***	33.15	0.40
8	11.60	5.49***	33.65	0.34	11.66	5.73***	32.40	0.36
9	9.56	4.63***	32.90	0.29	13.06	6.31***	32.96	0.40
10	10.16	4.74***	34.14	0.30	10.72	5.01***	34.10	0.31
10-1	-1.08	-0.85	19.42	-0.05	0.94	1.06	15.12	0.07

注：***表示在1%的水平下显著。

表2-2中左半部分给出了基于12~2月回报值的分组，并对持有一个月的投资组合给出回报值。第一列中"1"到"5"给出了按照策略构建依据，

将前 12~2 月回报值从小到大进行排序后，最低组到最高组的投资组合策略。"5-1"给出了策略构建时期最高组与最低组在投资组合回报期的回报的差值以及相应的统计指标。相应地，表 2-2 中右半部分给出了基于 12~7 月回报值的分组，并对持有一个月的投资组合给出回报值。表 2-2 中投资组合的回报为样本期内的平均持有回报，投资组合的超额回报值以及回报的标准差均为百分比值，回报均值及标准差为将月度数据进行年化后的结果。表 2-2 中 * 给出了 T 值的显著性程度。

表 2-2　　　　　　　基于传统动量效应的投资组合回报（5 组）

组序	12~2 月				12~7 月			
	收益	T 值	标准差	夏普比率	收益	T 值	标准差	夏普比率
1	12.14	5.60***	34.54	0.35	11.00	5.04***	34.74	0.32
2	14.22	6.72***	33.70	0.42	13.42	6.36***	33.63	0.40
3	13.96	6.72***	33.10	0.42	13.66	6.63***	32.78	0.42
4	12.30	5.87***	33.39	0.37	12.51	6.10***	32.67	0.38
5	9.86	4.72***	33.30	0.30	11.89	5.67***	33.38	0.36
5-1	-2.28	-1.36	18.65	-0.07	0.89	0.29	15.43	0.03

注：*** 表示在 1% 的水平下显著。

表 2-3 中左半部分给出了基于 12~2 月回报值的分组，并对持有一个月的投资组合给出回报值。第一列中"1"到"3"给出了按照策略构建依据，将前 12~2 月回报值从小到大进行排序后，最低组到最高组的投资组合策略。"3-1"给出了策略构建时期最高组与最低组在投资组合回报期的回报的差值以及相应的统计指标。相应地，表 2-3 中右半部分给出了基于 12~7 月回报值的分组，并对持有一个月的投资组合给出回报值。表 2-3 中投资组合的回报为样本期内的平均持有回报，给出的投资组合的超额回报值以及回报的标准差均为百分比值，回报均值及标准差为将月度数据进行年化后的结果。表 2-3 中 * 给出了 T 值的显著性程度。

表 2 - 3 基于传统动量效应的投资组合回报（3 组）

组序	12 ~ 2 月				12 ~ 7 月			
	收益	T 值	标准差	夏普比率	收益	T 值	标准差	夏普比率
1	12. 86	5. 98 ***	34. 26	0. 38	12. 36	5. 72 ***	34. 39	0. 36
2	14. 00	6. 75 ***	33. 05	0. 42	13. 04	6. 33 ***	32. 80	0. 40
3	10. 62	5. 09 ***	33. 20	0. 32	12. 08	5. 85 ***	32. 89	0. 37
3 - 1	- 2. 24	- 0. 75	33. 74	- 0. 07	- 0. 28	- 0. 09	33. 65	- 0. 01

注： *** 表示在1% 的水平下显著。

根据表 2 - 1、表 2 - 2 和表 2 - 3 中的结果，本部分研究无法找到中国股票市场中存在类似于发达市场显著且稳健的短期动量效应的证据。以表 2 - 1 中分十组的结果为例，本部分研究发现，按照前 12 个月到前 2 个月回报进行分组时，最高组（第十组）股票的平均回报期回报小于最低组（第一组）股票的平均回报期回报，差值在统计意义上不显著，经济意义显著性也较低。根据前期回报对最低组到最高组进行排序时，本部分研究也没有发现明显的上升趋势，这与动量效应显著存在时的表现并不一致。尽管按照前 12 个月到前 7 个月回报进行分组时，发现最高组与最低组差值为正，但仍然在统计意义上不显著，经济意义显著性也较低，且从最低组到最高组进行排序时也未能发现明显的趋势。表 2 - 2 和表 2 - 3 中按照前期收益分五组和分三组的结果也给出了相似的结论：根据前 12 个月到前 2 个月股票回报进行分组时，最高组与最低组差值为负，但在统计意义上并不显著，最低组到最高组的回报不存在逐渐递增的趋势；根据前 12 个月到前 7 个月股票回报进行分组时，最高组与最低组差值同样在统计意义上和经济意义上差值均不显著，且各组回报间没有明显的趋势。因此本部分研究无法根据表 2 - 1 到表 2 - 3 中依据前 12 个月到前 2 个月回报分组和前 12 个月到前 7 个月回报分组的结果得出中国股票市场中存在动量效应的结论。

总结：本部分研究根据前 12 个月到前 2 个月回报以及前 12 个月到前 7 个月回报对中国股票市场中 A 股股票进行分组研究时，没有发现中国股票市场中存在显著动量效应的证据。本研究这部分结论与康等（Kang et al., 2002）、朱战宇等（2004）、刘博和皮天雷（2007）及马超群和张浩（2005）等一致。

稳健性检验 -1

尽管分组研究的方式在动量效应研究中比较普遍，本部分研究也尝试利用另一种较为常见的方式对前面的研究结论进行了稳健性检验。参考鲁臻和邹恒甫（2007）的研究，本部分研究给出了按照前 12 ~ 2 月、前 12 ~ 7 月回报进行排序后，最高组股票回报和最低组股票回报，以及最高组股票与最低组股票回报差值在回报期的表现，本部分研究选取了 100、50 和 30 作为每次排序后最高组和最低组包含的股票数。研究的结果在表 2 - 4 中给出。

表 2 - 4 中第一部分给出了每组中包含的 100 只股票样本的结果，中间部分给出了每组中包含的 50 只股票样本的结果，最下面的部分给出了每组中包含的 30 只股票样本的结果。表 2 - 4 中从左至右给出的是按照前 12 ~ 2 月回报进行分组和按照前 12 ~ 7 月回报进行分组构建策略，并持有一个月的结果。其中投资组合的回报为样本期内的平均持有回报，给出的投资组合的超额回报值以及回报的标准差均为百分比值，回报均值及标准差为将月度数据进行年化后的结果。表 2 - 4 中 * 给出了 T 值的显著性程度。

表 2 - 4　　　　基于传统动量效应的投资组合回报（按股票数划分）

组别	12 ~ 2 月				12 ~ 7 月			
	收益	T 值	标准差	夏普比率	收益	T 值	标准差	夏普比率
每组 100 只股票								
最低组	10.72	4.83***	35.41	0.30	9.90	4.40***	35.90	0.28
最高组	10.39	4.75***	34.89	0.30	10.81	4.98***	34.61	0.31
高 - 低	-0.33	-0.15	35.19	-0.01	0.91	0.41	35.30	0.03
每组 50 只股票								
最低组	10.29	4.52***	36.33	0.28	8.51	3.68***	36.87	0.23
最高组	9.32	4.10***	36.23	0.26	10.08	4.51***	35.63	0.28
高 - 低	-0.97	-0.43	36.32	-0.03	1.57	0.69	36.29	0.04

续表

组别	12～2 月				12～7 月			
	收益	T 值	标准差	夏普比率	收益	T 值	标准差	夏普比率
每组 30 只股票								
最低组	10.13	4.37***	36.95	0.27	7.37	3.16***	37.17	0.20
最高组	8.58	3.65***	37.49	0.23	9.65	4.19***	36.75	0.26
高－低	－1.55	－0.66	37.26	－0.04	2.28	0.98	37.00	0.06

注: *** 表示在 1% 的水平下显著。

研究结果发现，无论是根据前 12 个月到前 2 个月回报进行分组还是根据前 12 个月到前 7 个月回报进行分组，本部分研究最高组和最低组回报均不存在显著差异，这个结果在每组包含 100 只股票、50 只股票和 30 只股票时都是稳健的。因此，本部分研究根据对最高组和最低组中固定股票样本数为依据对中国股票市场中动量效应进行分析时，所得出的结论与使用分组方式进行研究是一致的：没有找到显著的证据证明中国股票市场中存在短期动量效应。

此外，本研究参考阿斯尼斯等（Asness et al.，2013）对美国，日本，英国和欧洲大陆股票市场和其他资产进行动量效应的研究，为了使得研究结果更加有效，保留流动性最好的股票样本。然而，本部分研究统计发现，在中国市场中，并不存在市值占据绝对优势能够反映市场中最好的流动性的大股票。按照相同的方法作筛选时，本部分研究发现中国市场中仍然保留了 2 867 只股票的样本数据，其中上交所主板 1 159 只，深交所主板 449 只，深交所中小板 750 只，深交所创业板 509 只，剩余的样本数为 247 598（占据全部样本 57.94%）。经过筛选后股票样本在各个板块间的分布与整体样本并无显著差异，本部分研究按照占据市值前 90% 股票样本得出的结构与全部样本也非常类似，为了保持文章结构的简洁性，这部分的结果没有在正文中给出。

稳健性检验 －2

本节在这部分中给出了以前 12～2 月（12～7 月）股票回报为解释变量，当月股票回报为被解释变量，利用法玛－麦克白（Fama－Macbeth）1973 年

提出的截面回归对中国股票市场 A 股股票动量效应进行分析的结果。使用的
回归公式如下：

$$r_{i,t} = \alpha + \beta_{1*} \sum_{k=t-12}^{k=t-2} r_{i,k} + \varepsilon_{i,t} \tag{2-1}$$

$$r_{i,t} = \alpha + \beta_{1*} \sum_{k=t-12}^{k=t-7} r_{i,k} + \varepsilon_{i,t} \tag{2-2}$$

其中，$r_{i,t}$ 为股票当月的回报，$\sum_{k=t-12}^{k=t-2} r_{i,k}$ 为股票前 12 ~ 2 月回报值，$\sum_{k=t-12}^{k=t-7} r_{i,k}$
为股票前 12 ~ 7 月回报值。回归的结果在表 2 – 5 中给出。

表 2 – 5　　　　　　　　　　　Fama – Macbeth 截面回归结果

指标	常数项	12 ~ 2 月回报	常数项	12 ~ 7 月回报
系数	1. 26	0. 03	1. 11	0. 25
系数标准差	0. 75	0. 33	0. 72	0. 38
系数 T 值	1. 68 *	0. 08	1. 54	0. 65
R^2	0. 02		0. 01	
截面个数	255		255	
总样本个数	379 258		379 258	

注：* 表示在 10% 的水平下显著。

表 2 – 5 中左半部分给出了以前 12 个月到 2 个月回报值为自变量进行回归
的结果，右半部分给出了以前 12 个月到 7 个月回报值为自变量进行回归的结
果。表 2 – 5 中系数及系数标准差均为百分比值，系数标准差和 T 值为根据
Newey – West 调整过的标准差计算所得。表 2 – 5 中 * 给出了 T 值的显著性
程度。

从表 2 – 5 中回归结果可以看出，以前 12 ~ 2 月回报为自变量进行分析
时，前期回报与当月回报呈现不显著的正向相关（系数值为 0. 03，T 值在统
计意义上不显著），且回归方程的解释力度较低。而以前 12 ~ 7 月回报为自变
量进行回归分析时，前期回报与当月回报同样呈现不显著的正向相关（系数

值为 0.25，且 T 值在统计上不显著），回归方程的解释力度也较低。因此，与前文分组一致，无法根据表 2 - 5 中回归结果得出中国股票市场中存在短期动量效应的结论。

2.1.4 传统动量策略与市场状态

库珀等（Cooper et al.，2004）在对美国股票市场动量效应的研究中发现，动量效应的表现可能与市场的状态相关，根据动量策略构建期市场回报是否大于 0，将美国股票市场划分为上行市场与下行市场，发现动量效应在上行市场中有更加显著的表现。阿赛木和狄安娜（Asem & Tian，2010）进一步发展了库珀等（Cooper et al.，2004）的发现，按照动量策略构建期与动量策略回报期市场回报的符号是否一致，将美国股票市场划分为市场持续子样本与市场反转子样本，发现动量策略在市场持续子样本中表现更加显著。哈诺尔（Hanauer，2014）将相同的分类方法应用于日本股票市场中，发现在市场持续的子样本中，日本股票市场存在显著为正的动量效应，而在市场反转的子样本中，日本股票市场存在显著为负的动量效应。应用相同的方法，林等（Lin et al.，2016）得到中国台湾股票市场在市场持续子样本与市场反转子样本中的表现。考虑到中国 A 股市场自成立以来牛熊市不断交替的现状，本研究推断，中国股票市场中整体动量效应不存在的原因可能同样来自动量效应在市场持续子样本与市场反转子样本中不同表现的相互抵消，动量效应表现可能与市场动态相关。

因此，本部分研究在此给出了不同市场状态下动量效应表现的实证证据，希望能够得出中国市场中传统动量策略失效的原因。按照动量策略构建期市场超额收益值是否大于 0，本部分将样本划分为上行市场子样本和下行市场子样本，得出传统动量策略在上行和下行市场中的表现。结果在表 2 - 6 中给出。

表 2-6　　　　　　　　传统动量效应在上行市场和下行市场中的表现

		样本数	超额收益	标准差	T 值	夏普比率
基于 12~2 月分组						
下行市场	最低组	115	5.60	34.96	1.72 *	0.16
	最高组		7.68	30.97	2.66 ***	0.25
	高-低		2.08	18.78	1.19	0.11
上行市场	最低组	140	15.79	35.04	5.33 ***	0.45
	最高组		12.14	36.74	3.91 ***	0.33
	高-低		-3.59	19.97	-2.13 **	-0.18
Diff			5.67	19.44	2.32 **	
基于 12~7 月分组						
下行市场	最低组	116	7.16	33.12	2.33 **	0.22
	最高组		10.31	30.03	3.70 ***	0.34
	高-低		3.45	16.36	2.27 **	0.21
上行市场	最低组	139	12.16	37.27	3.85 ***	0.33
	最高组		11.07	37.32	3.50 ***	0.30
	高-低		-1.04	14.03	-0.88	-0.07
Diff			4.49	15.13	2.36 **	

注：*** 表示在 1% 的水平下显著，** 表示在 5% 的水平下显著，* 表示在 10% 的水平下显著。

　　本部分研究在此给出了上行和下行子样本中按照动量策略分十组后最低组、最高组回报值以及最高组与最低组回报差值的相关描述统计。策略构建方法与前文一致，为了研究传统动量效应是否在上行市场和下行有不同的表现，本部分研究给出了两个子样本回报期超额收益差值（Diff）的相关描述统计。表中投资组合的回报为样本期内的平均持有回报，投资组合的超额回报值以及回报的标准差均为百分比值，回报均值及标准差为将月度数据进行年化后的结果。

　　由表 2-6 可知，按照两种动量策略构建期对上行市场和下行市场中动量效应的表现进行分析时，无法得到一致的结论。按照前 12~2 月回报进行分组时，动量效应在下行市场中没有显著表现，在上行市场中动量效应有显著为负的超额收益。而按照前12~7月回报进行分组时，动量效应在下行市场中有显著为正的超额收益，在上行市场中动量效应没有显著表现。尽管上行市场和下行市场中动量效应的表现未能得出一致结论，本研究发现，在两种策略构建方式下，下行市场动量效应的表现均显著高于上行市场动量效应的表现。按照前12~2月回报进行分组时，动量效应在下行市场和上行市场中表现的差值为5.67%，相应的T统计量为2.32，表明如果中国股票市场存在动量效应的话，应该主要来自下行市场的影响。这个结论与库珀等（2004）对美国市场的研究结论是恰好相反的。

进一步分析，本研究按照市场回报超额收益在策略构建期与策略回报期共同的表现，将样本细分为上行 & 下行，上行 & 上行，下行 & 下行和下行 & 上行四个子样本，并分别给出传统动量效应在四个子样本中的表现。上行 & 下行子样本包含了市场超额收益符号在策略构建期大于0且在策略回报期小于0的所有月份，上行 & 上行子样本包含了市场超额收益符号在策略构建期大于0且在策略回报期大于0的所有月份，下行 & 下行子样本包含了市场超额收益符号在策略构建期小于0且在策略回报期小于0的所有月份，下行 & 上行子样本包含了市场超额收益符号在策略构建期小于0且在策略回报期大于0的所有月份。根据市场回报超额收益在两个时期是否符号相同，本研究也将样本划分为市场持续期子样本和市场反转期子样本，其中市场持续期子样本由上行 & 上行子样本和下行 & 下行子样本构成，市场反转期子样本由上行 & 下行子样本和下行 & 上行子样本组成。

本研究给出了传统动量效应在各个市场动态的子样本中的表现，来试图解释中国股票市场中整体不显著的动量效应表现。为了使内容更加简洁，这部分仅给出了各子样本中按照动量策略分十组后最低组、最高组回报值以及最高组与最低组回报差值的相关描述统计。结果在表2-7中给出。

表 2 – 7 传统动量效应在不同市场状态中的表现

市场状态	组别	12~2月					12~7月				
		样本数	超额收益	标准差	T值	夏普比率	样本数	超额收益	标准差	T值	夏普比率
上行&下行	最低组	64	-68.78	24.06	-22.87***	-2.86	61	-88.31	23.87	-28.90***	-3.70
	最高组		-77.41	26.88	-23.04***	-2.88		-93.04	24.27	-29.95***	-3.83
	高-低		-8.63	18.90	-3.65***	-0.46		-4.73	13.04	-2.83***	-0.36
上行&上行	最低组	76	87.01	29.19	25.98***	2.98	78	90.72	29.30	27.35***	3.10
	最高组		87.56	29.05	26.27***	3.01		92.49	27.61	29.59***	3.35
	高-低		0.65	20.88	0.27	0.03		1.84	14.78	1.10	0.12
下行&下行	最低组	57	-81.13	22.49	-27.23***	-3.61	60	-67.23	21.47	-24.25***	-3.13
	最高组		-60.83	23.06	-19.92***	-2.64		-50.58	22.10	-17.73***	-2.29
	高-低		20.30	18.24	8.40***	1.11		16.65	15.64	8.24***	1.06
下行&上行	最低组	58	90.83	26.55	26.05***	3.42	56	86.86	27.50	23.63***	3.16
	最高组		75.01	24.91	22.94***	3.01		75.54	25.76	21.94***	2.93
	高-低		-15.83	18.00	-6.70***	-0.88		-10.69	16.26	-4.92***	-0.66
市场持续期	最低组	133	14.95	35.78	4.82***	0.42	138	22.05	34.58	7.49***	0.64
	最高组		23.96	34.03	8.12***	0.70		30.29	32.57	10.92***	0.93
	高-低		9.07	19.92	5.25***	0.46		8.28	15.26	6.37***	0.54
市场反转期	最低组	122	7.10	34.17	2.30***	0.21	117	-4.47	36.01	-1.34	-0.12
	最高组		-4.95	33.99	-1.61	-0.15		-12.35	34.86	-3.83***	-0.35
	高-低		-12.06	18.43	-7.22***	-0.65		-7.58	14.63	-5.61***	-0.52

注：*** 表示在1%的水平下显著。

表 2 - 7 中从左至右给出的是按照前 12 ~ 2 月回报进行分组和按照前 12 ~ 7 月回报进行分组构建策略,并持有一个月的结果,其中投资组合的回报为样本期内的平均持有回报,投资组合的超额回报值以及回报的标准差均为百分比值,回报均值及标准差为将月度数据进行年化后的结果。

研究发现,动量效应在不同类型市场状态子样本中表现各不相同。按照前 12 ~ 2 月回报进行分组时,动量效应在上行 & 下行子样本中有显著负的超额收益;在上行 & 上行子样本中动量效应的表现不显著,动量效应在上行市场中的表现主要来源于上行 & 下行子样本。在下行 & 上行子样本中动量效应有显著负的超额收益;在下行 & 下行子样本中有显著正的超额收益,在下行市场的两个子样本中,动量效应的表现大小相当,但方向相反,导致了下行市场整体动量效应表现得不显著。

本部分研究对上行 & 上行子样本中的研究结论与库珀等(2004)对美国股票市场的研究结论以及洪和斯坦(1999)提出的理论模型结论相反,这些研究认为上行市场中投资者增加的财富降低了其风险厌恶水平,因而导致了更好的动量策略收益。中国股票市场中占据主导地位的个人投资者(尤其是散户投资者)属于非理性投资者,交易行为也更加激进,在市场持续上涨期间,这些投资者除选择过去表现较好的股票作为价值投资外,同样可能会选择过去表现不好的股票作为类似于博彩的交易行为,以期获得更高的投资收益。散户投资者异常的交易行为可能会影响到这些过去表现不好的股票和过去表现较好股票在未来的回报差值,从而影响动量效应在这个子样本中的表现。在下行市场中,散户投资者激进的交易行为对股票回报以致动量效应表现的影响则相对较小。尽管中国股票市场从 2010 年起逐步开放的融资融券政策使得投资者有机会参与到卖空交易中,然而融资融券相对较高的门槛以及融券交易在整体信用交易中所占据非常小的交易比重,都使得散户投资者交易对这段时期动量效应表现的影响相对较小。

同时本研究也发现,传统动量效应在市场持续期显著存在而在市场反转期表现为反转效应,动量效应在这两个时期相反的表现可能是导致整体动量效应不显著的原因。按照前 12 ~ 2 月回报进行分组时,动量效应在市场持续期子样本中有显著正的超额收益，这部分超额收益主要来源于下行 & 下行子样本。动量效应在市场反转期子样本中有显著负的超额收益，这部分超额收益在下行 & 上行子样本中表现得更加显著，这个研究结论与丹尼尔和莫斯科维茨（Daniel & Moskowitz，2016）对美国股票市场研究结论一致。动量效应在市场持续期子样本中的显著表现主要来自下行 & 下行子样本，在市场反转期子样本中表现主要来自下行 & 上行子样本，进一步验证了下行市场对中国股票市场动量效应的重要影响。在本研究统计的这 6 种市场动态子样本中，按照前 12 ~ 7 月回报进行分组所得出的结果均较为相似但数值上更小，表明与诺维·马克思（Novy – Marx，2012）的研究结论不同，在中国股票市场中，前 12 ~ 7 月并不是优于前 12 ~ 2 月的动量策略构建窗口期。

动量效应的表现与市场动态相关，因而，本研究试图进一步分析是否在市场变动程度较大时，对动量效应的影响也会相应增加。本研究对市场大幅变动的定义为：以样本期市场回报绝对值的均值为基准，如果策略构建期或回报期市场回报绝对值大于相应时期的均值，则定义为该时期市场回报发生了大幅变动，可能对动量效应的表现有相对更大的影响。这部分的研究结果在表 2 – 8 中给出。

表 2 – 8 结果表明，当市场发生大幅变动时，动量效应在各市场状态子样本中表现与上述结果类似，但数值更大。按照前 12 ~ 2 月回报进行分组时，动量效应在上行 & 下行子样本中有显著负的超额收益（动量策略的超额收益均值为 – 24. 43%，相应的 T 统计量为 – 7. 76），几乎是全样本中结果的三倍；在上行 & 上行子样本中动量效应有显著负的超额收益（动量策略的超额收益均值为 – 5. 82%，相应的 T 统计量为 – 1. 77），在上行 & 上行子样本中特殊的动量效应表现同样可能来自散户投资者在大牛市中更加激进的投机行为。此外，在下行 & 上行子样本中动量效应有显著负的超额收益（动量策略的超额收益均值为 – 25. 65%，相应的 T 统计量为 – 7. 47）；在下行 & 下行子样本中有显著正的超额收益（动量策略的超额收益均值为 26. 35%，相应的 T 统计量为 6. 83），均显著大于全样本。

表2-8 市场变化程度大时，传统动量效应在不同市场状态中的表现

市场状态	组别	12~2月					12~7月				
		样本数	超额收益	标准差	T值	夏普比率	样本数	超额收益	标准差	T值	夏普比率
上行&下行	最低组	36	-95.54	27.15	-21.11***	-3.52	37	-111.82	26.79	-25.39***	-4.17
	最高组		-119.77	28.16	-25.52***	-4.25		-122.13	26.89	-27.62***	-4.54
	高-低		-24.23	18.72	-7.76***	-1.29		-10.31	14.25	-4.40***	-0.72
上行&上行	最低组	51	113.05	31.85	25.35***	3.55	42	136.28	33.08	26.70***	4.12
	最高组		107.13	32.77	23.35***	3.27		137.12	31.10	28.57***	4.41
	高-低		-5.82	23.54	-1.77*	-0.25		0.91	17.39	0.34	0.05
下行&下行	最低组	24	-118.20	26.52	-21.83***	-4.46	26	-109.62	22.30	-25.07***	-4.92
	最高组		-91.85	28.76	-15.64***	-3.19		-91.25	23.45	-19.84***	-3.89
	高-低		26.35	18.90	6.83***	1.39		18.37	14.70	6.37***	1.25
下行&上行	最低组	30	145.42	26.18	30.42***	5.55	32	131.34	28.11	26.43***	4.67
	最高组		119.77	26.95	24.35***	4.45		111.65	27.35	23.10***	4.08
	高-低		-25.65	18.80	-7.47***	-1.36		-19.81	17.09	-6.56***	-1.16
市场持续期	最低组	75	39.05	43.44	7.79***	0.14	68	42.26	45.42	7.67***	0.93
	最高组		43.45	41.35	9.10***	0.23		49.80	42.88	9.58***	1.16
	高-低		4.47	22.46	1.72*	0.46		7.58	16.48	3.79***	0.46
市场反转期	最低组	66	13.99	43.83	2.59**	0.51	69	0.95	44.53	0.18	0.02
	最高组		-10.88	44.21	-2.00**	0.36		-13.71	43.28	-2.63**	-0.32
	高-低		-24.87	18.61	-10.86***	-0.65		-14.72	15.57	-7.85***	-0.94

注：*** 表示在1%的水平下显著，** 表示在5%的水平下显著，* 表示在10%的水平下显著。

除此之外，当市场发生大幅变动时，动量效应在市场持续期子样本中表现较全样本相对较弱，按照前 12 ~ 2 月回报进行分组时，动量效应在这个子样本中有显著为正的超额收益，几乎是全样本的1/2。而当市场发生大幅变动时，动量效应在市场反转期子样本中的表现较全样本更强，按照前 12 ~ 2 月回报进行分组时，动量效应在这个子样本中有显著为负的超额收益，几乎是全样本结果的二倍。结果表明，当市场大幅变动时，市场持续期产生的显著为正的超额收益对总体动量效应表现产生的影响相对较小，而市场反转期产生的显著为负的超额收益对总体动量效应产生的影响相对更大（在这个子样本中，市场反转期动量效应的表现几乎是市场持续期动量效应表现的 6 倍）。当市场发生大幅变动时，市场反转期动量效应的表现可能是导致中国股票市场整体动量效应异常表现的关键因素。

2.1.5　动量策略失效原因

丹尼尔和莫斯科维茨（2016）在对美国股票市场动量效应的研究中发现金融危机后的复苏阶段中动量效应有显著更差的表现，原因在于市场回报在危机和复苏期间完全相反的表现导致了个股回报在动量策略构建时期与回报时期相对差值的变化，从而导致动量策略回报计算依据——最高组与最低组回报的差值表现不佳。林等（2016）、哈诺尔（2014）、阿赛姆和田等（2010）认为股票市场短期动量效应的不显著与市场的频繁转变相关，当市场在策略构建期与回报期处于同一状态时，有显著正的动量策略利润，而当市场在策略构建期与回报期处于不同状态时，有显著负的动量策略利润。丹尼尔和莫斯科维茨（2016）、林等（2016）、哈诺尔（2014）、阿赛姆和田等（2010）的研究发现对中国市场动量效应的检验有重要启示。2008 年全球金融危机以及 2015 年中国流动性危机均对市场回报产生了显著影响。从某种程度上讲，全球金融危机后，中国股票市场一直处于市场的复苏阶段，且在复苏的过程中同样伴随着大幅波动，这个发现可能有助于解释中国股票市场动量效应的不显著性。本研究对于动量策略失效原因的解释也主要来源于这部分文献的启示。

根据资本资产定价模型（CAMP 模型），股票的收益除了与自身的风险特征相关外，更多地取决于市场整体的发展水平。

$$E(r_i) = r_f + \beta_{im}(E(r_m) - r_f) \qquad (2-3)$$

市场的无风险利率在一段时间内是保持稳定的，因此，对于个股股票而言，Beta 较高的股票比 Beta 值较低的股票在市场表现为正时会有更高的回报值，而当市场表现为负时，Beta 值较高的股票受到市场的影响也会较 Beta 较低的股票更大，因而产生更低的负回报值。

因此，本部分研究推测根据股票前期收益来构建的动量策略可能在不同的市场状况下有不同表现，具体如下。

（1）当策略构建期股票市场处于上升期，且策略回报期市场依旧上升时，根据 CAPM 模型，动量策略的构建期高 Beta 股票收益大于低 Beta 股票收益。因此，在策略构建期，高 Beta 股票处于分组中较高组，低 Beta 股票处于分组中较低组，在策略的回报期，由于市场状况仍然处于上涨阶段，较高组中的高 Beta 股票的回报依旧高于较低组中低 Beta 的股票。因此，动量策略表现为从低组到高组回报的递增趋势，且最高组与最低组回报的差值为正，动量策略有效。这种情况发生于市场成立后的稳定发展阶段，对于发达资本市场而言，由于股票市场成立的历史比较久，这段时间持续的时间则比较长，而对于中国股票市场而言，受限于较晚的成立时间以及市场刚刚成立初期较大的不确定性，市场稳定向上发展的时间仅占据全部样本期较小的部分。较短的市场稳定发展时间可能有助于解释美国股票市场整体显著动量效应在中国股票市场无法得到体现的原因。

（2）当策略构建期股票市场处于上升期，而策略回报期市场开始下降时，根据 CAPM 模型，动量策略的构建期高 Beta 股票收益大于低 Beta 股票收益，因此在策略构建期，高 Beta 股票处于分组中较高组，低 Beta 股票处于分组中较低组。在回报期，由于市场状况转为下降，策略构建期较高组中高 Beta 股票的回报低于策略构建期较低组中低 Beta 股票的回报，因此动量策略展现从低组到高组的递减趋势，最高组与最低组回报的差值为负，动量策略失效，表现为反转效应。这种情况在经历了较长一段时间暴涨后金融危机开始的一段时间内表现得更加显著，在此期间，策略构建期市场回报处于高水平正值，高 Beta 股票和低 Beta 股票的正回报差比较显著，而在策略回报期，市场回报处于高水平负值，高 Beta 股票和低 Beta 股票的回报差显著转为负值，动量效应严重失效，且对整体样本动量效应的检测产生重要影响。中国股票市场自 1991 年成立至今约 30 年的时间内，经历了两次比较显著的金融危机，金融危机累计持续时间约为 20 个月，这也可能是导致本书上一部分研究发现市场整体动量效应不显著的原因之一。

（3）策略构建期市场处于下降期，且策略回报期市场依旧下降时，根据 CAPM 模型，动量策略的构建期高 Beta 股票收益小于低 Beta 股票收益，因而在策略构建期，高 Beta 股票处于分组中较低组，低 Beta 股票处于分组中较高组，在策略的回报期，由于市场状况仍然处于下降期，较低组中的高 Beta 股票的回报依旧低于较高组中低 Beta 的股票，因此动量策略表现为从低组到高组回报的递增趋势，且最高组与最低组回报的差值为正，动量策略有效。这种情况在中国股票市场同样存在，尽管在政策影响和政府调控下，股票市场连续下跌超过 12 个月的情况比较少见，但考虑到市场波动幅度较大，在策略构建期市场累计回报值为负的比例仍相对较高，因而构成了下跌 & 下跌的样本。

（4）当策略构建期股票市场处于下降期，且策略回报期市场开始上升时，根据 CAPM 模型，动量策略的构建期高 Beta 股票收益小于低 Beta 股票收益，因此在策略构建期，高 Beta 股票处于分组中较低组，低 Beta 股票处于分组中较高组。在策略的回报期，由于市场状况转为上升，策略构建期较低组中高 Beta 股票的回报高于策略构建期较高组中低 Beta 股票的回报，因此动量策略展现从低组到高组的递减趋势，最高组与最低组回报的差值为负，动量策略失效，表现为反转效应。这段时期的影响在金融危机过后市场复苏时期更加显著，与金融危机时期动量效应失效的原理类似。在此期间，策略构建期市场回报处于高水平负值，高 Beta 股票和低 Beta 股票的负回报差比较显著，而在策略回报期，市场回报处于高水平正值，高 Beta 股票和低 Beta 股票的回报差显著转为正值，动量效应严重失效，且对整体样本动量效应的检测产生重要影响。对于中国股票市场而言，两次主要金融危机过后均有较长一段时间的市场回暖，2007～2008 年全球金融危机过后约有 8 个月的显著回暖期，2015 年中国市场流动性危机过后市场一直处于回暖期。危机过后较长时间的市场复苏也可能是导致本书上一部分研究发现市场整体动量效应不显著的原因之一。

因此，本研究推测根据股票前期收益来构建的动量策略可能在不同的市场状况下有不同表现：动量效应只有当市场处于相对稳定时才有显著表现（市场持续上升或持续下降，从而维持在策略构建与策略回报期的一致性），而当策略构建期与策略回报期市场状况发生反转时，很有可能导致动量策略的失效。

市场状态表现与股票特征因素

本研究进一步分析了动量效应随市场动态变化的原因，即市场状态改变对股票所在分组的影响主要针对于股票哪个特征因素。主要研究了 Beta、市值和账面市值比三个特征因素。结果在表 2 - 9、表 2 - 10 和表 2 - 11 中给出。

表 2 - 9　　　　　　　　Beta 统计量在不同市场状态下的表现

市场状态	分组依据	组别	12 ~ 2 月			12 ~ 7 月		
			均值	标准差	T 值	均值	标准差	T 值
上行 & 下行	构建期	最低组	1.065	0.127		1.074	0.119	
		最高组	1.159	0.179		1.135	0.146	
		高 - 低	0.094	0.267	2.83 ***	0.061	0.207	2.29 **
	回报期	最低组	1.143	0.130		1.150	0.127	
		最高组	0.989	0.095		0.983	0.092	
		高 - 低	- 0.154	0.170	- 7.26 ***	- 0.167	0.159	- 8.18 ***
上行 & 上行	构建期	最低组	1.036	0.144		1.030	0.136	
		最高组	1.201	0.156		1.194	0.134	
		高 - 低	0.166	0.269	5.37 ***	0.165	0.234	6.23 ***

续表

市场状态	分组依据	组别	12~2月			12~7月		
			均值	标准差	T 值	均值	标准差	T 值
上行 & 下行	回报期	最低组	1.050	0.112		1.037	0.117	
		最高组	1.153	0.164		1.148	0.151	
		高 - 低	0.103	0.218	4.12***	0.110	0.206	4.73***
下行 & 下行	构建期	最低组	1.134	0.092		1.129	0.105	
		最高组	1.007	0.107		0.997	0.113	
		高 - 低	-0.126	0.149	-6.42***	-0.133	0.162	-6.33***
	回报期	最低组	1.138	0.084		1.131	0.091	
		最高组	0.992	0.099		0.998	0.101	
		高 - 低	-0.146	0.133	-8.31***	-0.133	0.145	-7.11***
下行 & 上行	构建期	最低组	1.146	0.082		1.159	0.104	
		最高组	1.033	0.122		1.023	0.115	
		高 - 低	-0.114	0.145	-5.96***	-0.136	0.160	-6.34***
	回报期	最低组	1.003	0.129		1.019	0.127	
		最高组	1.150	0.119		1.157	0.140	
		高 - 低	0.146	0.203	5.50***	0.138	0.220	4.68***

注：*** 表示在 1% 的水平下显著，** 表示在 5% 的水平下显著。

表 2 – 10　　　　　市值统计量在不同市场状态下的表现

市场状态	分组依据	组别	12~2月			12~7月		
			均值	标准差	T 值	均值	组别	T 值
上行 & 下行	构建期	最低组	8.389	7.407		6.853	5.295	
		最高组	12.725	11.858		12.043	10.384	
		高 - 低	4.336	13.572	2.56***	5.190	10.360	3.91***
	回报期	最低组	8.533	7.172		7.550	6.860	
		最高组	9.041	7.864		9.376	8.023	
		高 - 低	0.508	9.126	0.45	1.826	8.837	1.61

续表

市场状态	分组依据	组别	12~2月			12~7月		
			均值	标准差	T值	均值	组别	T值
上行&上行	构建期	最低组	9.481	9.244		9.008	9.592	
		最高组	11.849	9.556		10.031	7.229	
		高-低	2.368	13.000	1.59	1.024	11.763	0.77
	回报期	最低组	10.459	9.818		10.312	9.366	
		最高组	9.239	8.674		8.274	7.469	
		高-低	-1.220	12.384	-0.86	-2.037	10.904	-1.65
下行&下行	构建期	最低组	5.388	6.784		5.958	5.977	
		最高组	7.587	4.653		6.877	3.342	
		高-低	2.199	6.981	2.38 **	0.920	5.672	1.26
	回报期	最低组	5.132	5.067		6.300	6.046	
		最高组	6.365	4.637		6.157	4.396	
		高-低	1.233	6.074	1.53	-0.143	6.543	-0.17
下行&上行	构建期	最低组	7.386	8.173		7.958	8.044	
		最高组	8.349	6.153		7.560	6.167	
		高-低	0.963	9.705	0.76	-0.399	9.165	-0.33
	回报期	最低组	8.383	7.434		8.514	8.160	
		最高组	6.136	5.236		7.369	7.628	
		高-低	-2.247	7.855	-2.18 **	-1.146	10.333	-0.83

注：*** 表示在1%的水平下显著，** 表示在5%的水平下显著。

表2-11　　　　账面市值比统计量在不同市场状态下的表现

市场状态	分组依据	组别	12~2月			12~7月		
			均值	标准差	T值	均值	组别	T值
上行&下行	构建期	最低组	0.917	0.459		0.806	0.348	
		最高组	0.504	0.203		0.623	0.283	
		高-低	-0.412	0.484	-6.82 ***	-0.175	0.394	-3.47 ***

市场状态	分组依据	组别	12～2 月			12～7 月		
			均值	标准差	T 值	均值	组别	T 值
上行 & 下行	回报期	最低组	0.704	0.322		0.682	0.284	
		最高组	0.618	0.196		0.664	0.238	
		高 - 低	- 0.085	0.342	- 2.00 **	- 0.027	0.281	- 0.76
上行 & 上行	构建期	最低组	0.995	0.492		0.871	0.356	
		最高组	0.540	0.224		0.645	0.251	
		高 - 低	- 0.455	0.498	- 7.96 ***	- 0.225	0.342	- 5.82 ***
	回报期	最低组	0.762	0.334		0.792	0.311	
		最高组	0.747	0.347		0.728	0.318	
		高 - 低	- 0.015	0.416	- 0.32	- 0.055	0.364	- 1.35
下行 & 下行	构建期	最低组	1.254	0.580		1.137	0.506	
		最高组	0.648	0.237		0.690	0.292	
		高 - 低	- 0.587	0.539	- 8.23 ***	- 0.436	0.478	- 7.07 ***
	回报期	最低组	0.914	0.410		0.936	0.425	
		最高组	0.922	0.388		0.871	0.394	
		高 - 低	- 0.020	0.399	- 0.38	- 0.079	0.444	- 1.38
下行 & 上行	构建期	最低组	1.303	0.555		1.207	0.515	
		最高组	0.644	0.225		0.679	0.288	
		高 - 低	- 0.659	0.532	- 9.44 ***	- 0.528	0.465	- 8.51 ***
	回报期	最低组	0.906	0.402		0.868	0.436	
		最高组	0.917	0.361		0.948	0.382	
		高 - 低	0.026	0.387	0.51	0.080	0.440	1.35

注：*** 表示在 1% 的水平下显著，** 表示在 5% 的水平下显著。

　　表 2 - 9、表 2 - 10 和表 2 - 11 中从左至右分别给出了以前 12～2 月和前 12～7 月作为策略构建期，按照股票在动量策略构建期和动量策略回报期的回报值进行分组后，在不同市场状态下最低组与最高组 Beta、市值和账面市值比，以及最高组与最低组的 Beta、市值和账面市值比差值的表现。表 2 - 9、

表 2 - 10 和表 2 - 11 中给出的市场状态包括上行 & 下行子样本、上行 & 上行子样本、下行 & 下行子样本以及下行 & 上行子样本中。其中按照动量策略构建期股票回报分组后的结果为动量策略构建下各组股票特征值的表现，而按照回报期股票回报分组后的结果为可获利投资组合各组股票特征值的表现。表 2 - 9、表 2 - 10 和表 2 - 11 中"高 - 低"给出了本研究这部分主要研究对象：股票特征变量差值在不同市场状态下的表现。表中"组别"给出了统计股票样本所在分组：最低组、最高组以及最高组与最低组的差值。相应的统计指标包括各组中股票特征变量的均值、标准差以及是否显著异于 0 的 T 统计指标。表 2 - 9 和表 2 - 11 中 Beta 值和账面市值比的相关统计均为原始值，表 2 - 10 中市值的相关统计为实际值除 10^9 后简化的结果。

通过分析动量策略构建方式下与可获利投资组合中最高组与最低组 Beta 差值、市值差值和账面市值比差值在不同市场状态中的表现以及其与动量效应是否显著的相关性，发现市场动态变化对最高组股票与最低组股票相对 Beta 差值的影响可能是导致动量效应检测失效的原因，市场动态变化对两种方式下市值差值和账面市值比差值则没有产生相似的影响，本部分的研究结论与丹尼尔和莫斯科维茨（2004）对美国股票市场的研究一致。

2.1.6　调整后动量策略

基于上述研究结论，本研究将市场回报在策略构建期与回报期的符号加入中国股票市场动量策略的构建中，以改进传统动量策略的表现，以及进一步分析市场回报符号在动量效应检测中的重要作用。具体来说，在按照前 12 ~ 2 月/12 ~ 7 月股票回报值进行分组后，对于策略构建期和回报期市场回报符号一致的月份，本研究按照回报从最低到最高对各组股票进行排序；而对于策略构建期和回报期市场回报符号相反的月份，本研究按照回报从最高到最低对各组股票进行排序。将两种排序方式下的结果汇总，得出了本研究考虑市场回报在策略构建期和回报期是否反转后的中国股票市场动量效应的结果。所得出的结果在表 2 - 12 中给出。

表 2 - 12　　　　　　　　调整后动量策略投资组合回报（10 组）

组序	12 ~ 2 月				12 ~ 7 月			
	收益	T 值	标准差	夏普比率	收益	T 值	标准差	夏普比率
1	5.45	2.51 ***	34.72	0.16	6.73	3.10 ***	34.70	0.19
2	7.69	3.66 ***	33.58	0.23	9.50	4.54 ***	33.39	0.28
3	11.97	5.60 ***	34.14	0.35	13.04	6.17 ***	33.77	0.39
4	12.91	6.16 ***	33.45	0.39	11.41	5.50 ***	33.11	0.34
5	13.57	6.51 ***	33.27	0.41	14.23	6.93 ***	32.81	0.43
6	14.34	6.90 ***	33.19	0.43	13.08	6.33 ***	32.98	0.40
7	14.54	6.95 ***	33.39	0.44	13.99	6.73 ***	33.19	0.42
8	13.63	6.46 ***	33.70	0.40	13.43	6.50 ***	33.02	0.41
9	14.91	7.05 ***	33.78	0.44	15.76	7.40 ***	34.00	0.46
10	15.95	7.41 ***	34.37	0.46	13.77	6.32 ***	34.80	0.40
10 - 1	10.50	8.74 ***	19.19	0.55	7.04	5.97 ***	17.00	0.37

注：*** 表示在 1% 的水平下显著。

表 2 - 12 中所有结果的给出方式与表 2 - 1 中完全一致。从表 2 - 12 的结果可以看出，在考虑了市场回报符号在策略构建期与回报期方向是否相同的影响后，中国股票市场存在显著的动量效应。基于前 12 ~ 2 月回报构建动量策略时，最低组到最高组股票的回报值在回报期呈现近似的递增趋势，最高组与最低组回报的差值在统计意义和经济意义均显著，改进后动量策略夏普比率的表现也相对较好（夏普比率值为 0.55，动量策略获得了与其承担风险相当的补偿）。基于前 12 ~ 7 月回报构建动量策略时，也可以得到最低组到最高组股票的回报值在回报期近似的递增趋势，最高组与最低组回报的差值在统计意义和经济意义上均显著，动量策略夏普比率也有较好的表现。

本书进一步研究了调整后动量策略在更长回报期内的表现。由于本研究在改进动量策略时使用了当月的市场回报值，因而在实践中的应用性较低。对更长回报期的研究一方面进一步展现了调整后动量策略的有效性（策略回报的持续性也是策略有效性的表现），同时也指出了利用改进后动量策略在实际市场中构建投资组合的可行性。按照调整后的动量策略持有 2 个月与持有 3 个月后，各组平均超额收益回报值与最高组和最低组回报差值的统计结果在表 2 – 13 中给出。

表 2 – 13　　　　　　　调整后动量效应持有 2 个月和 3 个月的表现

组序	持有 2 个月				持有 3 个月			
	收益	T 值	标准差	夏普比率	收益	T 值	标准差	夏普比率
基于 12 ~ 2 月分组								
1	9.75	6.00 ***	25.91	0.38	10.67	7.68 ***	22.09	0.48
2	11.74	7.41 ***	25.25	0.47	12.20	9.01 ***	21.53	0.57
3	13.21	8.37 ***	25.16	0.53	13.82	10.29 ***	21.35	0.65
4	13.73	8.71 ***	25.13	0.55	13.87	10.33 ***	21.37	0.65
5	14.19	8.97 ***	25.22	0.56	14.19	10.59 ***	21.31	0.67
6	14.07	9.02 ***	24.87	0.57	14.41	10.92 ***	20.99	0.69
7	13.43	8.68 ***	24.66	0.54	13.68	10.39 ***	20.94	0.65
8	13.04	8.30 ***	25.04	0.52	12.76	9.64 ***	21.06	0.61
9	12.34	7.98 ***	24.65	0.50	12.09	9.38 ***	20.50	0.59
10	11.36	7.22 ***	25.08	0.45	10.89	8.36 ***	20.71	0.53
10 – 1	1.61	1.88 *	13.70	0.12	0.22	0.34	10.13	0.02
基于 12 ~ 7 月分组								
1	8.20	5.05 ***	25.91	0.32	9.52	6.92 ***	21.88	0.44
2	10.36	6.62 ***	24.93	0.42	11.96	8.94 ***	21.28	0.56
3	13.70	8.65 ***	25.24	0.54	14.08	10.42 ***	21.49	0.65
4	11.42	7.34 ***	24.78	0.46	12.12	9.23 ***	20.90	0.58
5	14.61	9.37 ***	24.84	0.59	14.08	10.72 ***	20.89	0.67
6	13.19	8.52 ***	24.66	0.53	13.84	10.47 ***	21.03	0.66
7	14.65	9.49 ***	24.61	0.60	14.24	10.82 ***	20.93	0.68
8	13.59	8.81 ***	24.58	0.55	13.61	10.40 ***	20.82	0.65
9	14.83	9.43 ***	25.07	0.59	13.82	10.54 ***	20.86	0.66
10	12.32	7.84 ***	25.05	0.49	11.32	8.62 ***	20.90	0.54
10 – 1	4.12	6.35 ***	10.34	0.40	1.80	3.89 ***	7.35	0.24

注：*** 表示在 1% 的水平下显著，** 表示在 5% 的水平下显著，* 表示在 10% 的水平下显著。

　　表 2 - 13 中上半部分给出了按照前 12 ~ 2 月作为策略构建期的改进后动量策略持有 2 个月和持有 3 个月的平均超额收益结果。相应地，下半部分给出了按照前 12 ~ 7 月作为策略构建期的改进后动量策略持有 2 个月和持有 3 个月的平均超额收益结果。

　　从表 2 - 13 中的结果可以看出，改进后动量策略的回报有一定持续性。以前 12 ~ 2 月回报构建的改进后动量策略为例，当回报期为 2 个月时，尽管从最低组到最高组各组超额收益回报值没有明显的递增趋势，但最高组与最低组回报的差值在统计意义上显著；当回报期为 3 个月时，动量策略不存在显著的持续性，从最低组到最高组各组回报没有明显的递增趋势，且最高组与最低组回报的差值在统计意义和经济意义上均不显著。当使用前 12 ~ 7 月回报作为策略构建依据时，改进后动量策略的回报同样存在持续性。当回报期为 2 个月时，尽管从最低组到最高组，各组超额收益回报值没有明显的递增趋势，但最高组与最低组回报的差值在统计意义和经济意义上显著；当回报期为 3 个月时，动量策略仍然存在显著的持续性，最高组与最低组回报的差值在统计意义上显著。因此，得出结论：当考虑市场回报在策略构建期和回报期符号是否方向相同的影响后，中国股票市场改进的动量策略有一定的回报持续性。

　　这部分根据策略构建期与回报期市场回报符号是否相同改进了传统动量策略的构建方式。研究发现，使用前 12 ~ 2 月回报和前 12 ~ 7 月回报作为策略构建依据，中国股票市场中改进的动量策略在策略回报当月有显著为正的超额收益，且超额收益值在回报期扩展至 2 个月和 3 个月时有一定的延续性，改进后的策略反映了中国股票市场中动量效应的表现，且为投资者进行投资组合构建提供了参考。

2.1.7　调整后动量策略与因子模型

　　本研究进一步分析改进后动量策略的超额收益值能否被 Fama & French 五因子模型和前期的 Fama & French 三因子所解释。这部分研究的动机为：如果在中国股票市场中，Fama & French 因子能够很好地解释改进后动量策略的超额收益，则表明本研究发现的动量效应是由于市场收益、市值、账面市值比、盈利能力和投资风格等因素决定的；如果 Fama & French 因子对改进后动量策略超额收益的解释能力较弱，则可能本研究发现了新的能够解释中国股票市场资产回报的其中一个因素，改进后的动量因子可能成为中国股票市场新的重要解释因子。

本研究这部分使用的回归公式如下：

$$r_t = \alpha + \beta_1 \times Rm + \beta_2 \times SMB_t + \beta_3 \times HML_t + \beta_4 \times RMW_t + \beta_5 \times CMA_t + \varepsilon_{i,t}$$

$$(2-4)$$

其中，r_t 为本研究根据调整后动量策略得出的 1～10 组策略超额收益值和最高组与最低组回报的差值（月度数据），Rm 为根据 Fama & French 2×3 投资组合划分法得出的流通市值加权的市场风险溢价因子，SMB 为流动市值加权的市值因子，HML 为流通市值加权的账面市值比因子，RMW 为流通市值加权的盈利能力因子，CMA 为流通市值加权的投资模式因子。计算 Fama & French 因子的样本为两个交易所所有的 A 股股票，包含深交所创业板，与本研究构建动量策略的样本一致。按照 Fama & French 2×2 投资组合划分法和 2×2×2×2 投资组合划分法以及采用总市值加权所得出的因子进行回归，结果是相似的，因此本研究在此处仅以 2×3 划分和流通市值加权为例给出。这部分结果在表 2-14 中给出。

表 2-14 中给出了按照前 12～2 月回报为依据构建的调整后动量策略每组的超额收益值以及最高组和最低组回报的差值与 Fama & French 五因子的关系。表 2-14 中 Alpha 给出了回归的常数项，即 Fama & French 五因子未解释的超额收益，由于常数项系数值比较小，因此本研究在表 2-14 中给出的值为百分比值，除常数项外，其余所有值均为回归所得值。系数标准差为依据 Newey-West 调整过的标准差，系数 T 值也为根据 Newey-West 调整过的标准差计算所得。

表 2 - 14　　　　调整后动量策略与 Fama 和 French 五因子（12 ~ 2 月）

组序	Alpha	Rm	SMB	HML	RMW	CMA	R^2	N
1	- 0. 72 *** (- 3. 46)	1. 01 *** (30. 98)	0. 66 *** (6. 92)	- 0. 11 (- 1. 02)	- 0. 24 (- 1. 47)	0. 06 (0. 40)	0. 88	255
2	- 0. 51 *** (- 3. 04)	1. 00 *** (34. 87)	0. 62 *** (7. 33)	- 0. 07 (- 0. 83)	- 0. 25 ** (- 1. 97)	0. 08 (0. 63)	0. 92	255
3	- 0. 32 ** (- 2. 18)	1. 01 *** (42. 33)	0. 75 *** (11. 69)	0. 04 (0. 43)	- 0. 21 ** (- 1. 96)	0. 23 ** (2. 10)	0. 94	255
4	- 0. 20 (- 1. 52)	0. 99 *** (50. 33)	0. 74 *** (12. 63)	0. 03 (0. 47)	- 0. 26 ** (- 2. 50)	0. 14 (1. 31)	0. 95	255
5	- 0. 15 (- 1. 17)	0. 99 *** (45. 96)	0. 74 *** (12. 22)	0. 01 (0. 15)	- 0. 25 *** (- 2. 56)	0. 14 (1. 28)	0. 96	255
6	- 0. 14 (- 1. 19)	0. 99 *** (48. 59)	0. 80 *** (12. 67)	0. 03 (0. 46)	- 0. 17 * (- 1. 69)	0. 17 * (1. 78)	0. 96	255
7	- 0. 14 (- 1. 03)	0. 99 *** (39. 34)	0. 84 *** (10. 94)	0. 01 (0. 15)	- 0. 13 (- 1. 10)	0. 11 (1. 08)	0. 95	255
8	- 0. 12 (- 0. 84)	1. 00 *** (36. 09)	0. 75 *** (11. 97)	- 0. 13 * (- 1. 69)	- 0. 15 (- 1. 45)	0. 13 (1. 07)	0. 94	255
9	0. 06 (0. 37)	1. 00 *** (37. 80)	0. 71 *** (8. 54)	- 0. 19 ** (- 2. 17)	- 0. 19 (- 1. 29)	0. 00 (- 0. 01)	0. 93	255
10	0. 22 (0. 95)	0. 99 *** (28. 88)	0. 71 *** (7. 20)	- 0. 31 *** (- 3. 38)	- 0. 14 (- 0. 76)	- 0. 18 (- 0. 92)	0. 87	255
10 - 1	0. 94 *** (2. 84)	- 0. 02 (- 0. 35)	0. 05 (0. 37)	- 0. 21 (- 1. 43)	0. 10 (0. 39)	- 0. 25 (- 0. 94)	0. 04	255

注：表中括号内数字为回归系数对应 T 值，* 给出了 T 值的显著性程度，*** 表示在 1% 的水平下显著，** 表示在 5% 的水平下显著，* 表示在 10% 的水平下显著。

　　从表 2 - 14 可以看出，Fama & French 五因子对以前 12 ~ 2 月为策略构建期所得出的调整后动量策略的各组超额收益值有较好的解释能力。只有在最小的三个分组内调整后动量策略超额收益值（Alpha）在剔除五因子的影响后仍然显著，市场风险溢价因子与各组收益值呈显著正向相关，市值因子与各组收益间呈显著正向相关，账面市值比因子对各组收益的解释能力较弱，盈利因子与各组收益间呈（显著）负向相关，投资因子与各组回报间呈（显著）正向相关。五因子对各组超额收益的解释能力较强，从最低组到最高组，五因子解释了 88% ~96% 的收益变化。五因子在中国股票市场有比较好的表现。在以前 12 ~7 月为策略构建期所得出的调整后动量策略的结果与之类似，因此不再赘述。

但值得注意的是，Fama & French 五因子中各个因子对不同组中超额收益值的解释能力并无显著差异，各个因子对不同组超额收益值的影响也大致相同，因此当本研究在研究五因子对改进后动量策略最高组与最低组回报差值的影响时，发现五因子几乎没有任何解释力度。除投资因子在按照前 12 ~7 月构建的调整后动量策略中显著为正外，其余因子的影响均不显著，五因子模型的解释能力（R^2）也非常低，但回归的超额收益值（Alpha）在剔除五因子的影响后仍然显著。因此，本研究推测，根据调整后动量策略得出的最高组与最低组回报的差值（常见的策略构建方式，关注两端值）中可能包含五因子未能解释的部分，调整后的动量策略可能成为解释中国市场中股票回报的新因子。

本研究也利用 Fama & French 前期构建的三因子模型对上述结论进行了稳健性检验，回归方程如下所示。

$$r_t = \alpha + \beta_1 \times Rm + \beta_2 \times SMB_t + \beta_3 \times HML_t + \varepsilon_{i,t} \qquad (2-5)$$

其中，r_t 为本研究根据调整后的动量策略得出的 1 ~10 组策略超额收益值和最高组与最低组回报的差值（月度数据），Rm 为根据 Fama & French 2 ×3 投资组合划分法得出的流通市值加权的市场风险溢价因子，SMB 为流动市值加权的市值因子，HML 为流通市值加权的账面市值比因子。计算 Fama & French 因子的样本为两个交易所所有的 A 股股票，包含深交所创业板，与本研究构建动量策略的样本一致。采用总市值加权对所得出的因子进行回归，结果是相似的，因此不再给出。本研究这部分回归的结果在表 2 – 15 中给出。

表 2 – 15　　　　　调整后动量策略与 Fama & French 三因子（12 ~ 2 月）

组序	Alpha	Rm	SMB	HML	R²	N
1	− 0. 76 *** (− 4. 12)	1. 01 *** (34. 62)	0. 75 *** (8. 92)	− 0. 06 (− 0. 55)	0. 88	255
2	− 0. 57 *** (− 3. 72)	1. 01 *** (35. 23)	0. 73 *** (9. 58)	− 0. 01 (− 0. 10)	0. 92	255
3	− 0. 36 *** (− 2. 69)	1. 02 *** (40. 52)	0. 86 *** (14. 29)	0. 12 (1. 37)	0. 95	255
4	− 0. 26 ** (− 1. 99)	1. 00 *** (47. 45)	0. 85 *** (13. 33)	0. 10 (1. 30)	0. 95	255
5	− 0. 19 * (− 1. 66)	0. 99 *** (42. 37)	0. 85 *** (14. 68)	0. 08 (1. 06)	0. 96	255
6	− 0. 14 (− 1. 35)	0. 99 *** (58. 01)	0. 87 *** (19. 98)	0. 09 (1. 49)	0. 97	255
7	− 0. 11 (− 0. 9)	0. 99 *** (41. 98)	0. 86 *** (16. 63)	0. 04 (0. 55)	0. 96	255
8	− 0. 12 (− 0. 89)	1. 00 *** (40. 32)	0. 81 *** (15. 31)	− 0. 08 (− 0. 97)	0. 95	255
9	0. 06 (0. 39)	1. 00 *** (38. 91)	0. 75 *** (11. 66)	− 0. 17 * (− 1. 81)	0. 93	255
10	0. 27 (1. 23)	0. 98 *** (33. 37)	0. 68 *** (9. 46)	− 0. 36 *** (− 3. 40)	0. 88	255
10 – 1	1. 04 *** (3. 31)	− 0. 03 (− 0. 79)	− 0. 08 (− 0. 69)	− 0. 30 * (− 1. 82)	0. 02	255

　　由表 2 – 15 可知，根据 Fama & French 三因子所得出的结果与 Fama & French 五因子并无显著差异。Fama & French 三因子对以前 12 ~ 2 月为策略构建期所得出的调整后动量策略的各组超额收益值有较好的解释能力，尽管在三因子模型下，更多的分组中存在显著的超额收益值（Alpha）。市场风险溢价因子与各组收益值呈显著正向相关，市值因子与各组收益间呈显著正向相关，账面市值比因子对各组收益的解释能力较弱。三因子对各组超额收益的解释能力较强，从最低组到最高组，三因子解释了 91% ~ 96% 的收益变化。

同样地，Fama & French 三因子中各个因子对不同组中超额收益值的解释能力并无显著差异，各个因子对不同组超额收益值的影响也大致相同，因此当本研究研究三因子对动量策略最高组与最低组回报差值的影响时，发现三因子几乎没有任何解释力度：除账面市值比因子在以前 12 ~ 2 月作为策略构建依据时显著为负外，其余因子的影响均不显著，三因子模型的解释能力（R^2）非常低，但回归的超额收益值（Alpha）在剔除三因子的影响后仍然显著。以前 12 ~ 7 月为策略构建期所得出的调整后动量策略的结果与之类似，此部分不再赘述。

本研究这部分利用 Fama & French 三因子对调整后动量策略进行回归的结果与使用五因子是一致的：根据调整后动量策略构建的最高组与最低组的回报差值中包含三因子未能解释的部分，调整后的动量策略可能成为解释中国市场中股票回报的新因子。同时，本书研究发现，控制三因子影响后动量策略的超额收益值高于五因子，本研究推测调整后动量效应因子的解释能力可能与投资因子和盈利因子相关，这个发现可能成为今后进一步研究中国市场动量因子的基础。

2.2 中国股市的 MAX 效应

2.2.1 引言

MAX 效应——前一个月最大收益最高的股票在后一个月风险调整收益较低的趋势，引起了学术界和实务界的极大兴趣（Bali et al. , 2011）。MAX 效应是一种独特的现象，它不同于其他基于收益的投资策略（如中期动量或短期反转）。事实上，追涨 MAX 股票（前一个月最高日收益率的股票）在金融市场上被认为是博彩行为，其发生亏损的概率很高。

先前的研究表明 MAX 效应在金融市场中普遍存在。鲍利等（2011）发现美国股票市场上月最大日收益率与预期月收益率之间存在显著的负相关。安妮特等（Annaert et al. , 2013）和沃克斯（Walkshausl, 2014）使用欧元区股票的综合数据证实了前一个月最高收益与下一个月平均收益之间的负向关系，并且在控制了规模、价值、动量、流动性和短期反转效应后仍然显著。他们认为具有彩票特征的股票对某些投资者（散户投资者）具有吸引力。此外，纳尔塔等（Nartea et al.，2017）及刘志峰和张婷婷（2020）也发现中国 A 股市场存在 MAX 效应。

理论上，MAX 效应源于投资者的博彩偏好和（或）行为偏差（Doran et al.，2012）。例如，雷克尔和雷迪（Eraker & Ready，2015）及钟和格雷（Zhong & Gray，2016）指出，投资者对具有彩票型收益的股票支付过高的价格，所以 MAX 效应集中在定价过高的股票中。与此一致，阿博拉姆和克扎诺夫斯基（Aboulamer & Kryzanowski，2016）发现在加拿大股票市场，极端正收益与未来预期收益之间的关系受到机构持股的影响，极端日收益的反转仅限于机构持股较少的股票。冯和托赫（Fong & Toh，2014）扩展了鲍利等（2011）的研究，发现 MAX 效应依赖于投资者情绪。王等（Wang et al.，2017）也揭示了投资者情绪对股票收益的重要作用，尤其是在彩票型股票中。陈等（Chen et al.，2020）的研究表明，当博彩情绪整体较高时，投资者对彩票型股票的需求增加。

本部分研究旨在评估 MAX 效应对中国金融市场的影响。关注中国股票市场的一个重要原因是其在国际资本市场中的重要作用。中国股票市场自 1990 年建立以来发展迅速，自 2014 年以来，已成为全球第二大股票市场和最大的新兴市场。另一个重要原因是特殊的投资者构成：交易主要来自个人投资者。上海证券交易所 2018 年年报显示，约 82.01% 的交易来自个人投资者，个人投资者账户占比为 99.78%。但是，个人投资者当年获得的利润只有不到 10%。众所周知，个人投资者缺乏经验，并且倾向于被具有彩票特征的股票所吸引，这为检验 MAX 效应提供了理想的设定（Ng & Wu，2006；Fong et al.，2010；Nartea et al.，2017）。

本研究的实证分析首先评估了 MAX 策略在 1995～2020 年的全样本期间内的表现。根据鲍利等（2011）的研究，对于每个月，根据前一个月的累计最大 N 日收益率将所有有效股票分成十组。一般的 MAX 策略是通过买入第十组（10）中的股票和卖空第一组（1）中的股票组成零成本价值加权组合。

正如预期的那样，MAX 策略在全样本期间（每月的原始收益率为 0.85%）上遭受了显著的损失，这证实了我国存在较强的 MAX 效应。基于前一个月累计最大 N 日收益率的替代值，这一发现是稳健的。类似地，在控制了一些众所周知的收益决定因素的情况下，MAX 效应仍存在于公司层面。

除此之外，本研究还按其前期累计最大 N 日收益率排序的十等分投资组合考察公司特征。结果发现，前一个月累计最大 N 日收益率最高的股票往往是 Beta 和特质波动率较高的小盘和成长型公司。更重要的是，它们的分析师覆盖率较低，被机构投资者持有的比例较低。总体而言，这些特征表明"MAX"股票具有更多的彩票型属性，更受个人投资者的青睐和持有。进一步，基于公司特征变量（例如规模）将股票拆分为子样本，重新检验 MAX 效应。总体而言，MAX 效应在投机子样本（如小盘或高 Beta 组）中更显著。

为了更好地理解 MAX 效应的动态性，本研究还作了进一步的分析和稳健性检验：首先，本研究评估了投资者情绪与 MAX 策略收益之间的相互关系。具体而言，高市场情绪下的投资组合表现更为显著，说明 MAX 效应对市场情绪的依赖性较强。同样，在考察泡沫期和危机期的投资组合表现时，发现 MAX 效应在泡沫期更强。其次，本研究通过检验滚动十年的股票收益来评估 MAX 效应的时间趋势，发现除了分别在 2009 年和 2010 年结束的两个滚动十年窗口外，MAX 效应随时间的变化是稳定且持续的。此外，本研究还评估了一个重大事件（对套利限制的监管变化）对 MAX 效应的影响。此次事件是 2010 年 3 月融资融券业务的推出。有趣的是，本研究发现 MAX 策略的负收益在卖空禁令逐步解除后急剧下降。这是可以预期的，因为当市场变得更有效时，MAX 策略（错误定价）的超额收益会下降。

最后，本研究检验了在公募基金市场中是否也存在 MAX 效应。通过对股票型基金过去一个月的最大日收益率进行排序，构造了类似的 MAX 策略。有趣的是，本研究发现基金之间存在着明显的正向型 MAX 效应，也就是说，构建的 MAX 策略在样本期内产生了显著的利润。这一发现至少表明了两点：第一，职业经理人更不容易受到与 MAX 效应相关的行为偏差的影响，因为他们过去的极端日收益率对随后一个月的基金具有强（正）回报预测作用。换言之，股票市场中显著的 MAX 效应主要源于追涨彩票型股票的个人投资者。第二，对于追涨 MAX 策略的个人投资者来说，可以将金融工具从股票换成股票型基金。

2.2.2　数据和变量定义

本研究使用的数据来自国泰安（CSMAR）数据库，该数据库包含了中国所有 A 股股票。本书对于研究的数据进行了如下筛选：从样本中删除了所有特殊处理股票（包括 ST、*ST 和 PT），而且要求样本中的股票至少包含一年的交易数据；当一股票在该月内交易日数据少于 10 个数据时，将该股票该月观测值设为缺失。样本期间为 1995 年 10 月至 2020 年 8 月。日度数据用于计算每个月的最大收益。此外，本研究还从 CSMAR 数据库中整理了公司特征数据，包括月收益率、市值、账面市值比、分析师覆盖率等。

根据鲍利等（2011）的研究，计算了前一个月的 N 日累计日收益率（记为 Max(N)）作为 MAX 效应的代理变量。Max(N) 的月度测度定义如下：

$$Max(N) = \sum_{i=1}^{N} maximum\_return \qquad (2-6)$$

其中，N 分别取 1，2，3，5，10。

计算 MAX 指标存在的一个问题是中国 A 股市场存在 10% 的每日涨跌幅限制。也就是说，每日的股价变动不能超过 10%，除非在 IPO 日或其他有罕见资本结构变化的日子，如股票分拆。因此，常用的基于单日最大收益的 MAX(1) 可能无法完全捕捉到 MAX 效应。因此，本研究采用调整后的 MAX(1) 测度，即在最大日收益率达到涨跌幅限制（10%）时，将次日收益率加总。然而，样本中最高日收益率达到涨跌幅限制（10%）的比例仅为 2% 左右。基于调整后的 MAX(1) 的结果与未调整的结果非常相似，即每日涨跌幅限制不影响 MAX 效应的稳健性。

本研究还计算了公司特征作为控制变量，这些变量的详细定义如下。

Size：公司规模，定义为每股价格乘以流通股数的自然对数。

Beta：基于 48 个月滚动窗口计算股票超额收益率对市场超额收益率的时

间序列回归，定义为 CAPM 模型的斜率系数。

TURN：月成交量，定义为月成交量与流通股数的比值。

ILLIQ：由艾米霍德（Amihud，2002）提出，定义为 t 月绝对日收益率与美元交易量之比的平均值。

IO：机构持股，定义为机构持股比例。

BM：账面市值比，定义为公司在 t－1 期结束的会计年度的账面市值比。

COVER：分析师关注，定义为盈余预测数加 1 的自然对数。

ISKEW：特质偏度，定义为在 Fama－French 三因子（Fama and French，1993）上，从 t－5 月到 t 月的日超额收益率的时间序列回归的残差的偏度。

IVOL：特质波动率，定义为 Fama－French 三因子（Ang et al.，2009）上从 t－5 月到 t 月的日超额收益率的时间序列回归的残差的标准差。

MOM：动量，在 t 月末度量，定义为从 t－12 月到 t－1 月（t－6 月到 t－1 月）的累计收益率。

Reversal：短期反转，在 t 月末度量，定义为 t 月的收益。

2.2.3 MAX 效应的投资组合分析

通过类似鲍利等（Bali，2011）的投资组合分析，揭示了中国股票市场 MAX 效应的突出特征。具体来说，在每月末，根据最大 N 日累计收益率（N 分别等于 1，2，3，5 和 10）的值对股票进行升序排列。第十组（10）的股票具有最高的最大收益，第一组（1）的股票具有最低的最大收益。通过买入第 10 组的股票和卖空第 1 组的股票构建零成本的多空组合，并使用 t＋1 月的等权重和流通市值加权平均收益为 MAX 效应在中国股票市场存在提供了组合层面的证据。使用 CAPM、Fama－French 三因子和 Fama－French 五因子模型（Alpha_CAPM、Alpha_FF3 和 Alpha_FF5）对投资组合收益进行评估。样本期从 1995 年 11 月开始，到 2020 年 8 月结束，共 291 个月。

表 2－16 和表 2－17 给出了 MAX 效应在投资组合层面的证据。表中投资组合回报为回报期内平均回报值，且为百分比值。

表 2 - 16　基于 MAX 效应的投资组合回报（市值加权）

组序	MAX(1)	收益均值	T值	MAX(2)	收益均值	T值	MAX(3)	收益均值	T值	MAX(5)	收益均值	T值	MAX(10)	收益均值	T值
1	3.23	1.80***	2.81	5.91	1.76***	2.81	8.13	1.78***	2.90	11.52	1.78***	2.96	15.37	1.78***	2.94
2	4.29	1.76***	2.72	7.76	1.88***	2.89	10.66	1.84***	2.82	15.27	1.87***	2.84	22.04	1.78***	2.84
3	4.98	2.03***	3.00	8.92	1.87***	2.84	12.19	1.88***	2.86	17.41	1.80***	2.82	25.70	1.80***	2.84
4	5.56	2.14***	3.13	9.91	2.04***	3.02	13.50	2.05***	3.09	19.24	2.05***	3.12	28.47	1.94***	2.93
5	6.16	1.99***	2.98	10.87	2.14***	3.14	14.76	2.05***	3.00	20.98	1.93***	2.93	31.05	1.97***	3.00
6	6.82	1.90***	2.93	11.93	1.91***	2.90	16.12	1.93***	2.95	22.81	2.01***	2.91	33.69	2.08***	3.02
7	7.62	1.80***	2.79	13.17	1.80***	2.78	17.70	1.88***	2.82	24.92	1.97***	2.93	36.66	1.93***	2.89
8	8.74	1.67***	2.63	14.84	1.67***	2.57	19.79	1.81***	2.68	27.67	1.81***	2.67	40.43	1.93***	2.71
9	10.7	1.42**	2.14	17.64	1.53**	2.27	23.16	1.45**	2.18	31.91	1.42**	2.12	46.13	1.46**	2.18
10	17.48	0.95	1.42	32.68	0.85	1.28	40.51	0.80	1.22	52.36	0.81	1.23	70.73	0.78	1.17
10－1	14.25	-0.85***	-3.46	26.77	-0.92***	-3.53	32.38	-0.98***	-3.62	40.84	-0.96***	-3.66	55.36	-0.99***	-3.74
Alpha_CPAM		-0.96***	-4.05		-1.05***	-4.12		-1.13***	-4.31		-1.13***	-4.36		-1.15***	-4.43
Alpha_FF3		-1.06***	-5.17		-1.17***	-5.29		-1.28***	-5.59		-1.32***	-5.57		-1.35***	-5.89
Alpha_FF5		-1.13***	-4.75		-1.28***	-5.04		-1.41***	-5.42		-1.41***	-5.47		-1.44***	-5.74

注：* 给出了 T 值的显著性程度，*** 表示在 1% 的水平下显著，** 表示在 5% 的水平下显著。

表 2－17

基于 MAX 效应的投资组合回报（等值加权）

组序	MAX(1)	收益均值	T值	MAX(2)	收益均值	T值	MAX(3)	收益均值	T值	MAX(5)	收益均值	T值	MAX(10)	收益均值	T值
1	3.23	1.78***	2.77	5.91	1.74***	2.78	8.13	1.76***	2.86	11.52	1.76***	2.93	15.37	1.76***	2.91
2	4.29	1.74***	2.69	7.76	1.86***	2.86	10.66	1.82***	2.79	15.27	1.85***	2.81	22.04	1.75***	2.80
3	4.98	2.01***	2.97	8.92	1.85***	2.81	12.19	1.85***	2.83	17.41	1.78***	2.79	25.70	1.78***	2.80
4	5.56	2.10***	3.09	9.91	2.01***	2.99	13.50	2.01***	3.05	19.24	2.02***	3.08	28.47	1.91***	2.90
5	6.16	1.96***	2.94	10.87	2.11***	3.11	14.76	2.02***	2.97	20.98	1.90***	2.89	31.05	1.95***	2.96
6	6.82	1.86***	2.88	11.93	1.88***	2.85	16.12	1.91***	2.91	22.81	1.98***	2.88	33.69	2.05***	2.99
7	7.62	1.77***	2.74	13.17	1.77***	2.73	17.70	1.84***	2.78	24.92	1.94***	2.88	36.66	1.90***	2.84
8	8.74	1.63**	2.57	14.84	1.63**	2.51	19.79	1.76***	2.63	27.67	1.77***	2.62	40.43	1.88***	2.66
9	10.70	1.37**	2.07	17.64	1.48**	2.20	23.16	1.40**	2.12	31.91	1.38**	2.05	46.13	1.41**	2.11
10	17.48	0.89	1.34	32.68	0.78	1.19	40.51	0.74	1.12	52.36	0.74	1.13	70.73	0.71	1.07
10－1	14.25	-0.88**	-3.63	26.77	-0.96***	-3.72	32.38	-1.02***	-3.82	40.84	-1.01***	-3.87	55.36	-1.05***	-3.97
Alpha_CPAM		-1.00***	-4.21		-1.09***	-4.28		-1.17***	-4.48		-1.18***	-4.55		-1.20***	-4.64
Alpha_FF3		-1.09***	-5.36		-1.21***	-5.48		-1.33***	-5.80		-1.36***	-5.78		-1.40***	-6.13
Alpha_FF5		-1.17***	-4.92		-1.32***	-5.22		-1.45***	-5.61		-1.45***	-5.68		-1.49***	-5.98

注：* 给出了 T 值的显著性程度，*** 表示在 1% 的水平下显著，** 表示在 5% 的水平下显著。

　　表 2 – 16 和表 2 – 17 中结果表明，最大收益最高的一组股票在 MAX 效应表现中发挥着特殊的作用。MAX(N) 值从第 1 组到第 9 组逐渐增加，但到第 10 组急剧增加，从 10.70% 到 17.48%。基于 MAX 效应的投资组合收益也表现出类似的规律：无论是等权重还是流通市值加权方式，1～8 组的收益相差不大。然而，从第 9 组开始出现了大幅下降，尤其是第 10 组。这些发现表明了最大收益最高的股票具有彩票性质：收益最高的股票最有吸引力，但极端收益率在下个月出现反转。

　　此外，无论基于等权重还是流通市值加权平均法，在所有累计期上买入第十组股票（10）和卖空第一组股票（1）的投资组合收益均显著为负。以基于单日最大收益的结果为例：基于 MAX 效应的零成本交易策略每月产生 0.88%（0.85%）的等权重（流通市值加权）收益差值，且在 1% 水平上统计显著。等权重方式下和流通市值加权方式下对应的 Alpha_CAPM、Alpha_FF3 和 Alpha_FF5 分别为 1.00%、1.09% 和 1.17%；0.96%、1.06% 和 1.13%，所有 alpha 均在 1% 水平上显著。基于累计最大收益（N = 2、3、5、10）的投资组合层面证据也揭示了中国股票市场普遍存在 MAX 效应：原始投资组合收益和所有风险调整 Alpha 均在 1% 水平上显著为负。目前看来，中国存在较强的 MAX 效应。这种交易可能是非理性的，代表了对彩票类股票的追涨。考虑到基于不同累计天数的 MAX 效应的类似结果，本研究只报告了使用单日最大收益的结果作为后续研究基础。

　　本部分进一步考察股票在不同最大收益分组下的公司特征，以提供可能的彩票性质的证据。本部分使用的股票特征变量包括公司规模（Size）、市场 Beta、账面市值比（BM）、机构持股（IO）、分析师覆盖率（COVER）、换手率（TURN）、Amihud 非流动性比率（ILLIQ）、特质波动率（IVOL）和特质偏度（ISKEW）。所有变量均在 1% 和 99% 的水平上进行缩尾处理，以消除异常值的影响。

　　表 2 – 18 报告了企业特征均值在各分组和多空组合（10 – 1）的差值、以及 Newey – West 调整后的 t 值。考虑到数据的可获得性，COVER 和 IO 样本始于 2002 年。

表 2-18   MAX 分组下的企业特征

组序	Size	Beta	BM	IO	COVER	Turn	ILLIQ	IVOL	ISKEW
1	21.83	0.83	0.70	0.26	2.11	11.84	0.33	0.86	1.26
2	21.54	0.89	0.69	0.24	1.94	13.81	0.32	0.96	1.27
3	21.42	0.90	0.67	0.23	1.98	14.57	0.29	1.01	1.25
4	21.36	0.91	0.66	0.22	1.97	15.61	0.29	1.04	1.28
5	21.33	0.92	0.65	0.22	2.01	15.97	0.28	1.07	1.30
6	21.31	0.92	0.64	0.21	2.02	16.65	0.29	1.09	1.30
7	21.30	0.92	0.63	0.21	2.02	16.96	0.27	1.13	1.35
8	21.32	0.92	0.61	0.22	2.01	16.82	0.26	1.14	1.35
9	21.30	0.92	0.61	0.21	2.01	17.48	0.26	1.17	1.33
10	21.29	0.92	0.60	0.21	1.81	17.94	0.23	1.19	1.35
10-1	-0.54 ***	0.08 ***	-0.10 ***	-0.05 ***	-0.30 ***	6.10 ***	-0.10 ***	0.33 ***	0.09 ***
t_{10-1}	-9.51	6.69	-14.70	-5.76	-9.31	9.99	-4.02	17.08	3.31

注: *** 表示在 1% 的水平下显著。

如表 2-18 所示，最大收益最高的股票市值更小（10-1 中的 Size 差值为 -0.54，t 值为 -9.51），系统性风险更高（Beta 差值为 0.08，t 值为 6.69），更倾向于成长型股票（BM 差值为 -0.10，t 值为 -14.70）。此外，这些股票往往较少被机构投资者持有（IO 差值为 -0.05，相关度为 -5.76），较少受到专业分析师的关注（COVER 差值为 -0.30，t 值为 -9.31），具有较高的流动性和可能的过度交易（TURN/ILLIQ 差值分别为 6.10/ -0.10，对应的 t 值分别为 9.99/ -4.02），具有较大的特质波动率（IVOL/ISKEW 差值分别为 0.33/0.09，对应的 t 值分别为 17.08/3.31）。

综上所述，对不同最大收益分组下公司特征变量的比较发现，最大收益最高的股票往往具有较小的成长性、较高的系统性风险和特质波动率。它们较少受到机构投资者和专业分析师的关注，流动性较高，可能存在过度交易。

所有的结果都与博彩性质一致，表明这些股票对于理性投资者来说可能不是一个好的选择，但对于投机投资者（对中国股市中的个人投资者）来说可能更有吸引力。

进一步，本部分研究了 MAX 效应在不同子样本中的有效性，并检验结果是否随公司特征表现而变化。具体而言，在 t 月期末，根据不同企业特征变量（以升序排列）将全样本划分为三组。然后根据单日最大收益的值按升序排列股票，以买入第 10 组的股票和卖空第 1 组的股票构建零成本的多空组合，得到 t + 1 月的市值加权平均收益。第十组和第一组结果的差值揭示了 MAX 效应的不同表现。

本部分使用的股票特征变量包括公司规模（Size）、市场风险（Beta）、账面市值比（BM）、机构持股（IO）、分析师覆盖率（COVER）、换手率（TURN）、Amihud 非流动性比率（ILLIQ）、特质波动率（IVOL）和特质偏度（ISKEW）。投资组合收益开始于 1995 年 11 月，结束于 2020 年 8 月，其长度随企业特征变量的可获得性而变化。结果报告于表 2 - 19。表 2 - 19 中投资组合的回报为回报期内平均回报值，且为百分比值。同样地，用 * 给出了 T 值的显著性程度。

表 2 - 19　　　　　　　　　控制企业变量下的 MAX 效应

变量		1	10	10 - 1	Alpha_CAPM	Alpha_FF3	Alpha_FF5
Size	最小组	2.37 *** (3.43)	1.36 * (1.92)	- 1.01 *** (- 3.46)	- 1.06 *** (- 3.78)	- 1.22 *** (- 4.75)	- 1.38 *** (- 5.05)
	最大组	1.37 ** (2.3)	0.75 (1.11)	- 0.63 ** (- 2.28)	- 0.81 *** (- 3.16)	- 0.82 *** (- 2.96)	- 0.81 *** (- 2.65)
	差值	- 0.99 *** (- 2.85)	- 0.61 (- 0.61)	0.38 (1.09)	0.25 (0.78)	0.40 (1.19)	0.57 * (1.68)

续表

变量		1	10	10 - 1	Alpha_CAPM	Alpha_FF3	Alpha_FF5
Beta	最小组	1. 20 * (1. 75)	0. 67 (0. 96)	- 0. 53 * (- 1. 85)	- 0. 69 ** (- 2. 2)	- 0. 67 ** (- 2. 26)	- 0. 75 ** (- 2. 24)
	最大组	1. 87 ** (2. 36)	0. 24 (0. 33)	- 1. 63 *** (- 5. 86)	- 1. 66 *** (- 5. 92)	- 1. 61 *** (- 5. 93)	- 1. 41 *** (- 4. 18)
	差值	0. 67 ** (2. 31)	- 0. 43 ** (- 2)	- 1. 10 *** (- 3. 48)	- 0. 97 *** (- 3. 07)	- 0. 94 *** (- 3. 08)	- 0. 67 ** (- 2. 04)
BM	最小组	1. 65 *** (2. 68)	0. 68 (1. 03)	- 0. 97 *** (- 3. 65)	- 1. 15 *** (- 4. 29)	- 1. 29 *** (- 5. 06)	- 1. 26 *** (- 4. 39)
	最大组	1. 84 *** (2. 94)	1. 06 (1. 56)	- 0. 78 ** (- 2. 56)	- 0. 93 *** (- 3. 31)	- 1. 12 *** (- 4. 49)	- 1. 20 *** (- 4. 33)
	差值	0. 91 (0. 81)	0. 38 (1. 39)	0. 19 (0. 7)	0. 23 (0. 85)	0. 17 (- 0. 65)	0. 06 (0. 23)
IO	最小组	1. 42 * (1. 78)	0. 4 (0. 5)	- 1. 02 *** (- 4. 7)	- 1. 07 *** (- 4. 66)	- 1. 07 *** (- 4. 77)	- 1. 13 *** (- 3. 75)
	最大组	1. 45 ** (2. 01)	0. 53 (0. 7)	- 0. 92 *** (- 3. 12)	- 1. 03 *** (- 3. 3)	- 1. 03 *** (- 4. 02)	- 1. 10 *** (- 4. 32)
	差值	0. 03 (0. 12)	0. 13 (0. 84)	0. 1 (0. 39)	0. 05 (0. 19)	0. 05 (0. 21)	0. 03 (0. 14)
COVER	最小组	1. 15 (1. 49)	0. 58 (0. 67)	- 0. 57 (- 1. 49)	- 0. 63 (- 1. 59)	- 0. 74 ** (- 2. 19)	- 0. 78 ** (- 2. 04)
	最大组	1. 02 (1. 53)	1. 59 * (1. 94)	0. 57 (1. 14)	0. 49 (0. 96)	0. 23 (0. 48)	0. 14 (0. 27)
	差值	- 0. 13 (- 0. 45)	1. 01 *** (2. 62)	1. 14 ** (2. 3)	1. 12 ** (2. 27)	0. 97 * (1. 92)	0. 92 * (1. 71)
TURN	最小组	1. 65 *** (2. 73)	1. 68 *** (2. 82)	0. 02 (0. 09)	- 0. 1 (- 0. 34)	- 0. 08 (- 0. 3)	- 0. 25 (- 0. 87)

变量		1	10	10 − 1	Alpha_CAPM	Alpha_FF3	Alpha_FF5
TURN	最大组	1.49 ** (2.06)	0.34 (0.5)	− 1.15 *** (− 4.18)	− 1.16 *** (− 4.65)	− 1.11 *** (− 4.78)	− 1.20 *** (− 4.21)
	差值	− 0.16 (− 0.52)	− 1.34 *** (− 4.19)	− 1.18 *** (− 3.42)	− 1.06 *** (− 3.31)	− 1.03 *** (− 3.38)	− 0.95 *** (− 2.77)
ILLIQ	最小组	1.37 ** (2.25)	0.31 (0.46)	− 1.06 *** (− 3.59)	− 1.24 *** (− 4.47)	1.37 *** (− 5.04)	− 1.44 *** (− 4.82)
	最大组	2.21 *** (3.27)	1.69 ** (2.51)	− 0.52 ** (− 2.12)	− 0.58 ** (− 2.42)	− 0.70 *** (− 3.18)	− 0.81 *** (− 3.44)
	差值	0.84 ** (2.51)	1.38 *** (4.49)	0.54 * (1.67)	0.65 ** (2.18)	0.67 ** (2.17)	0.63 ** (2.03)
IVOL	最小组	1.61 *** (2.7)	2.02 *** (2.99)	0.41 (1.52)	0.18 (0.69)	− 0.06 (− 0.26)	− 0.03 (− 0.1)
	最大组	1.68 ** (2.48)	0.56 (0.83)	− 1.12 *** (− 4.83)	− 1.08 *** (− 4.79)	− 1.07 *** (− 4.46)	− 1.26 *** (− 4.94)
	差值	0.06 (0.27)	− 1.46 *** (− 5.12)	− 1.52 *** (− 4.19)	− 1.26 *** (− 3.66)	− 1.01 *** (− 2.86)	− 1.23 *** (− 3.18)
ISKEW	最小组	1.86 *** (2.93)	1.17 (1.64)	− 0.69 * (− 1.84)	− 0.86 ** (− 2.53)	− 1.09 *** (− 3.86)	− 1.06 *** (− 3.16)
	最大组	1.65 *** (2.71)	0.78 (1.2)	− 0.87 *** (− 4.04)	− 1.04 *** (− 4.68)	− 1.22 *** (− 5.73)	− 1.27 *** (− 5.55)
	差值	− 0.21 (− 1.19)	− 0.39 (− 1.48)	− 0.18 (−0.5)	− 0.18 (− 0.55)	− 0.14 (− 0.5)	− 0.21 (− 0.73)

表 2 – 19 的结果证实了最大收益最高的股票具有博彩性质，并发现 MAX 效应随公司特征变量的变化而变化。具体而言，在 Beta 和 ILLIQ 的第十组和第一组的股票中，MAX 效应显著存在，且两组之间的差值也显著，说明在

Beta 值较高、非流动性较低的股票中，MAX 效应明显更强。此外，还发现 MAX 效应在 Size、BM 和 IO 的第一组和 ISKEW 的第十组中相对较强，尽管第十组和第一组结果相差不大。MAX 效应仅在 COVER 的第一组、TURN 的第十组和 IVOL 第十组显著，所有 10 - 1 的差值均显著。

综上所述，本部分的子样本研究揭示了不同企业特征变量下 MAX 效应表现的差异。规模更小、贝塔系数更大、账面市值比更小、机构持股比例更低、分析师覆盖率更低、换手率更高、非流动性更低、特质波动率更大、特质偏度更大的股票，可能具有（不）显著更大的 MAX 效应。研究结果进一步证实了具有较高最大收益的股票的博彩性质。

2.2.4　Fama – Macbeth 回归和 MAX 效应的持续性

2.2.4.1　Fama – Macbeth 横截面回归

上述投资组合层面研究揭示了中国股市具有 MAX 效应，也就是说，具有较高最大收益的股票在未来的表现比具有较低最大收益的股票更差。接下来对 MAX 效应进行 Fama – Macbeth 横截面回归。

本部分使用的回归模型如下：

$$Ret_{i,t+1} = \alpha + \beta \times MAX_{i,t} + \gamma \times Controls_{i,t+1} + \varepsilon_{i,t} \qquad (2-7)$$

其中，MAX 是 t 月的单日最大收益，Ret 是 t + 1 月的股票收益。同时，控制了几个公司特征来考察净 MAX 效应。本部分使用的股票特征变量包括公司规模（Size）、市场风险（Beta）、账面市值比（BM）、机构持股（IO）、分析师覆盖率（COVER）、换手率（TURN）、Amihud 非流动性比率（ILLIQ）、特质波动率（IVOL）和特质偏度（ISKEW）。还使用 Newey – West 调整的标准误差来获得相关的 t 值。样本周期为 1995 年 11 月至 2020 年 8 月，结果报告如表 2 - 20 所示。

表 2 - 20　基于 Fama - Macbeth 回归的 MAX 效应

Return$_{t+1}$	1	2	3	4	5	6	7	8	9	10	11
MAX	-5.08 ***	-5.50 ***	-4.37 **	-10.34 ***	-6.08 ***	-7.47 ***	-6.84 ***	-2.57 **	-2.48 **	-8.81 ***	-7.06 ***
	(-3.71)	(-4.59)	(-5.32)	(-4.56)	(-4.32)	(-4.24)	(-3.14)	(-2.26)	(-1.97)	(-4.22)	(-5.01)
Size		-0.43 ***									-0.43 ***
		(-2.88)									(-2.73)
Turn			-0.03 ***								-0.01 *
			(-5.44)								(-1.68)
Beta				0.17							0.40
				(0.39)							(0.91)
ILLIQ					2.50 ***						6.23 **
					(4.14)						(2.37)
BM						1.14 **					1.11 *
						(2.34)					(1.71)
IO							-0.60				-0.51
							(-1.41)				(-1.17)
COVER								-0.26			0.62
								(-1.57)			(1.28)

续表

Return$_{t+1}$	1	2	3	4	5	6	7	8	9	10	11
IVOL									-0.19** (-2.17)		-0.12* (-1.75)
ISKEW										-0.11** (-2.01)	-0.17*** (-2.50)
Cons	2.07*** (3.75)	11.45*** (3.43)	2.36*** (4.50)	2.24*** (4.23)	1.91*** (2.24)	1.38** (2.24)	1.85*** (2.89)	2.16*** (2.93)	2.17*** (3.97)	2.46*** (4.40)	11.36*** (3.09)
Obs	522 748	522 748	522 748	390 343	522 748	519 317	466 848	370 118	522 748	507 349	370 118
R^2	0.010	0.042	0.024	0.027	0.023	0.026	0.024	0.024	0.013	0.017	0.153

注：表中 * 给出了 T 值的显著性程度。*** 表示在 1% 的水平下显著，** 表示在 5% 的水平下显著，* 表示在 10% 的水平下显著。

表 2 - 20 的结果记录了单日最大收益对下个月股票收益的显著负影响，这是基于单变量回归和控制了公司特征后得出的。具体而言，在没有控制变量的情况下，单日最大收益的增加对未来股票收益有显著的负向影响（系数为 - 5.08，对应的 t 值为 - 3.71）。在回归中加入一个控制变量后的结果仍显著为负，系数在 - 2.48 ~ - 10.34 变化，且均在 1% 水平上显著。控制所有收益决定因素后的结果仍然显著，系数为 - 7.06，对应的 t 值为 - 5.01。总之，基于 Fama - Macbeth 横截面回归的结果与之前投资组合层面的证据一致，进一步证实了中国的显著 MAX 效应。

2.2.4.2　MAX 效应的持续性

Fama - Macbeth 横截面回归的结果揭示了单日最大收益对下个月股票收益有显著负向影响，而且表明无利 MAX 效应是稳健存在的。进一步研究股票收益 MAX 效应的持续性，找出投资者追涨这些彩票类股票的影响，以及 MAX 效应在中国股市普遍存在的原因。

这部分使用的回归如下：

$$MAX_{i,t+1} = \alpha + \beta \times MAX_{i,t} + \gamma \times Controls_{i,t+1} + \varepsilon_{i,t} \qquad (2-8)$$

其中，自变量是 t + 1 月的单日最大收益，因变量是 t 月的单日最大收益。还控制了几个公司特征来检查净 MAX 效应持续性。本部分使用的股票特征变量包括公司规模（Size）、市场风险（Beta）、账面市值比（BM）、机构持股（IO）、分析师覆盖率（COVER）、换手率（TURN）、Amihud 非流动性比率（ILLIQ）、特质波动率（IVOL）和特质偏度（ISKEW）。同样使用 Newey - West 调整的标准误差来得到相关的 t 值。样本周期为 1995 年 11 月至 2020 年 8 月，结果报告如表 2 - 21 所示。

表 2 - 21 的结果显示，无论是基于单变量回归还是在控制了已知的收益决定因素之后，单日最大收益对下个月的最大收益都有显著的正向影响。具体而言，在没有控制变量的情况下，单日最大收益的增加对未来最大收益有显著的正影响（系数为 0.15，对应的 t 值为 19.94）。在回归中加入一个控制变量后的结果仍显著为正，系数在 0.11 ~ 0.24 变化，且均在 1% 水平上显著。

表 2-21　MAX 持续性的横截面证据

MAX_{t+1}	1	2	3	4	5	6	7	8	9	10	11
MAX	0.15*** (19.94)	0.14*** (20.13)	0.11*** (17.49)	0.22*** (26.53)	0.15*** (20.24)	0.20*** (27.82)	0.23*** (28.10)	0.19*** (21.07)	0.17*** (20.33)	0.24*** (35.61)	0.16*** (13.78)
Size		-0.40*** (-10.98)									-0.24*** (-6.54)
Turn			0.03*** (15.81)								0.02*** (7.57)
Beta				1.15*** (8.12)							1.35*** (8.98)
ILLIQ					-0.14* (-1.75)						-0.53 (-1.57)
BM						-0.83*** (-4.66)					-0.80*** (-3.45)
IO							-0.78*** (-7.08)				-1.12*** (-6.77)
COVER								-0.43*** (-8.37)			0.10 (0.79)

续表

MAX$_{t+1}$	1	2	3	4	5	6	7	8	9	10	11
IVOL									0.41* (1.83)		0.17** (2.45)
ISKEW										0.10*** (3.42)	0.09* (1.94)
Cons	6.26*** (37.12)	14.81*** (19.01)	5.93*** (37.46)	4.67*** (23.91)	6.17*** (36.69)	6.39*** (29.53)	5.74*** (33.56)	6.53*** (30.85)	6.13*** (35.46)	5.75*** (33.87)	10.67*** (11.69)
Obs	518 949	518 949	518 949	288 909	518 949	515 520	463 143	150 728	518 949	503 550	268 737
R^2	0.048	0.067	0.066	0.074	0.055	0.070	0.078	0.083	0.059	0.070	0.194

注：表中 * 给出了 T 值的显著性程度，*** 表示在 1% 的水平下显著，** 表示在 5% 的水平下显著，* 表示在 10% 的水平下显著。

控制所有收益决定因素后的结果仍然显著，系数为 0.16，对应的 t 值为 13.78。

　　控制变量的影响也与之前的结果一致。其中，Size，BM，IO，ILLIQ，COVER 的系数显著为负，TURN，Beta，IVOL，ISKEW 的系数显著为正。研究结果表明，规模小、流动性高、系统波动率和特质波动率大、机构持股比例低、专业分析师关注较少的成长型股票更有可能获得较高的最大收益。研究结果揭示了具有较高最大收益的股票具有博彩性质，而对这些股票的追涨（表现为最大收益的持续性）为中国股市 MAX 效应普遍存在提供了一个原因。

2.2.5　进一步分析和稳健性检验

2.2.5.1　MAX 策略在不同情绪时期的表现

　　先前的文献表明，MAX 效应源于投资者的彩票/赌博偏好和（或）行为偏见（Doran et al.，2012）。这种博彩偏好会随着时间的推移而变化，并取决于整个市场的情绪（Chen et al.，2020；Fong & Toh，2014；Wang et al.，2017）。

　　为了评估投资者情绪的影响，本研究采用了几个指标来衡量市场情绪：新账户数量，市场成交量，市场回报，以及贝克和伍格勒（Baker & Wurgler，2006）情绪指标（B－W 情绪）。具体来说，如果 t－1 月的新账户、市场成交量、市场回报和 B－W 情绪值高于（低于）整个样本的中值，将第 t 月划分为高（低）情绪期之后。出于稳健性的目的，本研究还根据市场回报和 B－W 情绪对 t 月进行了分类，并将 t 月定义为在 t－1 月其值高于（低于）零之后的高（低）情绪。

　　接下来，本研究评估了零成本 MAX 策略在高情绪期和低情绪期的表现。投资组合收益评估使用 CAPM，Fama－French 三因子模型和 Fama－French 五因子模型。结果在表 2－22 中列出。表中投资组合回报为回报期内平均回报值，且为百分比值，括号内数值为回报对应 T 统计量。

表 2 - 22　　　　　　　　　　不同情绪时期的 MAX 效应

分组依据	时期	1	10	10 - 1	Alpha_CAPM	Alpha_FF3	Alpha_FF5
新开户数量	高情绪期	2.54 ** (2.08)	1.28 (1.04)	- 1.26 *** (- 3.21)	- 1.42 *** (- 3.52)	- 1.62 *** (- 4.72)	- 1.76 *** (- 4.51)
	低情绪期	0.78 (0.95)	0.12 (0.13)	- 0.65 ** (- 1.99)	- 0.72 ** (- 2.13)	- 0.61 * (- 1.97)	- 0.76 ** (- 1.99)
市场换手率	高情绪期	3.43 *** (2.73)	2.36 *** (1.92)	- 1.07 *** (- 2.79)	- 1.37 *** (- 3.26)	- 1.43 *** (- 3.52)	- 1.79 *** (- 3.33)
	低情绪期	- 0.11 (- 0.18)	- 0.96 (- 1.19)	- 0.85 ** (- 2.27)	- 0.72 * (- 1.97)	- 0.82 *** (- 3.63)	- 0.79 *** (- 3.26)
B - W 情绪指标高低	高情绪期	3.10 ** (2.6)	1.05 (0.82)	- 2.05 *** (- 5.82)	- 2.26 *** (- 6.79)	- 2.24 *** (- 7.03)	- 2.32 *** (- 6.45)
	低情绪期	- 0.06 (- 0.08)	0.29 (0.28)	0.35 (0.71)	0.38 (0.81)	0.26 (0.81)	0.1 (0.23)
市场回报高低	高情绪期	2.27 * (1.84)	1.11 (0.89)	- 1.16 *** (- 2.93)	- 1.30 *** (- 3.21)	- 1.45 *** (- 3.99)	- 1.67 *** (- 3.63)
	低情绪期	1.12 (1.16)	0.34 (0.32)	- 0.78 ** (- 2.57)	- 0.87 *** (- 2.78)	- 0.96 *** (- 3.27)	- 0.94 *** (- 2.89)
B - W 情绪指标正负性	高情绪期	2.38 ** (2.1)	1.23 (1.09)	- 1.15 *** (- 2.92)	- 1.33 *** (- 3.26)	- 1.42 *** (- 3.83)	- 1.66 *** (- 3.86)
	低情绪期	0.94 (0.95)	0.17 (0.16)	- 0.77 ** (- 2.44)	- 0.82 ** (- 2.55)	- 0.89 *** (- 3)	- 0.89 ** (- 2.51)
市场回报正负性	高情绪期	3.33 *** (2.68)	1.42 (1.08)	- 1.91 *** (- 5.77)	- 2.13 *** (- 6.85)	- 2.15 *** (- 7.24)	- 2.20 *** (- 6.38)
	低情绪期	- 0.02 (- 0.02)	- 0.02 (- 0.02)	- 0.01 (- 0.01)	0.02 (0.03)	0.03 (0.09)	- 0.2 (- 0.47)

注：表中 * 给出了 T 值的显著性程度，*** 表示在 1% 的水平下显著，** 表示在 5% 的水平下显著，* 表示在 10% 的水平下显著。

表 2 - 22 的结果表明，在高情绪期之后，基于 MAX 效应的投资组合表现更

为显著。例如，Fama – French 三因子模型下 MAX 策略在高情绪期后的风险调整收益在其他情绪指标下分别为 – 1.62%、– 1.43%、– 2.24%、– 1.45%、– 1.42%、– 2.15%。相比之下，低情绪期之后相应的投资组合回报率分别为 – 0.61%、– 0.82%、0.26%、– 0.96%、– 0.89%、0.03%。高情绪期之后的（经济）量级和统计显著性（对应的 T 统计量）都比低情绪期之后的更明显。总体而言，结果与以往文献一致，即 MAX 效应受市场情绪的影响，且在市场情绪较高时更为明显。

2.2.5.2 MAX 策略在泡沫和危机时期的表现

在这部分中，评估了不同市场状态（泡沫和危机时期）下的 MAX 效应。根据主要市场指数的总体趋势，本研究划分了以下三个危机时期（市场崩溃）：2007 年 10 月至 2008 年 9 月，2015 年 6 月至 2016 年 2 月，以及 2018 年 1 月至 2018 年 12 月。同样，泡沫时期（危机前价格大幅上涨）是 2006 年 1 月至 2007 年 9 月，2008 年 10 月至 2009 年 7 月，以及 2014 年 9 月至 2015 年 5 月。然后，考察了零成本 MAX 策略在正常、泡沫和危机时期的投资组合表现，并在表 2 – 23 中报告了估计结果。表 2 – 23 中投资组合的回报为回报期内平均回报值，且为百分比值，括号内数值为回报对应 T 统计量。

表 2 – 23   泡沫和危机时期的 MAX 效应

变量	正常		泡沫		危机	
	等值加权	市值加权	等值加权	市值加权	等值加权	市值加权
1	1.20 ** (2.33)	1.22 ** (2.37)	9.80 *** (5.12)	9.81 *** (5.15)	– 4.11 ** (– 2.44)	– 0.45 ** (– 2.45)
10	0.31 (0.51)	0.36 (0.6)	8.89 *** (4.71)	8.99 *** (4.79)	– 4.87 ** (– 2.31)	– 4.82 ** (– 2.29)
10 – 1	– 0.90 *** (– 3.11)	– 0.86 *** (– 2.97)	– 0.91 (– 1.36)	– 0.82 (– 1.21)	– 0.76 (– 0.98)	– 0.77 (– 0.98)

续表

变量	正常		泡沫		危机	
	等值加权	市值加权	等值加权	市值加权	等值加权	市值加权
Alpha_CPAM	−0.99 *** (−3.64)	−0.95 *** (−3.49)	−1.58 ** (−2.02)	−1.53 * (−1.96)	−0.08 (−0.07)	−0.06 (−0.05)
Alpha_FF3	−1.18 *** (−4.96)	−1.14 *** (−4.77)	−2.04 *** (−3.11)	−1.97 *** (−2.95)	−0.23 (−0.32)	−0.21 (−0.3)
Alpha_FF5	−1.16 *** (−4.21)	−1.12 *** (−4.05)	−2.48 *** (−3.14)	−2.42 *** (−3.01)	0.27 (0.25)	0.32 (0.29)

注：表中 * 给出了 T 值的显著性程度，*** 表示在 1% 的水平下显著，** 表示在 5% 的水平下显著，* 表示在 10% 的水平下显著。

见表 2 - 23 所列，在正常期间，MAX 策略的市值加权的回报为 −1.12%/月（在 Fama - French 三因子模型下），且非常显著。相比之下，MAX 效应在泡沫时期（整体情绪较高）变得更大，因为根据 Fama - French 三因子模型，风险调整后的每月收益为 −2.42%。然而，在危机期间，彩票类股票（第 10 组）与非彩票类股票（第 1 组）的收益差值不显著。总体而言，这部分的结果与先前的研究结果一致，并进一步支持 MAX 策略取决于市场情绪。

2.2.5.3　MAX 策略的时间趋势

在这一部分中，本研究旨在研究 MAX 效应在中国股市的时间趋势。研究的主要动机是，本研究结果表明，在中国股市对彩票类股票的追涨可能使非理性的个人投资者造成损失。中国股市的历史相对较短，至今仍以个人投资者交易为主。因此，如果追涨是来自这些投资者，MAX 效应应该存在于整个样本的不同时期。

本研究使用滚动窗口检验 MAX 效应的时间趋势，第一个样本期为 1995 ~ 2005 年，最后一个样本期为 2011 ~ 2020 年。考虑到泡沫时期和危机时期的显著差异结果，本研究在这一部分剔除了这些时期的数据。本研究这部分构建了零成本的多空交易策略研究。结果报告于表 2 - 24。表 2 - 24 中投资组合的回报为回报期内平均回报值，且为百分比值。

表 2 - 24　　　　　　　　　　不同时间段的 MAX 效应

	2005 年	2006 年	2007 年	2008 年	2009 年	2010 年	2011 年	2012 年
1	1.23 (1.5)	0.77 (0.99)	0.51 (0.65)	0.5 (0.56)	0.24 (0.28)	- 0.45 (- 0.66)	- 0.45 (- 0.67)	- 0.14 (- 0.2)
10	0.45 (0.47)	- 0.29 (- 0.39)	- 0.42 (- 0.53)	- 0.59 (- 0.68)	- 0.88 (- 1)	- 1.39 * (- 1.72)	- 1.64 * (- 1.96)	- 1.35 (- 1.62)
10 - 1	- 0.79 * (- 1.74)	- 1.06 *** (- 2.95)	- 0.93 ** (- 2.35)	- 1.10 ** (- 2.57)	- 1.12 *** (- 2.88)	- 0.94 ** (- 2.62)	- 1.19 *** (- 3.19)	- 1.21 *** (- 3.44)
Alpha_CPAM	- 0.87 ** (- 2.12)	- 1.07 *** (- 2.84)	- 0.91 ** (- 2.14)	- 1.09 ** (- 2.36)	- 1.02 ** (- 2.37)	- 0.65 * (- 1.84)	- 0.88 ** (- 2.46)	- 1.00 *** (- 2.94)
Alpha_FF3	- 1.07 *** (- 3.09)	- 1.13 *** (- 3.03)	- 1.00 ** (- 2.31)	- 0.99 ** (- 2.08)	- 0.53 (- 1.47)	- 0.56 (- 1.62)	- 0.79 ** (- 2.34)	- 0.97 *** (- 3.13)
Alpha_FF5	- 0.93 ** (- 2.22)	- 1.01 ** (- 2.21)	- 0.81 * (- 1.78)	- 0.81 (- 1.59)	- 0.32 (- 0.66)	- 0.1 (- 0.31)	- 0.58 (- 1.57)	- 0.83 ** (- 2.47)
	2013 年	2014 年	2015 年	2016 年	2017 年	2018 年	2019 年	2020 年
1	0.09 (0.13)	0.53 (0.74)	0.85 (1.08)	1.18 (1.55)	0.99 (1.48)	0.99 (1.48)	0.98 (1.65)	1.12 * (1.8)
10	- 0.69 (- 0.77)	- 0.1 (- 0.12)	0.14 (0.153)	0.43 (0.49)	- 0.01 (- 0.01)	- 0.01 (- 0.01)	0.05 (0.07)	0.18 (0.23)
10 - 1	- 0.78 * (- 1.9)	- 0.63 (- 1.48)	- 0.71 (- 1.61)	- 0.75 * (- 1.85)	- 1.00 ** (- 2.58)	- 1.00 ** (- 2.58)	- 0.93 ** (- 2.56)	- 0.95 ** (- 2.44)
Alpha_CPAM	- 0.57 (- 1.51)	- 0.54 (- 1.26)	- 0.65 (- 1.45)	- 0.74 * (- 1.78)	- 1.01 ** (- 2.52)	- 1.01 ** (- 2.52)	- 1.02 ** (- 2.54)	- 1.13 ** (- 2.51)
Alpha_FF3	- 0.76 ** (- 2.1)	- 1.04 ** (- 2.45)	- 1.30 *** (- 2.82)	- 1.40 *** (- 3.21)	- 1.38 *** (- 4.1)	- 1.38 *** (- 4.1)	- 1.32 *** (- 4.33)	- 1.25 *** (- 3.66)
Alpha_FF5	- 0.78 ** (- 2.18)	- 1.08 ** (- 2.45)	- 1.31 *** (- 2.77)	- 1.41 *** (- 3.04)	- 1.46 *** (- 3.81)	- 1.46 *** (- 3.81)	- 1.49 *** (- 4.32)	- 1.69 *** (- 4.54)

注：表中 * 给出了 T 值的显著性程度，*** 表示在 1% 的水平下显著，** 表示在 5% 的水平下显著，* 表示在 10% 的水平下显著。

表 2 - 24 的结果显示了 MAX 效应的显著性表现：MAX 效应在每个 10 年子样本中显著存在，且各时期无显著差异。在中国股市，对彩票类股票的追涨是持续的。即使基于 MAX 效应的交易给非理性的个人投资者带来了损失，似乎没有"从损失中吸取教训"并修正投资这些股票。

2.2.5.4　MAX 效应在融资融券推出前后的表现

在这部分中，评估了一个主要市场事件对 MAX 效应的影响：引入融资融券交易。中国 A 股市场于 2010 年 3 月引入融资融券交易。最初，符合条件的股票只有 90 只，后来逐渐扩大。2019 年 9 月后，符合条件的股票已经达到 1 600 只。原则上，卖空禁令的取消，加上套利资本的增加，已大幅降低了套利限制。它为经验丰富的投资者提供了进行套利活动和做空定价过高的彩票类股票的可能性。因此，本研究预计零成本 MAX 策略的负收益在引入后将变得不那么突出。

为了更好地评估套利限制变化（卖空的引入）的影响，本研究使用 2010 年 3 月作为第一个子样本的结束点，并将整个样本分为两个子样本期。然后，将投资范围限制在符合卖空条件的股票上。换句话说，零成本 MAX 策略只在可做空股票的基础上形成。估计结果见表 2 - 25 所列。表 2 - 25 中投资组合的回报为回报期内平均回报值，且为百分比值，括号内数值为回报对应 T 统计量。

表 2 - 25　　　　　　　　　　放开融资融券前后 MAX 效应

	放开融资融券前	放开融资融券后
1	1. 75 ** (2. 58)	1. 06 (1. 31)
10	0. 99 (1. 43)	0. 69 (0. 74)
10 - 1	- 0. 76 *** (- 3. 07)	- 0. 37 (- 0. 85)
Alpha_CPAM	- 0. 83 *** (- 3. 29)	- 0. 58 (- 1. 28)

续表

	放开融资融券前	放开融资融券后
Alpha_FF3	− 0. 86 *** (− 3. 63)	− 0. 53 (− 1. 24)
Alpha_FF5	− 0. 84 *** (− 3. 22)	− 0. 53 (− 1. 03)

注：表中 * 给出了 T 值的显著性程度，*** 表示在 1% 的水平下显著，** 表示在 5% 的水平下显著，* 表示在 10% 的水平下显著。

表 2 – 25 中的发现证实了之前的猜想，并揭示了两个时期之间零成本 MAX 策略"损失"的实质性变化。在引入融资融券交易之前，根据 Fama – French 三因子模型评估，MAX 策略每月平均损失 84 个基点（在 1% 的水平上显著）。有趣的是，在卖空禁令解除后，经风险调整后的收益不再显著。这是意料之中的，因为当市场变得更有效时（套利活动的限制减少），异常回报（错误定价）将会下降。总体而言，引入卖空后 MAX 效应的减弱与之前文献中的预测一致，并加强了套利限制的作用，从而导致许多资产定价异常，包括 MAX 效应。

2.2.5.5 共同基金是否存在 MAX 效应？

在这部分，本研究评估了共同基金中是否也存在 MAX 效应。也就是说，考察在前一个月经历极正日收益的积极管理型股票基金是否会在接下来的一个月表现不佳。原则上，这些积极管理的股票基金是由职业经理人管理的，他们不太可能受到与彩票/赌博交易相关的行为偏见的影响。因此，本研究不认为股票型基金存在 MAX 效应。

为了验证上述观点，本部分研究构建了一个类似的基于股票型基金的零成本 MAX 策略。具体来说，在每个月底，根据所有积极管理的股票型基金在 t 月的 N 天累计最大收益的值（N 分别为 1，2，3，5 和 10）对它们进行排名。然后，根据基金 N 天累计最大收益升序排列分成十组。本研究采用零成本 MAX 策略，即做多第 10 组，做空第 1 组。使用 CAPM、Fama – French 三因子模型和 Fama – French 五因子模型评估 t + 1 月的投资组合收益。结果如表 2 – 26 所示。

表 2 - 26　共同基金的 MAX 策略

	N = 1		N = 2		N = 3		N = 5		N = 10	
	等值加权	市值加权	等值加权	市值加权	等值加权	市值加权	等值加权	市值加权	等值加权	市值加权
1	0.40 *** (4.6)	0.39 *** (4.56)	0.40 *** (4.6)	0.39 *** (4.55)	0.41 *** (4.66)	0.40 *** (4.62)	0.40 *** (4.58)	0.39 *** (4.54)	0.79 *** (3.3)	0.73 *** (3.34)
10	4.39 *** (4.42)	4.49 *** (4.49)	4.45 *** (4.41)	4.57 *** (4.52)	4.42 *** (4.08)	4.54 *** (4.18)	4.55 *** (4.1)	4.68 *** (4.21)	4.19 *** (3.59)	4.30 *** (3.7)
10 - 1	3.99 *** (4.07)	4.09 *** (4.16)	4.05 *** (4.06)	4.18 *** (4.19)	4.01 *** (3.73)	4.14 *** (3.84)	4.15 *** (3.75)	4.29 *** (3.88)	3.40 *** (2.8)	3.56 *** (2.97)
Alpha_CPAM	2.80 *** (2.93)	2.93 *** (2.99)	2.78 *** (3.2)	2.94 *** (3.24)	2.64 *** (3)	2.80 *** (3.03)	2.73 *** (2.95)	2.90 *** (2.99)	1.85 * (1.95)	2.04 ** (2.08)
Alpha_FF3	2.80 *** (3.12)	2.93 *** (3.16)	2.81 *** (3.47)	2.96 *** (3.49)	2.64 *** (3.19)	2.79 *** (3.2)	2.72 *** (3.1)	2.88 *** (3.12)	1.82 * (1.99)	2.00 ** (2.11)
Alpha_FF5	3.34 *** (3.18)	3.49 *** (3.22)	3.29 *** (3.39)	3.46 *** (3.39)	3.12 *** (3.03)	3.30 *** (3.04)	3.14 *** (2.89)	3.33 *** (2.9)	1.96 * (1.69)	2.17 * (1.80)

注：表中投资组合的回报为回报期内平均回报值（%），括号内数值为回报对应 T 统计量。* 给出了 T 值的显著性程度，*** 表示在 1% 的水平下显著，** 表示在 5% 的水平下显著，* 表示在 10% 的水平下显著。

　　表 2-26 给出了在股票基金上实施 MAX 策略的结果。不出所料，其中不存在 MAX 效应。更有趣的是，基金经理行为存在显著的反向 MAX 效应。例如样本期内，第十组的基金（按前一个月的单日最大收益排序）的表现远远超过第一组的基金。零成本最大策略每月等权重正回报差值为 3.99%（对应的 t 值为 4.07）。同样地，在 CAPM 模型、Fama - French 三因子模型和 Fama - French 五因子模型下，风险调整后的收益分别为 2.80%、2.80% 和 3.34%，且在 1% 水平下均显著。

　　股票型基金的反向 MAX 效应很能说明问题。首先，中国的职业经理人不太可能受到与 MAX 效应相关的行为偏差的影响，因为他们过去的极端日收益可以有力地（正）预测基金接下来一个月的收益。也就是说，股票市场中 MAX 效应的突出主要是由于个人投资者追涨彩票类股票。其次，从投资者的角度来看，这似乎表明，如果个人投资者在追求相同的策略时将金融工具从股票改为股票基金，那么一般的 MAX 效应将对他们起作用。

2.2.5.6　MAX 策略与其他策略的比较

　　关于 MAX 效应有效性的一个潜在担忧是，它是否受到其他基于回报的交易策略的驱动。最相关的两个影响应该是动量效应和反转效应。动量效应是指股票在过去表现良好（本研究使用 t-12 月至 t-1 月以及 t-6 月至 t-1 月的收益），在中间阶段（t+1 个月）继续表现良好，这是由杰格蒂什和帝特曼（1993）提出的。反转效应（由杰格蒂什于 1990 年发现）表明在月频率上存在普遍的负收益自相关（即在 t 月表现良好的股票很可能在 t+1 月表现不佳）。在本节中，在控制动量和短期反转后检验 MAX 效应，旨在发现它是否由这些相关策略诱导。

　　具体来说，首先通过形成基于 t-12 月至 t-1 月（从 t-6 月至 t-1 月）收益的五等分组合来控制动量表现。然后，在每个动量分成的五组中，根据 MAX 将股票分成五组，这样五分位数 1（五分位数 5）包含 MAX 最低（最高）的股票。为简洁起见，本研究这部分不报告所有 25（5×5）个投资组合的回报，而是给出五个动量五分位数的平均回报。这个过程创建一个 MAX 的集合动量表现相似但在 MAX 中分散的组合，可以得到控制动量后 MAX 效应的净影响。短期反转的控制方法与此类似，不再赘述。结果见表 2 - 27 所列。

表 2 - 27　　　　　　　　　　动量策略和反转策略的最大效应

	动量策略（t - 12，t - 1）		动量策略（t - 6，t - 1）		反转策略	
	等值加权	市值加权	等值加权	市值加权	等值加权	市值加权
1	1.61 ** (2.48)	1.62 ** (2.52)	1.63 ** (2.52)	1.65 ** (2.56)	1.92 *** (2.95)	1.95 *** (3)
2	1.74 *** (2.64)	1.76 *** (2.67)	1.75 *** (2.69)	1.78 *** (2.72)	1.86 *** (2.91)	1.89 *** (2.95)
3	1.70 *** (2.62)	1.73 *** (2.66)	1.71 *** (2.62)	1.74 *** (2.66)	1.83 *** (2.8)	1.87 *** (2.85)
4	1.45 ** (2.3)	1.49 ** (2.34)	1.44 ** (2.27)	1.48 ** (2.32)	1.67 ** (2.56)	1.70 *** (2.61)
5	0.86 (1.35)	0.9 (1.42)	0.82 (1.3)	0.87 (1.37)	1.17 * (1.77)	1.21 * (1.83)
5 - 1	- 0.75 *** (- 4.5)	- 0.72 *** (- 4.37)	- 0.81 *** (- 5.07)	- 0.78 *** (- 4.86)	- 0.76 *** (- 4.36)	- 0.74 *** (- 4.22)
Alpha_ CPAM	- 0.83 *** (- 4.5)	- 0.80 *** (- 4.33)	- 0.89 *** (- 4.95)	- 0.86 *** (- 4.78)	- 0.85 *** (- 4.88)	- 0.84 *** (- 4.76)
Alpha_FF3	- 0.94 *** (- 5.42)	- 0.91 *** (- 5.25)	- 0.97 *** (- 5.73)	- 0.94 *** (- 5.56)	- 1.00 *** (- 6.57)	- 0.98 *** (- 6.46)
Alpha_FF5	- 0.97 *** (- 4.79)	- 0.94 *** (- 4.65)	- 1.01 *** (- 5.07)	- 0.98 *** (- 4.94)	- 1.02 *** (- 5.9)	- 1.01 *** (- 5.8)

注：表中投资组合的回报为回报期内平均回报值，且为百分比值，括号内数字为回报对应 T 统计量值。* 给出了 T 值的显著性程度，*** 表示在 1% 的水平下显著，** 表示在 5% 的水平下显著，* 表示在 10% 的水平下显著。

表 2 - 27 中的结果显示了基于净 MAX 效应的显著表现。控制动量效应或反转效应后的投资组合收益仍然显著为负（在 Fama - French 三因子模型下，风险调整收益分别为 - 0.91%、- 0.94% 和 - 0.98%，均在 1% 水平下显著）。

这一部分的研究结果揭示了 MAX 效应不同于其他基于收益的策略，它可以是基于最大收益的交易（彩票类股票）的唯一衡量标准。

2.3 本章小结

本章基于上海证券交易所和深圳证券交易所中 A 股股票的月频度股价信息，研究了动量策略和 MAX 效应在中国市场的表现以及对投资者交易行为的影响。

本章第一节研究了传统动量策略在中国市场的表现，发现无论是以前 12 ~ 2 月回报或前 12 ~ 7 月回报作为策略构建依据，都无法找出中国股票市场中存在显著动量效应的证据。根据市场回报在动量策略构建期与回报期的不同表现对全样本进行细分后，本章发现当市场状态在两个时期同方向时，传统动量效应有显著为正的超额收益，而当市场状态在两个时期反方向时，传统动量效应有显著为负的超额收益。由于中国股票市场中市场状态在两个时期同方向与反方向的占比相近，两个子样本中表现相反的动量效应相互抵消，因而导致我国整体动量效应表现得不显著。进一步，本章发现动量效应表现随着市场状态变化而改变的原因主要来自市场变化对最高组股票与最低组股票相对 Beta 差值的影响，且本研究发现的市场回报符号在两个时期是否相同对动量效应的影响对于其他市场动量效应的表现同样适用。将策略构建期与回报期市场回报符号是否一致的因素考虑至动量策略的构建中后，本章发现改进后动量策略可以产生从最低组到最高组明显的回报递增趋势，最高组与最低组差值在统计意义与经济意义上均显著，且回报具有一定的持续性，即本章找到了中国股票市场中存在显著动量效应的证据。由于调整后动量策略所产生的最高组与最低组回报差值不能被 Fama 和 French 因子模型完全解释，动量因子可能成为解释中国股票市场回报的新因子。

该部分的研究发现了市场动态对于动量效应检测的重要影响，只有当市场在动量策略构建期与回报期表现一致时，传统动量效应有显著的表现。考虑到动量效应的本质为投资者对于市场中公开信息或私人信息的不及时反应，因此动量效应的表现可以作为信息扩散效率的有效指标。但由于无法得到显著的动量效应表现使得这一指标在中国股票市场适用性较低，这意味着维持市场的稳定发展，增加市场持续期样本所占的比重可能成为提高市场中信息扩散效率的前提。

本章第二节实证分析始于评估 MAX 策略在 1995～2020 年的全样本期间的表现。关注中国股票市场的一个重要原因是其在国际资本市场中的重要作用，自 2014 年以来，中国股票市场已成为全球第二大股票市场和最大的新兴市场。另一个重要原因是特殊的投资者构成：交易主要来自个人投资者。但是，个人投资者当年的利润只有不到 10%。众所周知，个人投资者的经验较少，有被具有彩票型特征的股票吸引的倾向，这为检验 MAX 效应提供了理想的设定。

该部分基于中国 A 股月频度综合数据集，重新评估 MAX 效应，并记录了个人投资者主导的新兴市场中的几个典型事实。第一，MAX 效应在我国股市显著存在。零成本 MAX 策略，即做多（做空）前一个月最高（最低）最大日回报率的股票，在整个样本期间出现重大损失。第二，与之前的文献一致，MAX 股票表现出博彩特征（小盘股、成长型、较少的分析师覆盖和较低的机构所有权）。第三，MAX 策略的（负面）表现会随着时间的推移而变化，并且在很大程度上取决于投资者的情绪。即使基于 MAX 效应的交易也会给非理性的个人投资者带来损失，对这些股票的投资似乎没有从损失中得以修正。第四，在 2010 年后引入保证金交易和卖空之后，MAX 策略的（负）异常回报变得更弱。原因主要是资产定价异常在套利限制降低后变得更弱（错误定价的纠正）。第五，本章记录了中国共同基金中一个有趣的反向 MAX 效应：当使用股票型基金作为复合资产时，类似实施的 MAX 策略产生显著的正风险调整后回报。这种巨大的反差凸显出中国职业经理人在股市中受制于赌博行为的可能性较小，并为个人投资者在追求相同策略时将金融工具从股票转向股票型基金提供了可能的建议。

第 3 章

日内股价信息对投资者交易行为的影响

3.1 中国资本市场的隔夜动量、
信息冲击和滞后知情交易

3.1.1 引言

这一部分给出了中国股票市场的动量效应在更高频维度下的表现，即在日内交易中是否存在类似于传统动量效应的表现。相较于先前关于发达资本市场日内动量效应的研究（Elaut，2018；Gao et al.，2018），本研究提供了来自中国 A 股市场的证据，同时也是第一个从个股层面对新兴市场日内动量效应进行分析的文章。[①] 此外，考虑到中国股票市场独特的投资者结构，本研究也为市场中占据较大比重的散户投资者（下文中滞后信息投资者的主要组成）的交易提供了参考。

---

① 受到高等（2018）研究的启发，张等（Zhang et al.，2019）以上证指数为研究对象，给出了中国股票市场日内动量效应的实证证据。不同于张等（2019），本部分研究中以中国股票市场中个股数据为主要研究依据，因此可以给出更加详细的实证证据。

　　具体来说，本研究发现了中国 A 股股票在个股层面存在显著的日内动量效应：开盘后第一个半小时的回报对收盘前最后半小时回报有显著的影响。得益于某证券公司提供的投资者交易数据的支持，本研究在实证中验证了高等（Gao et al.，2018）提出的滞后信息投资者假说，并发现了隔夜回报在日内动量效应研究中的重要作用：开盘后第一个半小时回报的预测能力主要来自专业投资者在集合竞价期间交易产生的隔夜回报，隔夜回报对收盘前最后半小时回报有更显著的影响。

　　除此之外，本部分研究检验了日内动量效应在不同大小股票中的表现，给出了日内动量效应在不同大小的股票中普遍存在的证据。本研究也发现日内动量效应在信息含量高度聚集的金融危机期间更加显著。最后，利用十年期子样本回归，本研究给出了中国股票市场中日内动量效应随时间变化的趋势。

　　本部分研究的安排如下：首先给出本部分研究的数据来源，其次给出中国股票市场日内动量效应存在的证据，进一步检验日内动量效应在不同大小股票中的表现，并且给出日内动量效应在金融危机期间的表现，同时给出了日内动量效应随时间变化的趋势，最后给出本部分研究的稳健性检验并进行本部分研究的总结。

3.1.2　数据描述

　　本书这部分研究使用的数据为中国股票市场所有 A 股股票的日内 5 分钟交易数据，数据来源于 Thomson Reuters Tick History（TRTH）数据库。这部分数据的时间跨度为 1996 年 1 月至 2018 年 5 月，根据不同板块股票各自上市时间的不同以及数据可得性的限制，本研究样本在中国股票市场几个重要板块中所包含的时间段各不相同：本研究使用上海证券交易所主板数据的起始时间为 1996 年 1 月，共包含 1 491 只 A 股股票；深圳证券交易所主板数据的起始时间为 2001 年 11 月，共包含 467 只交易股票；深圳证券交易所中小板数据的起始时间为 2004 年 6 月，共包含 911 只交易股票；深圳证券交易所创业板数据的起始时间为 2009 年 11 月，共包含 727 只交易股票。所有股票样本的截止日期均为 2018 年 5 月。为了保证每只股票研究样本的充足性，在实际研究中剔除了所有已经退市的股票、金融股以及交易时间不足一年的股票样本。

中国股票市场开始正式交易的时间为 9：30 ~ 11：30 和 13：00 ~ 15：00（14：57 之后为集合竞价时间），9：15 ~ 9：25 为两个交易所正式开市前集合竞价阶段。参照高等（2018）的研究，本部分使用开盘后第一个半小时的回报作为验证日内动量效应的主要自变量（上一日收盘到当日 10：00 的回报），以收盘前半小时的回报作为验证日内动量效应的主要因变量（14：30 ~ 15：00 回报值）。为了控制回报的自相关性，本部分加入了收盘前倒数第二个半小时的回报作为控制变量（14：00 ~ 14：30 的回报）。相较于高等（2018）的研究，本部分使用了隔夜回报（上一日收盘到当日开盘 9：30 的回报）、第一个半小时回报剩余部分（9：30 ~ 10：00 回报以及这段时间每 5 分钟的回报值）作为研究日内动量效应起因的解释变量。[①]

3.1.3　日内动量效应

3.1.3.1　日内动量效应基本分析

本部分给出了中国股票市场存在日内动量效应的证据。参照高等（2018）的研究，本部分基础的研究思路为找到开盘后第一个半小时回报与收盘前半小时回报间的关系。这部分研究使用的回归公式如下：

$$r_{last,t} = \alpha + \beta_{1st} \times r_{1st,t} + \beta_{14:30} \times r_{14:30,t} + \varepsilon_t \qquad (3-1)$$

其中，$r_{last,t}$ 为主要被解释变量：市场收盘前最后半小时的回报值，即 14：30 ~ 15：00 的回报值。$r_{1st,t}$ 为股票市场开盘后第一个半小时的回报值，为上一日收盘到当日 10：00 的回报值。$r_{14:30,t}$ 为股票市场收盘前倒数第二个半小

---

① 集合竞价期间产生的价格即为市场开盘价，所以 9：25 回报与 9：30 回报是一样的，因此，下文在提到隔夜回报时均以"上一日收盘到当日开盘 9：30 的回报"作为解释。

时的回报值，为 14：00 ~ 14：30 的回报，作为回归的控制变量控制股票回报
自相关性的影响。这部分的回归采用面板数据回归方式，并控制了个股的固
定效应。回归结果在表 3 – 1 中给出。

表 3 – 1　　　　　　　　　日内动量效应研究（第一个半小时回报）

	（1）	（2）	（3）
$r_{1st,t}$	1.921 *** (0.0167)		1.832 *** (0.0167)
$r_{14:30,t}$		6.163 *** (0.0366)	6.022 *** (0.0366)
α	0.0339 *** (0.0003)	0.0324 *** (0.0003)	0.0335 *** (0.0003)
R^2	0.16	0.37	0.51
Obs	7 787 027	7 787 027	7 787 027
N	3 224	3 224	3 224

注：表中所有回归结果均为百分比值。系数下方对应括号内给出的值为回归标准差。* 给出了回归系数的显著性，其中 * 表示系数在 10% 的显著性水平下显著，** 表示系数在 5% 的显著性水平下显著，*** 表示系数在 1% 的显著性水平下显著。

表 3 – 1 中第一列给出了开盘后第一个半小时的回报（$r_{1st,t}$）对收盘前最
后半小时回报（$r_{last,t}$）的影响，第二列为收盘前倒数第二个半小时的回报
（$r_{14:30,t}$）对收盘前最后半小时回报的影响，第三列给出了控制倒数第二个半小
时回报的影响后第一个半小时回报对收盘前最后半小时回报的影响。表 3 – 1 中
α 给出了回归方程的常数项，R^2 为回归方程的拟合优度，即方程整体的解释
力度。Obs 为方程全部的样本数，N 给出了回归方程包含的股票数。

从表 3 – 1 结果可以看出，中国股票市场中存在显著的日内动量效应。开
盘后第一个半小时回报对最后半小时回报有显著正向的影响：第一个半小时
回报增加 1%，对最后半小时回报有 1.92% 的影响，且系数在 1% 的显著性水
平下显著。中国股票市场日内回报有显著的自相关性，收盘前倒数第二个半
小时回报对收盘前半小时回报有显著的正向影响：倒数第二个半小时回报增

加1%，对最后半小时回报有6.16%的影响，且系数在1%的显著性水平下显著。当控制回报自相关性的影响后，开盘第一个半小时的影响仍然在1%的水平下显著，且影响值未发生显著的变化（1.92%与1.83%）。值得注意的是，本书这部分及之后的回归中，回归方程的拟合优度（R^2）均比较低，这个拟合优度值是可以接受的，考虑到相关对发达资本市场高频数据资产定价的研究中均产生了较低的 R^2 值。参见山本（Yamamoto，2012）对日本股票市场日内个股技术分析的研究，得出了 0.21% ~ 0.50% 的拟合优度值；雷诺（Renault，2017）对美国股票市场日内情绪对半小时回报预测的研究产生了 −0.14% ~ 1.35% 的拟合优度值；埃劳特（Elaut et al.，2018）对卢布与美元汇率增长半小时回报影响因素以及预测能力的研究产生了 0.00% ~ 5.90% 的拟合优度值。因此根据本部分的研究可以得出结论，中国股票市场中存在显著的日内动量效应，开盘后第一个半小时回报对收盘前最后半小时的回报值有显著影响。

3.1.3.2　日内动量效应成因分析

高等（2018）对美国市场的研究中给出了市场存在日内动量效应的两种解释：机构投资者不频繁的调整交易策略（infrequency portfolio rebalance）以及存在滞后信息的投资者（late informed-traders）。这两种解释对于中国股票市场都是通用的，尤其是存在滞后信息投资者的假说。

机构投资者不频繁调整交易策略的假说认为，机构投资者会选择在股市收盘前最后半小时进行交易，借助这个阶段的高交易量、高流动性来降低自己的交易成本[①]，同时避免所得信息隔夜的风险，这部分机构投资者的交易行为与股票当天可得信息一致，因而导致了时间序列上回报的相关性。而滞后信息投资者的假说则认为市场中投资者对信息的获取和分析能力存在差异，专业投资者（通常是机构投资者或持有大量资金的个人投资者）获取信息的

---

　　① 本书根据 TRTH 数据库中所得的 5 分钟交易数据画出了中国股票市场中每 5 分钟平均交易量的走势图，与发达资本市场一样，中国股票市场的日内交易存在明显的 U 型曲线，即市场开盘后和收盘前的半小时交易量显著高于均值，在这两个时间段进行交易可以显著降低交易的平均成本。

能力比较强，可以快速地掌握市场中新信息，并将其应用到自己的交易行为中，而滞后信息的投资者对信息的获取能力和分析能力都相对较弱，通常在交易的后半段时间才能够获取市场中新信息，因而对于这部分投资者来说，可以选择的最佳交易时间为市场收盘前流动性最好的半小时。高等（2018）滞后信息投资者假说认为，专业投资者会在市场开盘后第一个半小时交易，以最快的速度将自己所得的信息通过交易释放到市场中，由于专业投资者与滞后信息投资者交易所基于的信息相同，因此交易行为具有相似性，从而使得开盘后第一个半小时回报与收盘前半小时回报呈现正相关，即股票市场的日内动量效应。

与高等（2018）给出的解释不同，本研究认为如果存在信息获取能力比较强的专业投资者，其依据新信息进行交易的行为更多地可能集中在股票市场开盘前的集合竞价阶段。事实上，中国股票市场中出现的开盘即涨停或跌停的现象也证实了投资者在集合竞价阶段交易的重要性。本研究根据中国某证券公司给出的 2014 年 11 月个人投资者交易的账户数据证实了中国股票市场中两种对信息获取能力不同且交易时间不同的投资者的存在，这部分结果在表 3－2 和表 3－3 中给出。

表 3－2   个人投资者账户信息统计

	投资者 1	投资者 2	投资者 3	投资者 4	投资者 5	投资者 6
交易时间段	2014.11	2014.11	2014.11	2014.11	2014.11	2014.11
交易股数	2 411	2 409	2 411	2 411	2 411	2 397
月交易天数	20	20	20	20	20	20
交易分钟数	243	243	243	242	242	210
交易账户	120 608	7 896	79 296	72 062	70 583	18 281
交易样本数	2 890 937	576 715	2 695 330	2 122 582	2 073 320	127 685
十年以上账户交易	1 103 445 (38.17)	231 079 (40.07)	1 034 768 (38.39)	804 907 (37.92)	792 500 (38.22)	45 945 (35.98)
十年以上账户数	50 158 (41.59)	3 784 (47.92)	35 225 (44.42)	31 649 (43.92)	31 729 (44.95)	7 053 (38.58)

续表

	投资者 1	投资者 2	投资者 3	投资者 4	投资者 5	投资者 6
本科及以上学位	22 607 (18.74)	1 655 (20.96)	15 049 (18.98)	13 532 (18.78)	13 212 (18.72)	3 384 (18.51)
积极型投资者交易	500 835 (17.32)	112 557 (19.52)	469 698 (17.43)	357 789 (16.86)	351 035 (16.93)	20 922 (16.39)
积极型投资者	26 107 (21.65)	2 341 (29.65)	19 287 (24.32)	17 067 (23.68)	16 902 (23.95)	3 295 (18.02)

本研究在表 3-2 和表 3-3 中统计的投资者类型共包含以下六个部分：全样本个人投资者，曾在集合竞价期间交易过的个人投资者，曾在开盘后第一个半小时交易过的个人投资者，曾在开盘后第一个半小时交易过但未在集合竞价期间交易过的个人投资者，曾在收盘前最后半小时交易过但未在集合竞价期间交易过的个人投资者，曾在收盘前最后半小时交易过但未在集合竞价期间和开盘后第一个半小时交易过的个人投资者。为了使表格更简洁，在表 3-2 和表 3-3 中以"投资者 1"到"投资者 6"分别代表这 6 类型投资者。需要注意的是，为了保护个人投资者的隐私，尽管本书中每个账户具有唯一性，可以准确区分每一笔交易来自哪个投资者，从证券公司得到的账户数据并不能一一对应到真实的个人。

表 3-2 中给出了这 6 类型投资者在给定的时间段中（本书账户数据样本期 2014 年 11 月）曾交易过的股票数，投资者交易天数以及日内交易的分钟数，投资者交易的总账户数以及交易样本数，投资者开户十年以上账户数以及开户十年以上账户的交易笔数，投资者中拥有本科以上学历的账户数，投资者中属于积极型投资者的个数以及积极型投资者交易的笔数。表 3-2 中十年以上账户交易，十年以上账户数，本科及以上学历，积极型投资者交易和积极型投资者统计数据中括号内数据为统计数据与数据所在样本总数的百分比值。

表 3-2 中统计数据表明，在集合竞价期间交易过的投资者（投资者 2）、

在开盘后半小时交易过的投资者（投资者 3）、在开盘后半小时交易过但未在集合竞价期间交易过的投资者（投资者 4）、在收盘前最后半小时交易过但未在集合竞价期间交易过的投资者（投资者 5）、在收盘前最后半小时交易过但未在集合竞价期间和开盘后第一个半小时交易过的投资者（投资者 6）与全样本投资者（投资者 1）的交易天数、交易分布股票数以及交易在一天中分布的时刻并无显著差异。[①] 但当具体关注到每一类型投资者时，本研究发现中国市场中的确存在不同信息处理能力的投资者。在全样本 120 608 位投资者的交易中，仅有 7 896 位投资者曾经在集合竞价期间交易过，占总交易人数的 6.5%，先前研究表明集合竞价时期是信息高度汇集的时期（Madhavan & Panchapagesan，2000；Kandel et al.，2012；Gerace et al.，2015；Agarwalla et al.，2015；Ibikunle et al.，2015），且信息具有极大的不确定性，因此敢于在此期间进行交易的投资者应当对自己拥有信息的准确度足够自信，这类投资者大概率为专业的投资者。同时，本书也看到，在第一个半小时交易过的投资者数目为79 296，占到全部投资者比重的约 66%，这部分投资者在整体投资者样本中，并不属于特殊群体，在这部分投资者中仅有 0.3% 曾在集合竞价期间交易过，再一次验证了在第一个半小时有过交易的投资者的非专业性。基于这个发现，本书在接下来的研究中将更多地关注集合竞价阶段产生的股票回报，该回报值更有可能来自对信息获取能力比较强投资者的交易，对日内动量效应的贡献也可能更加显著。本研究也发现在样本中一部分投资者属于滞后信息投资者（投资者 6），这部分投资者从未在集合竞价期间以及开盘后第一个半小时有过交易，这些投资者获取信息的能力较弱，因此对于新信息的反应可能更多地集中在日内交易的后半部分，而考虑到收盘前半小时独特的高交易量带来的较低交易成本，这个时间段可能成为这些投资者进行交易的最佳时间。

　　本研究进一步对比在集合竞价期间有过交易的投资者（专业投资者，表 3 - 2 中投资者 2）与仅在市场后半段进行交易的投资者（滞后信息投资

---

　　① 除本书统计投资者 4 到投资者 6 时剔除了在最后半小时和交易初期同时交易的账户样本。其余时段，每一类型投资者交易的股票类型和日内交易的时间并没有明显的差异。

者，表3－2中投资者6）在投资者特征方面的差异。本研究发现，专业投资者比滞后信息投资者的样本中包含更多有丰富交易经验的投资者：投资者2中有10年以上交易经验的投资者占据了这个样本中全部投资者账户数据的47.92%，这些有经验投资者交易的比重约占该样本总交易的40.07%，而投资者6中有10年以上交易经验的投资者占据了这个样本中全部投资者账户数据的38.58%，这些有经验的投资者交易的比重约占该样本总交易的35.98%，滞后信息投资者中包含的有经验投资者的比重与有经验投资者的交易占比低于专业投资者，且低于全样本。专业投资者中有本科以上学历的投资者占比为20.96%，而滞后信息投资者中有本科以上学历投资者的交易占比为18.56%。专业投资者相较于滞后信息投资者可能有更强的学习和获取新信息能力。最后，本研究发现专业投资者中积极型投资者账户数与交易占比（19.62%与29.65%）也显著高于滞后信息投资者（16.39%与18.02%），从而验证了这些专业投资者交易更加积极，更有可能在信息获取后较早的时间段进行交易，而滞后信息投资者更加谨慎，因此可能在市场交易的后半段进行交易。表3－2中对不同类型投资者账户信息的统计可以初步证实高等（2018）给出的滞后信息投资者的假定。

本研究在表3－3中给出了这6类型投资者在各个时间段平均的交易量以及交易个数占各子样本中的比重。表3－3中第一列给出的是各个时间段的简要描述，如 < =9：25 为各类型投资者在集合竞价期间交易数据的统计。表3－3中交易量的单位为股数，交易个数占比为百分比值。

表3 –3　　　　　　　　　　　个人投资者交易信息统计

	投资者1	投资者2	投资者3	投资者4	投资者5	投资者6
各时段平均交易量（股数）						
< =9：25	3 735.68	3 735.68	3 766.36	—	—	—
> =9：30& < =10：00	3 642.78	3 646.85	3 642.78	3 641.50	3 568.79	—
>10：00& < =10：30	3 614.64	3 533.03	3 571.73	3 581.81	3 561.68	4 159.13
>10：30& < =11：00	3 647.48	3 469.52	3 571.42	3 598.41	3 626.46	4 620.27

续表

	投资者 1	投资者 2	投资者 3	投资者 4	投资者 5	投资者 6
各时段平均交易量（股数）						
>11：00& < =11：30	3 642.06	3 547.87	3 609.87	3 627.42	3 605.99	3 996.20
> =13：00& < =13：30	3 533.60	3 273.21	3 484.61	3 538.13	3 538.73	4 211.34
>13：30& < =14：00	3 545.22	3 321.77	3 503.82	3 547.34	3 547.88	3 925.74
>14：00& < =14：30	3 628.57	3 474.96	3 584.12	3 609.25	3 610.74	4 022.64
>14：30& < =15：00	3 676.50	3 585.00	3 617.20	3 624.65	3 694.22	4 184.19
交易个数占比（百分比值）						
< =9：25	0.56	2.81	0.57	—	—	—
> =9：30& < =10：00	21.90	26.32	23.49	22.67	20.32	—
>10：00& < =10：30	14.11	13.95	14.22	14.29	13.81	10.13
>10：30& < =11：00	10.70	10.17	10.64	10.76	10.61	9.71
>11：00& < =11：30	8.42	8.02	8.3	8.38	8.37	8.57
> =13：00& < =13：30	10.15	9.55	9.81	9.90	9.93	11.91
>13：30& < =14：00	10.04	8.99	9.74	9.95	10.16	12.67
>14：00& < =14：30	10.42	9.04	10.07	10.36	10.77	14.68
>14：30& < =15：00	13.71	11.15	13.15	13.7	16.01	32.33

从表 3 - 3 结果可以看出，全样本与不同类型投资者在各个交易时间段的平均交易量以及交易个数占比有着显著不同的表现。以重点关注的专业投资者（投资者 2）和滞后信息投资者（投资者 6）的交易行为来看，专业投资者在集合竞价期间的平均交易量为一天中最大，在市场交易前段时间的交易量均值也高于一天均值，在市场收盘阶段，专业投资者的平均交易量在一天中最低。滞后信息投资者在各个阶段的平均交易量并无明显趋势。从交易个数在子样本中占比可以看出更显著的区别：专业投资者在市场刚刚开始时的交易个数占比约30%[①]，高于样本均值，收盘前半小时专业投资者交易个数占

[①]　集合竞价阶段加开盘后第一个半小时的交易占比。

比则低于全样本均值；滞后信息投资者在收盘前半小时有更多交易，交易占比为 32. 33%，显著高于全样本均值。

综合表 3 - 2 和表 3 - 3 中结果可以看出，中国股票市场中可能存在两类对信息获取能力不同的投资者，专业投资者有更好的交易经验且交易更加积极，对信息获取能力也比较强，这部分投资者在集合竞价阶段进行交易，将其获得的新信息释放到市场中。而滞后信息投资者获取信息能力较弱，且交易相对不积极，这部分投资者的交易集中于市场交易的最后阶段。滞后信息投资者获得的信息来自其滞后的信息分析能力以及专业投资者通过交易释放到市场中的信息，由于这两类型投资者的交易所依据的信息是相同的，导致了这两个时间段回报的正相关性。

3.1.3.3 隔夜回报的重要作用

基于表 3 - 2 和表 3 - 3 中的统计结果，本部分研究推测专业投资者在集合竞价期间交易产生的隔夜回报可能包含更多的信息含量，因而在日内动量效应表现中有更重要的影响。因此，本部分研究将高等（2018）使用的第一个半小时回报细分为隔夜回报与第一个半小时回报的剩余部分，分别研究其对最后半小时回报产生的影响，以验证本研究的猜想。本书这部分研究使用的回归方程如下：

$$r_{last,t} = \alpha + \beta_{ov} \times r_{ov,t} + \beta_{10:00} \times r_{10:00,t} + \beta_{14:30} \times r_{14:30,t} + \varepsilon_t \qquad (3-2)$$

其中，$r_{last,t}$ 为主要被解释变量：股票市场收盘前最后半小时的回报值，为 14：30 ~ 15：00 回报值。$r_{ov,t}$ 为股票隔夜回报值，为上一日收盘到当日 9：30 回报值。$r_{10:00,t}$ 为股票第一个半小时回报的剩余部分，为 9：30 ~ 10：00 的回报值。$r_{14:30,t}$ 为股票市场收盘前倒数第二个半小时的回报值，为 14：00 ~ 14：30 的回报，作为回归的控制变量控制股票回报自相关性的影响。这部分的回归采用面板数据回归方式，并控制了个股的固定效应。回归结果在表 3 - 4 中给出。

表 3 - 4 日内动量效应研究（隔夜回报）

	(1)	(2)	(3)	(4)
$r_{ov,t}$	2. 881 *** (0. 0216)	2. 922 *** (0. 0217)	2. 780 *** (0. 0216)	2. 812 *** (0. 0216)
$r_{10:00,t}$		0. 641 *** (0. 0243)		0. 566 *** (0. 0243)
$r_{14:30,t}$			6. 021 *** (0. 0365)	6. 012 *** (0. 0365)
α	0. 036 *** (0. 0003)	0. 035 *** (0. 0003)	0. 035 *** (0. 0003)	0. 035 *** (0. 0003)
R^2	0. 22	0. 23	0. 57	0. 58
Obs	7 787 027	7 787 027	7 787 027	7 787 027
N	3 224	3 224	3 224	3 224

注：表中所有回归结果均为百分比值，下方对应括号内给出的值为回归标准差。* 给出了回归系数的显著性，其中 * 表示系数在 10% 的显著性水平下显著，** 表示系数在 5% 的显著性水平下显著，*** 表示系数在 1% 的显著性水平下显著。

表 3 - 4 中第（1）列给出了隔夜回报（$r_{ov,t}$）对收盘前最后半小时回报（$r_{last,t}$）的影响，第（2）列为隔夜回报（$r_{ov,t}$）与第一个半小时回报的剩余部分（$r_{10:00,t}$）对收盘前最后半小时回报的综合影响，第（3）列给出了控制倒数第二个半小时回报的影响后隔夜回报对收盘前最后半小时回报的影响，第（4）列给出了控制倒数第二个半小时回报的影响后隔夜回报与第一个半小时剩余回报对收盘前最后半小时回报的综合影响。表 3 - 4 中 α 给出了回归方程的常数项，R^2 为回归方程的拟合优度，即方程整体的解释力度。Obs 为方程全部的样本数，N 给出了回归方程包含的股票数。

从表 3 - 4 的结果可以看出，隔夜回报在中国股票市场日内动量效应研究中有重要作用。隔夜回报对收盘前半小时回报的影响为 2.88%，在 1% 的水平下显著，大于第一个半小时回报产生的影响（1.92%）。当隔夜回报与第一个半小时剩余回报同时加入回归方程时，可以看到，隔夜回报对收盘前半小时回报的影响约为第一个半小时回报剩余部分的 4.5 倍（2.92% 与 0.64%）。

控制回报自相关性的影响后，所得出的结论是一致的：隔夜回报的影响大于开盘后第一个半小时的影响（2.78% 与 1.83%）。当隔夜回报与第一个半小时回报同时作为解释变量时，隔夜回报的影响约为剩余部分回报的 5 倍（2.81% 与 0.56%）。表 3 - 4 中依据隔夜回报所作回归的解释力度（R^2）也均显著高于表 3 - 1 中的相应结果。因此，可以初步得出结论：中国股票市场中日内动量效应主要来自隔夜回报的影响。

进一步地，本书细分了开盘后第一个半小时剩余部分的回报值，使用原始 5 分钟高频数据的回报值代替加总的半小时回报，来研究第一个半小时剩余部分每 5 分钟的回报值对日内动量效应的影响。基于研究结论，如果动量效应主要来自隔夜回报，则加入更多的第一个半小时剩余回报值会削弱隔夜回报的影响，从而随着 5 分钟高频回报的不断加入，隔夜回报与新加入回报对最后半小时回报的综合影响应当呈现逐渐下降的趋势。这部分的回归公式如下：

$$r_{last,t} = \alpha + \beta_x \times r_{x,t} + \beta_{14:30} \times r_{14:30,t} + \varepsilon_t \qquad (3-3)$$

其中，$r_{last,t}$ 为主要被解释变量：股票市场收盘前最后半小时的回报值，为 14：30 ~ 15：00 回报值。$r_{x,t}$ 为这部分回归主要解释变量的简写，分别包括隔夜回报（上一日收盘到当日 9：30 回报值，$r_{ov,t}$），9：35 累计回报值（上一日收盘到当日 9：35 回报值，$r_{9:35,t}$），9：40 累计回报值（上一日收盘到当日 9：40 回报值，$r_{9:40,t}$），9：45 累计回报值（上一日收盘到当日 9：45 回报值，$r_{9:45,t}$），9：50 累计回报值（上一日收盘到当日 9：50 回报值，$r_{9:50,t}$），9：55 累计回报值（上一日收盘到当日 9：55 回报值，$r_{9:55,t}$），10：00 累计回报值（上一日收盘到当日 10：00 回报值，即开盘后第一个半小时回报值，$r_{10:00,t}$）。本书在这部分中再次给出了隔夜回报和第一个半小时回报的影响，以方便与其他累计回报值的结果作比较。$r_{14:30,t}$ 为股票市场收盘前倒数第二个半小时回报值，为 14：00 ~ 14：30 的回报，作为回归的控制变量控制股票回报自相关性的影响。本书这部分的回归采用面板数据回归方式，并控制了个股的固定效应。回归结果在表 3 - 5 中给出。

表 3 – 5　　　　日内动量效应研究（逐步加入第一个半小时回报剩余部分）

	不包含 14：30 回报作控制变量						
	（1）	（2）	（3）	（4）	（5）	（6）	（7）
$r_{ov,t}$	2.88 *** (0.0216)						
$r_{9:35,t}$		2.32 *** (0.0197)					
$r_{9:40,t}$			2.07 *** (0.0187)				
$r_{9:45,t}$				2.03 *** (0.0179)			
$r_{9:50,t}$					1.97 *** (0.0173)		
$r_{9:55,t}$						1.88 *** (0.0168)	
$r_{10:00,t}$							1.92 *** (0.0167)
α	0.0356 *** (0.0003)	0.0348 *** (0.0003)	0.0344 *** (0.0003)	0.0343 *** (0.0003)	0.0342 *** (0.0003)	0.0341 *** (0.0003)	0.0339 *** (0.0003)
R^2	0.22	0.17	0.15	0.16	0.16	0.15	0.16
Obs	7 787 027	7 787 027	7 787 027	7 787 027	7 787 027	7 787 027	7 787 027
N	3 224	3 224	3 224	3 224	3 224	3 224	3 224
	包含 14：30 回报作控制变量						
	（1）	（2）	（3）	（4）	（5）	（6）	（7）
$r_{ov,t}$	2.78 *** (0.0216)						
$r_{9:35,t}$		2.23 *** (0.0197)					
$r_{9:40,t}$			1.98 *** (0.0186)				

	包含14：30回报作控制变量						
	(1)	(2)	(3)	(4)	(5)	(6)	(7)
$r_{9:45,t}$				1.94 *** (0.0178)			
$r_{9:50,t}$					1.89 *** (0.0173)		
$r_{9:55,t}$						1.79 *** (0.0168)	
$r_{10:00,t}$							1.83 *** (0.0167)
$r_{14:30,t}$	6.02 *** (0.0365)	6.04 *** (0.0366)	6.04 *** (0.0366)	6.04 *** (0.0366)	6.05 *** (0.0366)	6.04 *** (0.0366)	6.02 *** (0.0366)
α	0.0352 *** (0.0003)	0.0344 *** (0.0003)	0.0340 *** (0.0003)	0.0340 *** (0.0003)	0.0339 *** (0.0003)	0.0337 *** (0.0003)	0.0335 *** (0.0003)
R^2	0.57	0.52	0.50	0.51	0.51	0.50	0.51
Obs	7 787 027	7 787 027	7 787 027	7 787 027	7 787 027	7 787 027	7 787 027
N	3 224	3 224	3 224	3 224	3 224	3 224	3 224

注：表中所有回归结果均为百分比值，系数下方对应括号内给出的值为回归标准差。＊给出了回归系数的显著性，其中 ＊ 表示系数在10%的显著性水平下显著，＊＊ 表示系数在5%的显著性水平下显著，＊＊＊ 表示系数在1%的显著性水平下显著。

表3-5中第（1）列到第（7）列给出了隔夜回报（$r_{ov,t}$），9：35累计回报值（$r_{9:35,t}$），9：40累计回报值（$r_{9:40,t}$），9：45累计回报值（$r_{9:45,t}$），9：50累计回报值（$r_{9:50,t}$），9：55累计回报值（$r_{9:55,t}$），开盘第一个半小时回报值（$r_{10:00,t}$）对收盘前最后半小时回报的影响，表3-5中上半部分给出了回归中不包含收盘前倒数第二个半小时回报值影响的结果，下半部分给出了回归中包含收盘前倒数第二个半小时回报值回报影响的结果。α 给出了回归方程的常数项，R^2 为回归方程的拟合优度，即方程整体的解释力度。Obs为方程全部的样本数，N给出了回归方程包含的股票数。

　　表 3 – 5 中给出的结果验证了本研究的猜想,隔夜回报在中国股票市场日内动量效应研究中承担着重要作用,第一个半小时回报的预测能力主要来自隔夜回报的影响。随着第一个半小时剩余部分 5 分钟回报值的不断加入,各累计回报值对最后半小时回报的影响逐渐降低,分别为 2.88%、2.32%、2.07%、2.03%、1.97%、1.88%、1.92%,回归方程的拟合优度也呈现类似的逐渐降低的趋势。加入收盘前倒数第二个半小时回报的影响后,系数变化(分别为 2.78%、2.23%、1.98%、1.94%、1.89%、1.79%、1.83%)与回归解释力度的变化都呈现相似的趋势。

　　综上所述,本研究在这一部分利用中国股票市场个股高频交易数据得到了日内动量效应显著存在的证据。借助于证券公司提供的投资者交易账户数据,本研究找到了中国股票市场中存在对信息获取与分析能力不同的专业投资者与滞后信息投资者存在的证据,验证了高等(2018)提出的滞后信息投资者假说。进一步地,本研究发现了专业投资者在集合竞价期间交易产生的隔夜回报在日内动量效应表现中的重要作用,隔夜回报的影响主导了第一个半小时回报的影响,可以作为更好的日内动量效应衡量指标。

3.1.4　日内动量效应在不同大小股票中的表现

　　本书进一步研究了中国股票市场日内动量效应在不同大小股票中的表现,以排除整体日内动量效应可能由少数股票的异常表现所导致的这一可能性。

　　本部分根据股票所属的板块对其进行了大小分类。股票在不同板块上市时所需满足的条件从主板到中小板到创业板逐渐降低①,不同板块股票在上市后的表现也各不相同。本书在表 3 – 6 中给出了不同板块股票 2004 ~ 2017 年整体特征的统计数据,作为股票不同表现的佐证,数据来自上交所和深交所统计年报。②

———————

　　①　详细要求参见上海证券交易所和深圳证券交易所官方网站,本书在此处不再赘述。
　　②　截至本书研究时间,年报数据仅包含 2004 ~ 2017 年的部分,因此本书在此处以这 14 年的数据为例给出了不同板块内股票的特征。

表 3 – 6   不同板块股票特征描述统计

年份	股票数目			平均市值（×10⁹）			总股数（×10⁹）			交易量（×10⁸）		
	主板	中小板	创业板	主板	中小板	创业板	主板	中小板	创业板	主板	中小板	创业板
2004	1 311	38		2.74	1.09		1.43	0.25		4.28	1.56	
2005	1 305	50		2.40	0.96		1.66	0.44		4.86	2.61	
2006	1 296	102		6.64	1.98		2.51	0.54		11.97	2.91	
2007	1 305	202		24.06	5.27		3.56	0.63		26.72	4.04	
2008	1 308	273		8.74	2.30		4.99	0.95		17.37	4.36	
2009	1 315	327	36	17.01	5.16	4.47	10.38	1.16	0.18	35.99	10.04	1.07
2010	1 357	531	153	15.43	3.04	1.31	13.66	1.33	0.33	27.52	7.64	2.62
2011	1 393	646	281	12.36	2.22	0.89	15.13	1.74	0.51	21.00	5.77	2.71
2012	1 416	701	355	13.06	2.32	0.94	16.18	2.12	0.68	18.45	7.24	4.16
2013	1 412	701	355	12.66	3.64	2.32	19.39	2.93	1.21	25.97	11.76	8.55
2014	1 454	732	406	19.83	4.92	3.22	19.89	3.49	1.69	39.78	15.46	9.94
2015	1 540	776	492	23.05	8.99	6.52	20.94	4.51	2.38	87.79	32.74	20.20
2016	1 642	822	570	20.80	7.80	5.36	21.22	5.43	2.98	39.22	25.03	16.68
2017	1 854	903	710	21.35	7.88	4.30	19.95	6.18	3.08	33.66	19.28	12.44

　　表 3 – 6 中给出了 2004 ~ 2017 年上交所和深交所上市股票在三个板块中表现，主板数据包含上交所主板和深交所主板两部分，中小板和创业板数据则全部来自深交所。表 3 – 6 中统计数据包括三个板块历年总交易的股票数，股票平均市值（为使数据简化，表 3 – 6 中结果为除 10⁹ 后结果），股票总股数平均值（除 10⁹ 后结果）和股票平均交易量数据（除 10⁸ 后结果）。

　　从表 3 – 6 的结果可以看出，主板股票在市场中拥有最长的交易历史和最大的交易占比，其次为中小板，创业板历史最短且拥有最小的股票数量。除此之外，从主板到中小板到创业板，股票的平均市值与总股数呈现显著的从大到小的变化趋势，主板中股票的市值是中小板的 3 ~ 6 倍，中小板为创业板的 1.5 ~ 2.5 倍；主板中股票的平均总股数为中小板的 3 ~ 10 倍，中小板为创业板的 2 ~ 10 倍。交易量数据的统计也给出了类似的结果：从主板到中小板到创业板，个股平均交易量逐渐降低，主板股票平均交易量为中小板的 3 ~

6.5 倍，中小板为创业板的 2 ~ 10 倍。因此本书认为，以股票所在板块作为划分股票大小的依据在中国股票市场是合理的。基于此，本书在下面的研究中对不同板块中股票的日内动量效应分别进行了分析，研究是否动量效应在不同大小的股票中普遍存在。

本书这部分回归所使用的回归方程仍然为方程（3 - 1）和方程（3 - 2）。[①]

$$r_{last,t} = \alpha + \beta_{1st} \times r_{1st,t} + \beta_{14:30} \times r_{14:30,t} + \varepsilon_t \qquad (3-1)$$

$$r_{last,t} = \alpha + \beta_{ov} \times r_{ov,t} + \beta_{14:30} \times r_{14:30,t} + \varepsilon_t \qquad (3-2)$$

与前文一致，$r_{last,t}$ 为主要被解释变量：股票市场收盘前最后半小时的回报值，$r_{1st,t}$ 为股市开盘后第一个半小时的回报值，$r_{ov,t}$ 为隔夜回报值，$r_{14:30,t}$ 为股票市场收盘前倒数第二个半小时的回报值，作为回归的控制变量控制股票回报自相关性的影响。这部分的回归同样采用面板数据回归方式，并控制了个股的固定效应。回归结果在表 3 - 7 中给出。

表 3 - 7　　　　　　　　　　不同股票中日内动量效应表现

	（1）	（2）	（3）	（4）	（5）
基于主板的结果					
$r_{1st,t}$	1. 73 *** (0. 0205)		1. 65 *** (0. 0205)		
$r_{ov,t}$				2. 68 *** (0. 0263)	2. 60 *** (0. 0263)
$r_{14:30,t}$		5. 41 *** (0. 0436)	5. 30 *** (0. 0436)		5. 30 *** (0. 0436)
α	0. 0469 *** (0. 0003)	0. 0453 *** (0. 0003)	0. 0465 *** (0. 0003)	0. 048 *** (0. 0004)	0. 0479 *** (0. 0004)
R^2	0. 12	0. 28	0. 39	0. 18	0. 45
Obs	5 563 999	5 563 999	5 563 999	5 563 999	5 563 999
N	1 738	1 738	1 738	1 738	1 738

[①]　本书这部分研究重点关注隔夜回报和第一个半小时回报对日内动量效应的影响，因此回归方程（3 - 2）中未包含开盘后第一个半小时回报的剩余部分 $r_{10:00,t}$。

	(1)	(2)	(3)	(4)	(5)
基于中小板的结果					
$r_{1st,t}$	2.27*** (0.037)		2.14*** (0.037)		
$r_{ov,t}$				3.35*** (0.0480)	3.21*** (0.0479)
$r_{14;30,t}$		7.55*** (0.082)	7.36*** (0.082)		7.37*** (0.082)
α	0.0096*** (0.0007)	0.0079*** (0.0007)	0.0093*** (0.0007)	0.0121*** (0.0007)	0.0117*** (0.0007)
R^2	0.24	0.57	0.78	0.31	0.85
Obs	1 503 005	503 005	503 005	503 005	503 005
N	852	852	852	852	852
基于创业板的结果					
$r_{1st,t}$	2.35*** (0.047)		2.20*** (0.047)		
$r_{ov,t}$				3.18*** (0.0617)	2.99*** (0.0616)
$r_{14;30,t}$		8.63*** (0.117)	8.40*** (0.117)		8.39*** (0.117)
α	−0.0169*** (0.0011)	−0.0154*** (0.0011)	−0.0158*** (0.0011)	−0.0141*** (0.0011)	−0.0132*** (0.0011)
R^2	0.31	0.76	1.03	0.34	1.06
Obs	720 023	720 023	720 023	720 023	720 023
N	634	634	634	634	634

注：表中所有回归结果均为百分比值，系数下方对应括号内给出的值为回归标准差。＊给出了回归系数的显著性，其中＊表示系数在10%的显著性水平下显著，＊＊表示系数在5%的显著性水平下显著，＊＊＊表示系数在1%的显著性水平下显著。

表 3－7 中第（1）列到第（5）列给出了第一个半小时的回报值（$r_{1st,t}$），

倒数第二个半小时的回报值（$r_{14:30,t}$），第一个半小时回报值和倒数第二个半小时的回报值，隔夜回报（$r_{ov,t}$），隔夜回报和倒数第二个半小时回报值对收盘前最后半小时的回报（$r_{last,t}$）的影响。表 3 - 7 中第一个部分给出了主板市场中 5 个回归的结果，第二部分给出了中小板中 5 个回归的结果，第三部分给出了创业板中 5 个回归的结果。同样地，α 给出了回归方程的常数项，R^2 为回归方程的拟合优度，即方程整体的解释力度。Obs 为方程全部的样本数，N 给出了回归方程包含的股票数。

从表 3 - 7 中可以得出几个重要结论：（1）中国股票市场日内动量效应在不同大小的股票中普遍存在。无论是使用高等（2018）中开盘后第一个半小时回报作为解释变量，还是使用本书中重点关注的隔夜回报作为主要解释变量，都可以找到前期回报对最后半小时回报有显著影响的证据，中国股票市场的日内动量效应不是由少部分股票的特殊表现所营造的假象，而是普遍存在的。（2）隔夜回报对最后半小时回报的影响大于第一个半小时回报的影响，这个结果在主板、中小板和创业板中普遍存在。隔夜回报影响的系数和回归的拟合优度值均高于第一个半小时回报，且在控制倒数第二个半小时回报的影响后结论没有改变。隔夜回报在第一个半小时回报中承担重要作用，中国股票市场的日内动量效应主要是由隔夜回报产生的。（3）中国股票市场日内动量效应在中小板和创业板股票中表现更显著。这个结论对使用开盘后第一个半小时回报和隔夜回报以及控制倒数第二个半小时回报影响后都是成立的。考虑到这些板块中股票较小的市值和交易量，专业投资者和滞后信息投资者的交易行为对这些板块中股票回报的影响较主板市场更大，这样的结果是十分合理的。本书也利用交易前 6 个月市值为分组依据对大小股票进行划分，作为研究的稳健性检验。由于板块划分时已经考虑了市值的因素，按照市值分组的结果与表 3 - 7 中结果是非常相似的，因此不再给出。

3.1.5　日内动量效应在危机期间的表现

日内动量效应产生的主要原因在于投资者对信息的获取和反应能力不同，

从而影响了日内交易的先后顺序，导致了股票回报的相关性。基于这样的研究基础，本书推测股票的日内动量效应可能在信息大量汇聚的时期有更加显著的表现。

本书借助中国股票市场重要指数走势图（见图 3 - 1），得到了中国股票市场成立历来两次比较显著金融危机的具体时间段，分别为 2007 年 10 月 16 日至 2008 年 9 月 18 日，2015 年 6 月 12 日至 2016 年 2 月 29 日。[①] 两次危机分别对应 2007 ～ 2008 年国际金融危机与中国股票市场 2015 年流动性危机。

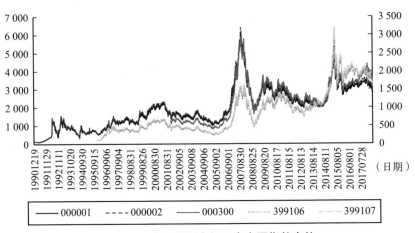

图 3 - 1　中国股票市场 5 个主要指数走势

为了找出危机时期日内动量效应的不同表现，本书在回归方程中加入了危机虚拟变量（金融危机期间取值为 1，正常期间取值为 0）与股票回报的交叉项作为危机带来的额外影响的衡量指标。本书这部分使用的回归方程如下：

$$r_{last,t} = \alpha + \beta_{1st} \times r_{1st,t} + \beta_{FC} \times FC \times r_{1st,t} + \beta_{14:30} \times r_{14:30,t} + \varepsilon_t \qquad (3-4)$$

$$r_{last,t} = \alpha + \beta_{ov} \times r_{ov,t} + \beta_{FC} \times FC \times r_{ov,t} + \beta_{14:30} \times r_{14:30,t} + \varepsilon_t \qquad (3-5)$$

与前文一致，$r_{last,t}$ 为主要被解释变量：股票市场收盘前最后半小时的回报值，$r_{1st,t}$ 为股市开盘后第一个半小时的回报值，$r_{ov,t}$ 为隔夜回报值，$r_{14:30,t}$ 为股

---

　　① 　金融危机起始时间为指数在相邻时间段内到达最大值且之后指数呈现了较长一段时间的下跌；危机结束时间为股票指数开始上升，且在较长时间内未回落。

票市场收盘前倒数第二个半小时的回报值，作为回归的控制变量控制股票回报自相关性的影响。FC 为危机时期的虚拟变量，在 2007 年 10 月 16 日~2008 年 9 月 18 日和 2015 年 6 月 12 日~2016 年 2 月 29 日期间取值为 1，其余时间取值为 0。

进一步地，由于两次金融危机产生的本质不同：第一次金融危机为国际金融危机在中国市场的传染，属于全球性危机的构成部分，而第二次金融危机为中国市场中独有，属于内生危机。因此，本书也在回归中将两次危机的影响加以区分，来分析两次危机是否均对日内动量效应产生了影响，从而给出危机期间日内动量效应有异常表现的普遍证据。本书这部分使用的回归方程如下：

$$r_{last,t} = \alpha + \beta_{1st} \times r_{1st,t} + \beta_{FC_1} \times FC_1 \times r_{1st,t} + \beta_{FC_2} \times FC_2 \times r_{1st,t} + \beta_{14:30} \times r_{14:30,t} + \varepsilon_t$$

$$(3-6)$$

$$r_{last,t} = \alpha + \beta_{ov} \times r_{ov,t} + \beta_{FC_1} \times FC_1 \times r_{ov,t} + \beta_{FC_2} \times FC_2 \times r_{ov,t} + \beta_{14:30} \times r_{14:30,t} + \varepsilon_t$$

$$(3-7)$$

其中，FC_1 为第一次金融危机的虚拟变量，在 2007 年 10 月 16 日~2008 年 9 月 18 日期间取值为 1，其余时间取值为 0。FC_2 为第二次金融危机的虚拟变量，在 2015 年 6 月 12 日~2016 年 2 月 29 日期间取值为 1，其余时间取值为 0。其余变量的含义与前文所述一致。这部分的回归同样采用面板数据回归方式，并控制了个股的固定效应。回归结果在表 3-8 中给出。

表 3-8　　　　　　　　危机期间日内动量效应

	第一个半小时回报				隔夜回报			
	(1)	(2)	(3)	(4)	(5)	(6)	(7)	(8)
$r_{1st,t}$	1.43 *** (0.0192)	1.39 *** (0.0192)	1.43 *** (0.0192)	1.39 *** (0.0192)				
$r_{ov,t}$					1.54 *** (0.0250)	1.51 *** (0.0249)	1.54 *** (0.0250)	1.51 *** (0.0249)

	第一个半小时回报				隔夜回报			
	(1)	(2)	(3)	(4)	(5)	(6)	(7)	(8)
$FC \times r_{1st,t}$	2.05 *** (0.0391)	1.82 *** (0.0390)						
$FC \times r_{ov,t}$					5.35 *** (0.0496)	5.07 *** (0.0496)		
$FC_1 \times r_{1st,t}$			3.07 *** (0.0655)	2.98 *** (0.0654)				
$FC_1 \times r_{ov,t}$							5.88 *** (0.0907)	5.86 *** (0.0906)
$FC_2 \times r_{1st,t}$			1.62 *** (0.0448)	1.33 *** (0.0448)				
$FC_2 \times r_{ov,t}$							5.18 *** (0.0552)	4.82 *** (0.0552)
$r_{14;30,t}$		5.96 *** (0.0366)		5.98 *** (0.0366)		5.89 *** (0.0365)		5.90 *** (0.0365)
α	0.034 *** (0.0003)	0.034 *** (0.0003)	0.034 *** (0.0003)	0.034 *** (0.0003)	0.036 *** (0.0003)	0.035 *** (0.0003)	0.036 *** (0.0003)	0.035 *** (0.0003)
R^2	0.19	0.54	0.20	0.55	0.37	0.71	0.37	0.71
Obs	7 787 027	7 787 027	7 787 027	7 787 027	7 787 027	7 787 027	7 787 027	7 787 027
N	3 224	3 224	3 224	3 224	3 224	3 224	3 224	3 224

注：*** 表示在 1% 的水平下显著。

表 3 - 8 中第（1）列到第（4）列给出了第一个半小时回报值（$r_{1st,t}$）对收盘前半小时回报（$r_{1st,t}$）的影响，第（1）列与第（3）列没有考虑倒数第二个半小时回报值（$r_{14;30,t}$）对收盘前半小时回报的影响，第（2）列与第（4）列加入了倒数第二个半小时回报值的影响。对应地，表 3 - 8 中第（5）列到第（8）列给出了隔夜回报（$r_{ov,t}$）对收盘前半小时回报的影响，第（5）列与第（7）列没有考虑倒数第二个半小时回报值对收盘前半小时回报的影

响，第（6）列与第（8）列加入了倒数第二个半小时回报值的影响。表 3 - 8 中 $FC \times r_{1st,t}$ 给出了相对于正常时期，金融危机期间第一个半小时回报对收盘前半小时回报的额外影响，$FC \times r_{ov,t}$ 给出了相对于正常时期，金融危机期间隔夜回报对收盘前半小时回报的额外影响。相似的，$FC_1 \times r_{1st,t}$ 给出了相对于正常时期，第一次金融危机期间第一个半小时回报对收盘前半小时回报的额外影响，$FC_2 \times r_{1st,t}$ 给出了相对于正常时期，第二次金融危机期间第一个半小时回报对收盘前半小时回报的额外影响；$FC_1 \times r_{ov,t}$ 给出了相对于正常时期，第一次金融危机期间隔夜回报对收盘前半小时回报的额外影响，$FC_2 \times r_{ov,t}$ 给出了相对于正常时期，第二次金融危机期间隔夜回报对收盘前半小时回报的额外影响。

这部分的研究结果与高等（2018）和埃劳特等（2018）一致：股票市场日内动量效应在金融危机期间加强。具体来说，当两次金融危机被当作一个整体加入到回归中时，金融危机对整体日内动量效应有加强作用：相较于正常交易日中开盘后第一个半小时回报对收盘前最后半小时回报的影响（1.43%，在 1% 的水平下显著），金融危机期间第一个半小时回报的影响增强约 1.5 倍（增加的值为 2.05%，在 1% 的水平下显著），结论在考虑了收盘前倒数第二个半小时回报的影响后仍然成立（相应的值分别是 1.39% 和 1.82%，均在 1% 的水平下显著）。以隔夜回报为主要解释变量进行研究时，结果是相似的，且金融危机的影响更加显著：相较于正常交易日中隔夜回报对收盘前最后半小时回报的影响（1.54%，在 1% 的水平下显著），金融危机期间第一个半小时回报的影响增强约 3.5 倍（增加的值为 5.35%，在 1% 的水平下显著），结论在考虑了收盘前倒数第二个半小时回报的影响后仍然成立（相应的值分别是 1.51% 和 5.01%，均在 1% 的水平下显著）。

当将两次金融危机的影响加以区分时，本书发现两次金融危机均对日内动量效应产生了显著的影响，危机期间日内动量效应的增强是普遍存在的现象。当以第一个半小时回报为主要解释变量进行回归时，本书发现第一次金融危机承担着更加重要的角色：第一次金融危机期间第一个半小时回报的影响增强约 2 倍（增加的值为 3.07%，在 1% 的水平下显著），而第二次金融危机期间第一个半小时回报的影响增强约 1 倍（增加的值为 1.62%，在 1% 的水平下显著），这个结论在考虑了收盘前倒数第二个半小时回报的影响后仍然成立（相应的值分别是 2.98% 和 1.33%，均在 1% 的水平下显著）。当以隔夜回报为主要解释变量进行回归时，第一次金融危机仍然承担相对重要的角色：第一次金融危机期间隔夜回报的影响增强约 3.8 倍（增加的值为 5.88%，在 1% 的水平下显著），而第二次金融危机期间隔夜回报的影响增强约 3.3 倍（增加的值为 5.08%，在 1% 的水平下显著），这个结论在考虑了收盘前倒数第二个半小时回报的影响后仍然成立（相应的值分别是 5.86% 和 4.82%，均在 1% 的水平下显著）。

根据表 3 - 8 中结果可以得出结论：在信息密集程度较高的金融危机时期，投资者可获得的信息量增多，获取信息能力的差异性有更加显著的体现，股票市场日内动量效应也相应增强。

3.1.6 日内动量效应的时间序列表现

本书研究了中国股票市场日内动量效应是否存在时间序列上的趋势。考虑到本书的样本期较长，因此本部分研究以十年为样本窗，从 1996 年 1 月开始进行十年期滚动回归，在兼顾子样本数据充足性的前提下，给出了日内动量效应在中国股票市场不同历史阶段的表现。

本书这部分回归所使用的回归方程仍然为方程（3 - 1）和方程（3 - 2）。[①]

$$r_{last,t} = \alpha + \beta_{1st} \times r_{1st,t} + \beta_{14;30} \times r_{14;30,t} + \varepsilon_t \tag{3 - 1}$$

$$r_{last,t} = \alpha + \beta_{ov} \times r_{ov,t} + \beta_{14;30} \times r_{14;30,t} + \varepsilon_t \tag{3 - 2}$$

与前文一致，$r_{last,t}$ 为主要被解释变量：股票市场收盘前最后半小时的回报值，$r_{1st,t}$ 为股市开盘后第一个半小时的回报值，$r_{ov,t}$ 为隔夜回报值，$r_{14;30,t}$ 为股票市场收盘前倒数第二个半小时的回报值，作为回归的控制变量控制股票回报自相关性的影响。本书这部分的回归同样采用面板数据回归方式，并控制了个股的固定效应。回归结果在表 3 - 9 中给出。

---

① 同样地，本书在这部分研究中重点关注隔夜回报和第一个半小时回报对日内动量效应的影响，因此在这部分回归方程（3 - 2）的研究中未包含开盘后第一个半小时回报的剩余部分 $r_{10;00,t}$。

表 3-9　日内动量效应在时间序列上的表现

	1996~2005年	1997~2006年	1998~2007年	1999~2008年	2000~2009年	2001~2010年	2002~2011年	2003~2012年	2004~2013年	2005~2014年	2006~2015年	2007~2016年	2008~2017年
第一个半小时回报													
$r_{1st,t}$	0.10** (0.0443)	0.55*** (0.0406)	0.49*** (0.0362)	1.52*** (0.0330)	1.61*** (0.0312)	1.59*** (0.0294)	1.68*** (0.0275)	1.87*** (0.0260)	2.03*** (0.0243)	2.04*** (0.0231)	2.28*** (0.0217)	2.21*** (0.0206)	2.28*** (0.0197)
$r_{14:30,t}$	1.41*** (0.0868)	1.32*** (0.0793)	3.33*** (0.0734)	3.62*** (0.0671)	3.26*** (0.0624)	3.44*** (0.0589)	3.75*** (0.0554)	3.70*** (0.0528)	4.00*** (0.0503)	4.17*** (0.0484)	7.66*** (0.0469)	7.78*** (0.0454)	6.98*** (0.0437)
α	0.096*** (0.0006)	0.100*** (0.0006)	0.090*** (0.0006)	0.066*** (0.0006)	0.058*** (0.0006)	0.049*** (0.0005)	0.042*** (0.0005)	0.034*** (0.0005)	0.031*** (0.0004)	0.032*** (0.0004)	0.019*** (0.0004)	0.008*** (0.0004)	0.012*** (0.0004)
R^2	0.02	0.02	0.10	0.21	0.20	0.21	0.25	0.27	0.33	0.36	0.87	0.86	0.76
Obs	1 661 374	1 888 777	2 120 877	2 385 866	2 666 540	2 944 890	3 308 344	3 636 136	3 949 135	4 205 495	4 444 171	4 811 449	5 198 164
N	1 290	1 304	1 361	1 490	1 572	1 661	2 010	2 295	2 453	2 456	2 561	2 784	3 016
隔夜回报													
$r_{ov,t}$	0.22*** (0.0533)	0.75*** (0.0496)	1.39*** (0.0460)	2.55*** (0.0424)	2.67*** (0.0406)	2.69*** (0.0386)	2.75*** (0.0363)	2.75*** (0.0349)	2.76*** (0.0327)	2.73*** (0.0312)	3.51*** (0.0285)	3.55*** (0.0271)	3.38*** (0.0259)
$r_{14:30,t}$	1.41*** (0.0868)	1.32*** (0.0793)	3.31*** (0.0734)	3.63*** (0.0670)	3.27*** (0.0624)	3.45*** (0.0589)	3.77*** (0.0553)	3.72*** (0.0528)	4.04*** (0.0503)	4.21*** (0.0484)	7.65*** (0.0469)	7.76*** (0.0454)	6.99*** (0.0436)
α	0.096*** (0.0006)	0.099*** (0.0006)	0.090*** (0.0006)	0.066*** (0.0006)	0.059*** (0.0006)	0.051*** (0.0006)	0.044*** (0.0005)	0.036*** (0.0005)	0.033*** (0.0005)	0.034*** (0.0004)	0.022*** (0.0004)	0.011*** (0.0004)	0.014*** (0.0004)
R^2	0.02	0.03	0.14	0.28	0.27	0.28	0.31	0.31	0.34	0.36	0.96	0.98	0.83
Obs	1 661 374	1 888 777	2 120 877	2 385 866	2 666 540	2 944 890	3 308 344	3 636 136	3 949 135	4 205 495	4 444 171	4 811 449	5 198 164
N	1 290	1 304	1 361	1 490	1 572	1 661	2 010	2 295	2 453	2 456	2 561	2 784	3 016

注：表中 * 给出了回归系数的显著性，其中 * 表示系数在 10% 的显著性，** 表示系数在 5% 的显著性水平下显著，*** 表示系数在 1% 的显著性水平下显著。

表 3-9 中每一列均给出了每十年期样本窗内股票市场日内动量效应的表现。以第一列中"1996~2005 年"为例，这列中给出了以 1996 年 1 月起到 2005 年 12 月交易股票的日内动量效应研究的结果，其他的列均有相似的含义，本书不再赘述。为了保证回归数据的充足性，本书在每十年样本回归时未包含交易不足一年的股票数据。表 3-9 中第一部分给出了以第一个半小时回报值（$r_{1st,t}$）为主要解释变量进行回归的结果，第二部分给出了以隔夜回报（$r_{ov,t}$）为主要解释变量进行回归的结果。在表 3-9 的回归中，本书均控制了倒数第二个半小时回报值（$r_{14:30,t}$）的影响。与前文一致，表 3-9 中 α 给出了回归方程的常数项，R^2 为回归方程的拟合优度，即方程整体的解释力度。Obs 为方程全部的样本数，N 给出了回归方程包含的股票数。表 3-9 中所有回归结果均为百分比值。表 3-9 中系数下方对应括号内给出的值为回归标准差。

根据表 3-9 中十年期样本回归的结果，本书发现了中国股票市场中日内动量效应存在显著的随时间增强的趋势。当以第一个半小时回报作为主要解释变量时，本书得出从 1996 年开始每十年期回归的开盘后第一个半小时回报的系数分别为：0.10%、0.55%、0.49%、1.52%、1.61%、1.59%、1.68%、1.87%、2.03%、2.04%、2.28%、2.21%、2.28%，呈现逐渐增加的趋势，而各子样本回归的拟合优度也呈现显著的增加趋势。当以隔夜回报作为主要解释变量时，本书得出从 1996 年开始每十年期回归的隔夜回报的系数分别为：0.22%、0.75%、1.39%、2.55%、2.67%、2.69%、2.75%、2.75%、2.76%、2.73%、3.51%、3.55%、3.38%，隔夜回报对收盘前半小时回报的影响随着时间逐渐增强，且在每一个子样本中，隔夜回报的影响都高于第一个半小时回报的影响，再次验证了本书前面的结论：隔夜回报在日内动量效应中扮演重要角色，第一个半小时回报的影响主要来自隔夜回报。

考虑到金融危机对日内动量效应的重要影响，本书也对不包含这部分时间的样本进行了十年期子样本回归，根据这个新样本本书同样可以得到第一个半小时回报和隔夜回报对最后半小时回报随时间逐渐增强的影响，与表 3-9 中给出的结论是一致的，因此在此处不再赘述。

本部分推测，股票市场日内动量效应随着时间逐渐增强可能有两个原因：

（1）根据前面的研究结论，日内动量效应在小股票中表现更加显著，而随着中国股票市场中小板和创业板的不断发展，越来越多的小股票进入市场，这部分股票相对更高的信息不透明程度导致了两类型投资者间信息差的扩大，从而造成市场整体的日内动量效应增加；（2）随着技术进步与互联网媒体平台发展对信息扩散速度的影响，市场中可获得的整体信息含量提高，专业投资者与滞后信息投资者获取与分析信息能力差异导致的二者持有信息的信息差逐渐增大，这两类投资者交易的时间差更加显著，进而导致市场整体的日内动量效应随着时间增加。

3.1.7　稳健性检验

本书在这一部分给出了表 3 – 1、表 3 – 4 和表 3 – 7 进行稳健性检验的结果。由于这部分结果为研究的基础结果，因此本书想要使用另外一种检验方式来证实结果的稳健性。前面主要的研究来自控制固定效应后面板数据回归的结果，在本小节中，本书想要从个股层面进行回归，利用个股时间序列回归结果的截面均值给出中国市场动量效应的结果。

本书这部分回归所使用的回归方程仍然为方程（3 – 1）和方程（3 – 2）。

$$r_{last,t} = \alpha + \beta_{1st} \times r_{1st,t} + \beta_{14:30} \times r_{14:30,t} + \varepsilon_t \tag{3 – 1}$$

$$r_{last,t} = \alpha + \beta_{ov} \times r_{ov,t} + \beta_{10:00} \times r_{10:00,t} + \beta_{14:30} \times r_{14:30,t} + \varepsilon_t \tag{3 – 2}$$

与前文一致，$r_{last,t}$ 为主要被解释变量：股票市场收盘前最后半小时的回报值，$r_{1st,t}$ 为股市开盘后第一个半小时回报值，$r_{ov,t}$ 为隔夜回报值，$r_{10:00,t}$ 为第一个半小时回报值减去隔夜回报的剩余部分，$r_{14:30,t}$ 为股票市场收盘前倒数第二个半小时回报值，作为回归的控制变量控制股票回报自相关性的影响。

表 3 – 10 中给出了以第一个半小时回报（$r_{1st,t}$）为主要解释变量，使用个股时间序列回归并进行截面平均的结果，表 3 – 11 给出了以隔夜回报（$r_{ov,t}$）为主要解释变量，使用个股时间序列回归并进行截面平均的结果。表 3 – 12 给出了根据股票所在板块进行分组后，各子样本以第一个半小时回报为主要解释变量（表 3 – 12 中第一部分）和隔夜回报为主要解释变量（表 3 – 12 中第

二部分）使用个股时间序列回归并进行截面平均的结果。表 3-10 到表 3-12 的研究中也包含了倒数第二个半小时回报值（$r_{14:30,t}$）的影响。

表 3-10　　　　　　　　日内动量效应（第一个半小时回报，个股回归）

	(1)		(2)		(3)		
	α	$r_{1st,t}$	α	$r_{14:30,t}$	α	$r_{1st,t}$	$r_{14:30,t}$
Mean	0.01	2.01	0.01	6.88	0.01	1.87	6.70
Median	0.02	2.06	0.02	6.78	0.02	1.93	6.60
t-stat.	1.33*	1.68**	1.26	1.74**	1.32*	1.58*	1.70**
>0	63.43	91.50	62.81	90.01	63.40	90.42	89.73
>0*	46.40	63.49	45.44	64.64	46.12	60.86	63.93
>0**	42.46	51.89	41.25	54.68	42.15	48.88	53.44
>0***	39.17	42.00	37.50	45.38	38.83	38.52	43.98
R^2	0.36		0.81		1.13		
N	3 224		3 224		3 224		

注：表中给出了在此临界值水平下回归系数均值的显著性，其中 * 表示系数在 10% 的显著性水平下显著，** 表示系数在 5% 的显著性水平下显著，*** 表示系数在 1% 的显著性水平下显著。

表 3-11　　　　　　　　日内动量效应（隔夜回报，个股回归）

	(1)			(2)			
	α	$r_{ov,t}$		α	$r_{ov,t}$	$r_{10:00,t}$	
Mean	0.02	2.96		0.02	2.97	0.88	
Median	0.02	2.94		0.02	2.98	0.78	
t-stat.	1.43*	1.84**		1.42*	1.86**	0.44	
>0	64.80	92.52		64.58	92.65	65.23	
>0*	48.17	68.77		47.92	68.80	23.05	
>0**	43.83	57.26		43.64	57.69	14.73	
>0***	40.45	47.15		40.2	47.83	9.09	
R^2	0.41			0.59			
N	3 224			3 224			

续表

	(3)			(4)			
	α	$r_{ov,t}$	$r_{14;30,t}$	α	$r_{ov,t}$	$r_{10;00,t}$	$r_{14;30,t}$
Mean	0.02	2.81	6.70	0.02	2.82	0.77	6.66
Median	0.02	2.78	6.59	0.02	2.81	0.67	6.57
t - stat.	1.43*	1.78**	1.72**	1.41*	1.80**	0.39	1.71**
>0	64.80	92.21	89.76	64.55	92.28	63.12	89.58
>0*	48.17	66.87	64.05	47.52	67.00	21.12	63.96
>0**	43.83	55.27	53.82	43.42	55.8	13.49	53.57
>0***	40.45	45.13	44.54	39.98	45.78	8.13	44.23
R^2	0.41			1.36			
N	3 224			3 224			

注：表中给出了在此临界值水平下回归系数均值的显著性，其中 * 表示系数在10%的显著性水平下显著，** 表示系数在5%的显著性水平下显著，*** 表示系数在1%的显著性水平下显著。

表 3 - 12   日内动量效应（各板块，个股回归）

	主板			中小板			创业板		
	α	$r_{1st,t}$	$r_{14;30,t}$	α	$r_{1st,t}$	$r_{14;30,t}$	α	$r_{1st,t}$	$r_{14;30,t}$
Mean	0.04	1.70	5.75	−0.01	2.06	7.25	−0.03	2.09	8.44
Median	0.04	1.75	5.73	0.00	2.17	7.67	−0.03	2.17	8.42
t - stat.	2.59***	1.55*	1.74**	0.19	1.59*	1.66**	−0.82	1.61*	1.57*
>0	79.06	90.16	88.55	51.48	90.34	89.46	32.65	90.69	91.32
>0*	64.38	59.26	63.81	29.86	61.58	63.34	15.30	63.25	61.83
>0**	60.53	47.70	54.72	25.03	49.18	52.47	12.62	50.00	48.11
>0***	57.42	38.09	46.61	21.41	38.31	42.15	9.46	38.33	36.75
R^2	0.90			1.41			1.65		
N	1 738			911			634		

续表

	主板			中小板			创业板		
	α	$r_{ov,t}$	$r_{14;30,t}$	α	$r_{ov,t}$	$r_{14;30,t}$	α	$r_{ov,t}$	$r_{14;30,t}$
Mean	0.04	2.66	5.75	0.00	3.10	7.25	−0.03	2.78	8.44
Median	0.04	2.64	5.74	0.01	3.13	7.69	−0.03	2.68	8.43
t − stat.	2.70***	1.87**	1.75**	0.30	1.77**	1.68**	−0.73	1.54*	1.58*
>0	80.15	92.29	88.49	53.57	92.86	89.68	33.75	90.69	91.32
>0*	65.48	68.58	63.92	32.27	66.74	63.23	17.51	61.36	62.30
>0**	61.91	58.29	55.29	26.89	54.34	52.47	13.56	46.53	48.42
>0***	58.98	47.64	47.12	22.39	45.12	42.81	10.57	35.80	37.22
R^2	0.96			1.47			1.64		
N	1 738			911			634		

注：表中给出了在此临界值水平下回归系数均值的显著性，其中 * 表示系数在10%的显著性水平下显著，** 表示系数在5%的显著性水平下显著，*** 表示系数在1%的显著性水平下显著。

由于表3-10、表3-11和表3-12中表格的设置是完全一致的，为了使本书更简洁，本书在此处统一给出了表格中各部分内容的解释。表3-10到表3-12给出了个股时间序列回归各系数的截面均值（Mean），系数中位数（Median），以及系数截面均值的T统计量（t-stat），各回归系数中大于0系数所占的比重（>0），大于0且在10%的水平下显著的系数所占的比重（>0*），大于0且在5%的水平下显著的系数所占的比重（>0**），大于0且在1%的水平下显著的系数所占的比重（>0***）。表3-10、表3-11和表3-12中 R^2 为回归方程的平均拟合优度，N给出了回归方程包含的股票数。由于这部分回归要检验的基础假设为个股层面动量效应是否存在，即回归系数是否大于0，因此这部分使用的T检验临界值为单边T检验值。考虑到每个时间序列回归都至少包含一年的交易数据（中国股票市场均值为244)[①]，各回归系数应当是统计意义上有效的。各回归样本中至少包含634只股票（创业板）的

———————————

① 本书在筛选股票样本时要求至少包含一年的交易数据。

数据，因此，这部分使用的 10% 水平下 T 统计量临界值为 1.28，5% 水平下 T 统计量临界值为 1.65，1% 水平下 T 统计量临界值为 1.96。表 3 – 10 到表 3 – 12 中大于 0 且在统计意义上显著系数的百分比均是基于此临界值水平所得。

表 3 – 10 中第一部分给出了以第一个半小时回报为主要解释变量时，回归所得出常数项（α）和第一个半小时回报（$r_{1st,t}$）系数的相关统计；第二部分给出了以倒数第二个半小时回报为主要解释变量时，回归所得出常数项（α）和倒数第二个半小时回报值（$r_{14:30,t}$）系数的相关统计；第三部分给出了控制倒数第二个半小时回报后，第一个半小时回报为主要解释变量进行回归所得出的常数项、第一个半小时回报和倒数第二个半小时回报系数的相关统计。

表 3 – 10 中给出了以开盘后第一个半小时回报为主要解释变量时，个股回归后取均值所得出的结果。可以看到，开盘后第一个半小时回报对收盘前半小时回报有显著正影响：第一个半小时回报回归系数的截面均值为 2.01%，中位数为 2.06%，均值的 T 统计量为 1.68，在 5% 的水平下显著。在这部分 3 224 个个股回归的结果中，有 91.50% 的回归系数大于 0，63.49% 的回归系数大于 0 且在 10% 的水平下显著，51.89% 系数大于 0 且在 5% 的水平下显著，42.00% 的回归系数大于 0 且在 1% 的水平下显著。整体来看，第一个半小时回报的影响是显著存在的。

倒数第二个半小时回报与最后半小时回报有显著正相关：倒数第二个半小时回报回归系数的截面均值为 6.88%，中位数为 6.78%，均值的 T 统计量为 1.74，在 5% 的水平下显著。在这部分 3 224 个个股回归的结果中，有 90.01% 的回归系数大于 0，64.64% 的回归系数大于 0 且在 10% 的水平下显著，54.68% 系数大于 0 且在 5% 的水平下显著，45.38% 的回归系数大于 0 且在 1% 的水平下显著。

在控制了倒数第二个半小时回报的影响后，第一个半小时回报的影响仍然是显著为正的，相应的值为：第一个半小时回报回归系数的截面均值为 1.87%，中位数为 1.93%，均值的 T 统计量为 1.58，在 10% 的水平下显著。在这部分 3 224 个个股回归的结果中，有 90.42% 的回归系数大于 0，60.86%

的回归系数大于 0 且在 10% 的水平下显著，48.88% 系数大于 0 且在 5% 的水平下显著，38.52% 的回归系数大于 0 且在 1% 的水平下显著。这部分稳健性检验的结果验证了表 3 - 1 中利用控制股票固定效应后进行面板数据回归所得的结论：股票市场开盘后第一个半小时回报对收盘前最后半小时回报有显著影响，中国股票市场存在日内动量效应。

类似的表 3 - 11 中给出了以隔夜回报为主要解释变量时，个股回归后取均值所得出的结果。表 3 - 11 中第一部分给出了以隔夜回报为主要解释变量时，回归所得出常数项（α）和隔夜回报（$r_{ov,t}$）系数的相关统计；第二部分给出了隔夜回报与第一个半小时剩余回报（$r_{10:00,t}$）共同为主要解释变量时，回归所得出常数项、隔夜回报与第一个半小时剩余回报回归系数的相关统计；第三部分给出了控制了倒数第二个半小时的回报（$r_{14:30,t}$）后，以隔夜回报为主要解释变量时，回归所得出常数项、隔夜回报与倒数第二个半小时回报回归系数的相关统计；第四部分给出了控制了倒数第二个半小时的回报后，隔夜回报与第一个半小时剩余回报共同为主要解释变量时，回归所得出常数项、隔夜回报第一个半小时剩余回报与倒数第二个半小时的回报回归系数的相关统计。

从表 3 - 11 中可以看到，隔夜回报对收盘前半小时回报有显著正影响，且影响的程度大于第一个半小时的回报：隔夜回报回归系数的截面均值为 2.96%，中位数为 2.94%，均值的 T 统计量为 1.84，在 5% 的水平下显著。在这部分 3 224 个个股回归的结果中，有 92.52% 的回归系数大于 0，68.77% 的回归系数大于 0 且在 10% 的水平下显著，57.26% 系数大于 0 且在 5% 的水平下显著，47.15% 的回归系数大于 0 且在 1% 的水平下显著。

将隔夜回报与第一个半小时剩余回报同时作为解释变量加入回归中时，本书发现隔夜回报的影响显著大于第一个半小时剩余回报剩余部分，证实了表 3 - 4 中控制股票固定效应后进行面板数据回归的结果：隔夜回报回归系数的截面均值为 2.97%，中位数为 2.98%，均值的 T 统计量为 1.86，在 5% 的水平下显著。在这部分 3 224 个个股回归的结果中，有 92.65% 的回归系数大于 0，68.80% 的回归系数大于 0 且在 10% 的水平下显著，57.69% 系数大于 0

且在5%的水平下显著，47.83%的回归系数大于0且在1%的水平下显著。而第一个半小时回报剩余部分回归系数的截面均值为0.88%，中位数为0.78%，均值的T统计量为0.44，统计意义上不显著。在这部分3 224个个股回归的结果中，有65.23%的回归系数大于0，23.05%的回归系数大于0且在10%的水平下显著，14.73%系数大于0且在5%的水平下显著，9.09%的回归系数大于0且在1%的水平下显著。

表3 - 11中第三部分和第四部分控制倒数第二个半小时回报影响后所得出的结论与表3 - 11中第一部分和第二部分一致，因此本书在此处不再赘述。本书这部分稳健性检验的结果验证了前文表3 - 4中利用控制股票固定效应后面板数据回归所得的结论：隔夜回报对收盘前最后半小时回报的影响显著高于第一个半小时回报剩余部分，中国市场日内动量效应主要来自隔夜回报的影响。

表3 - 12中上半部分给出了以第一个半小时回报为主要解释变量时，日内动量效应在主板、中小板和创业板中的表现，下半部分给出了以隔夜回报为主要解释变量时，动量效应在相应三个板块中的表现。这部分回归的主要动机为验证日内动量效应在不同大小股票中是否普遍存在，验证表3 - 7中的结果，因此表3 - 12中所有回归都控制了倒数第二个半小时回报的影响，并在隔夜回报的研究中没有更多关注第一个回报剩余部分的影响。

从表3 - 12中上半部分统计的结果可以看到，开盘后第一个半小时回报对收盘前半小时回报的影响在三个板块中普遍存在：对于主板股票数据，第一个半小时回报回归系数的截面均值为1.70%，中位数为1.75%，相应均值的T统计量为1.55，在10%的水平下显著。在这部分3 224个个股回归的结果中，有90.16%的回归系数大于0，59.26%的回归系数大于0且在10%的水平下显著，47.70%系数大于0且在5%的水平下显著，46.61%的回归系数大于0且在1%的水平下显著；对于中小板股票数据，第一个半小时回报回归系数的截面均值为2.06%，中位数为2.07%，相应均值的T统计量为1.59，在10%的水平下显著。在这部分3 224个个股回归的结果中，有90.34%的回归系数大于0，61.58%的回归系数大于0且在10%的水平下显著，49.18%系数大于 0 且在 5% 的水平下显著，38.31% 的回归系数大于 0 且在 1% 的水平下显著；对于创业板股票数据，第一个半小时回报回归系数的截面均值为 2.09%，中位数为 2.17%，相应均值的 T 统计量为 1.61，在 10% 的水平下显著。在这部分 3 224 个个股回归的结果中，有 90.69% 的回归系数大于 0，63.25% 的回归系数大于 0 且在 10% 的水平下显著，50.00% 系数大于 0 且在 5% 的水平下显著，38.33% 的回归系数大于 0 且在 1% 的水平下显著。第一个半小时回报对最后半小时回报的影响在各个板块中普遍存在，且在小股票中更加显著，验证了中国股票市场中日内动量效应普遍存在的结论。

以隔夜回报为主要解释变量时，从表 3 - 12 中下半部分统计的结果可以看到，隔夜回报对收盘前半小时回报的影响在三个板块中普遍存在，且均显著高于第一个半小时回报的影响：对于主板股票数据，隔夜回报回归系数的截面均值为 2.66%，中位数为 2.64%，相应均值的 T 统计量为 1.87，在 5% 的水平下显著。在这部分 3 224 个个股回归的结果中，有 92.29% 的回归系数大于 0，68.58% 的回归系数大于 0 且在 10% 的水平下显著，58.29% 系数大于 0 且在 5% 的水平下显著，47.64% 的回归系数大于 0 且在 1% 的水平下显著；对于中小板股票数据，隔夜回报回归系数的截面均值为 3.10%，中位数为 3.13%，相应均值的 T 统计量为 1.77，在 5% 的水平下显著。在这部分 3 224 个个股回归的结果中，有 92.86% 的回归系数大于 0，66.74% 的回归系数大于 0 且在 10% 的水平下显著，54.34% 系数大于 0 且在 5% 的水平下显著，45.12% 的回归系数大于 0 且在 1% 的水平下显著；对于创业板股票数据，隔夜回报回归系数的截面均值为 2.78%，中位数为 2.68%，相应均值的 T 统计量为 1.54，在 10% 的水平下显著。在这部分 3 224 个个股回归的结果中，有 90.69% 的回归系数大于 0，61.36% 的回归系数大于 0 且在 10% 的水平下显著，46.53% 系数大于 0 且在 5% 的水平下显著，35.80% 的回归系数大于 0 且在 1% 的水平下显著。隔夜回报对最后半小时回报的影响在各个板块中普遍存在，在小股票中更加显著，且显著高于第一个半小时回报的影响，验证了中国股票市场中日内动量效应普遍存在，且主要来源于隔夜回报影响的结论。

3.1.8　研究总结

相较于先前关于发达资本市场日内动量效应的研究（Elaut et al.，2018；Gao et al.，2018），本部分研究给出了个股层面中国股票市场存在显著的日内动量效应的证据，补充了相关研究中来自新兴市场的证据。

与先前研究一致，本研究发现了中国 A 股股票在个股层面存在显著的日内动量效应：开盘后第一个半小时回报对收盘前最后半小时回报有显著的影响，且这个影响在不同大小的股票中普遍存在。进一步地，本研究细分了高等（2018）研究中使用的第一个半小时回报，发现了隔夜回报在日内动量效应研究中的重要作用：开盘后第一个半小时回报的预测能力主要来自专业投资者在集合竞价期间交易产生的隔夜回报，隔夜回报对收盘前最后半小时回报有更显著的影响。

利用某证券公司提供的投资者账户信息与交易数据，本研究发现中国股票市场中存在两类对信息获取能力不同的投资者，其在投资经验、高学历投资者占比、交易积极性程度和不同时间段交易占比方面均存在着显著差异，因而从实证角度验证了高等（2018）提出的滞后信息投资者假说。专业投资者获取信息能力较强，且交易更加积极，因而在集合竞价阶段通过交易向市场释放所获得的信息，而滞后信息投资者对信息获取的能力较弱，因此更偏向于在市场的后半阶段进行交易，尤其是在流动性较好的收盘前半小时利用自己获得的信息与专业投资者释放的信息进行交易。由于这两类投资者交易所依据的信息是相同的，因而导致了隔夜回报与收盘前半小时回报的显著正相关，即日内动量效应。

进一步地，本研究发现在信息高度集中的金融危机时期，日内动量效应的表现也更加显著，这个结论在中国股票市场两次主要金融危机期间都是成立的。基于十年期子样本进行分析时，本研究发现中国股票市场日内动量效应存在明显的随时间逐渐上升趋势，这与市场中小股票的不断增多以及互联网媒体发展对市场中信息整体信息含量提高，从而导致两类投资者由于信息获取与分析能力不同而产生的信息差逐渐扩大相关。

本部分研究对日内动量效应的研究也具有显著的实践意义：股票市场的隔夜回报对收盘前半小时回报有显著影响，因此对于中国市场中占据较大比重的散户投资者（滞后信息投资者）而言，隔夜回报也可以作为股票交易信息的重要来源。同时由于日内动量效应的主要影响来自隔夜回报，因此即使中国市场中存在 T + 1 的交易限制，本研究的结论同样为滞后信息投资者的交易提供了充足的反应与交易时间，基于本研究进行投资策略的构建在实践中是可行的。

3.2　日内股价信息与投资者异质性

3.2.1　引言

在大数据背景下，由于投资者的注意力是有限的，其对于信息接收的偏好与速度不同，这可能导致了投资者存在不同的种类。而随着信息的高频出现，投资者的异质性可能成为市场异象的形成原因。

在上述研究基础上，本部分基于投资者异质性的视角，将股票价格变动这一基本面信息视作一类信息源，对中国股票市场中出现的动量效应作了进一步讨论。具体来说，本部分从投资者异质性动因的视角，分析了日内和隔夜的动量效应。

娄等（Lou et al. , 2019）记录了美国股市日内和隔夜回报的较强的同期延续和跨时期反转特征，他们将这种白天和黑夜之间的拉锯战归因于异质投资者的存在（日内和隔夜投资者），他们可以各主导一天中的某个交易时段，这种持续的拉锯战因此导致了同期收益的持续和跨期收益的逆转。

本研究根据娄等（2019）的方法，使用日内和隔夜回报来代表中国不同投资者的交易活动，将资产收益分解为日内和隔夜部分，从信息冲击与投资

者异质性的角度，探索中国股市动量不显著现象的潜在解释。值得一提的是，
中国股市存在几个关键的制度差异。首先，中国股市的开盘价是由开盘前 10
分钟的看涨竞价决定的，中国特定的交易机制为投资者异质性的研究提供了
一个重要依据。原则上，开盘前拍卖中的交易机制有利于价格发现，因为交
易者在设定订单时需要纳入前一天市场收盘后发布的新信息。例如，高等
（Gao et al.，2019）发现，在开盘前看涨拍卖期间进行交易的投资者很可能是
早期知情的，而在市场收盘前进行交易的投资者则是后期知情的。其次，个
人投资者贡献了中国 A 股市场总交易量的 80% 以上，而美国的交易更多是以
机构为基础的。个人投资者产生的巨大交易量表明，盘中收益（从开盘到收
盘）在很大程度上受到散户投资者的影响；相比之下，个人投资者的影响主
要体现在美国的隔夜回报部分。因此，本研究假设盘中收益相对较高的股票
往往具有投机性质，因为它们更有可能在白天受到个人投资者的高度需求。
相比之下，隔夜收益相对较高的股票往往更具有质量性质（大盘股和价值型
公司）。

　　为了验证投资者异质性的说法及其在横截面上对昼夜收益的可能影响，
本研究对中国的动量策略作了全面检查，并将日内股价信息作为影响投资者
决策的因素。首先，从重新审视中国的常规动量策略开始，按照杰加迪西和
蒂特曼（1993）的方法，发现传统动量策略在中国的整体表现不佳，这适用
于所有的持有期且都是稳健成立的。其次，本研究发现股市开盘和闭市时的
股价表现非常不同，其中盘中收益和隔夜收益都是显著为负的。这表明，在
白天经历高价格上涨的股票（从开盘到收盘）往往会在夜间经历戏剧性的价
格反转，反之亦然。

　　为了验证投资者异质性的说法及其在横截面上可能产生的影响，本研究
形成了两种动量交易策略，称为日内动量策略和隔夜动量策略。即在每个月
底，根据所有可用股票在形成期内的盘中（隔夜）累计收益，将它们按十分
位数分组，因此，赢家—输家组合（10 - 1）模拟了日内和隔夜客户的交易行
为。本研究发现强有力的证据表明，过去盘中（隔夜）赢家的股票在随后的
盘中（隔夜）期间的表现持续优于那些过去盘中（隔夜）输家的股票。然

而，同样的盘中（隔夜）动量策略在随后的隔夜（盘中）时期会遭受巨大损失。这种拉锯效应消除了投资者追求动量型交易策略的有效性，也可能是中国常规动量策略表现不佳的原因。

与本研究的假设一致，即盘中赢家股票往往具有投机性质，而隔夜赢家股票往往具有质量性质，本研究证明了盘中赢家股票和隔夜赢家股票之间存在明显的区别。与投资者异质性主张相一致的是，白天有较大上涨趋势的股票往往是规模相对较小、成长型和高周转率的公司，具有较高的特质风险、较少的分析师覆盖率和相对较高的机构持股。相比之下，夜间跑赢大盘的股票往往是规模相对较大、价值型、低周转率、特质风险较低、分析师覆盖较多、分析师分散较少、机构持股相对较高的公司。从目前的情况来看，受日内股价信息的影响，不同偏好的投资者群体会选择在日内偏好的交易时段内交易一部分股票。

最后，本研究作了一系列的稳健性检查和进一步的扩展。研究发现，这种拉锯战在中国具有高度的持久性，在考虑了一些著名的回报预测因素后，公司层面的日内（隔夜）回报持久性是稳健的。在横截面上，公司层面的收益率持续性是稳健的。此外，日内和隔夜动量的现象在不同的市场状态、月份下都是稳健的。

本部分研究的整体架构如下：首先记录了数据和回报的定义，并提供了传统动量策略的基础结果。其次，基于日内股价信息的视角，探讨了异质性投资者对于不同类型信息的决策，提供了基于日内和隔夜策略的证据，并给出了日内和隔夜动量的特征。最后，作了一系列的扩展和稳健性检验，并得出结论。

3.2.2 数据来源与变量构造

本研究的样本数据来自国泰安（CSMAR）数据库。由于主要研究重点是公司层面的盘中和隔夜收益，首先检索了所有可用的单个股票的每日数据（开盘价和收盘价）。然后，本研究对样本数据应用以下过滤规则。第一，从样本中删除特殊处理的股票。第二，要求一只股票至少要有两年的完整交易数据才能被纳入最终的样本。第三，自 2018 年 1 月以来没有交易数据的股票（包括退市的股票和最近一年交易数据很少的股票）也被排除在最终样本之外，以确保数据的及时性。应用这些过滤规则后，最终样本包含了 1991 年 1 月 ~ 2019 年 1 月这一样本期的总共 3 060 只股票。

本研究按照娄等（2019）的方法来构建单个股票的日回报率及日内和隔夜部分。具体来说，第 t 天的日回报率被定义为使用第 t 天和第 t – 1 天的收盘价的百分比回报率和第 t – 1 天的价格的百分比：

$$R_{daily,t} = (close_t - close_{t-1})/close_{t-1} \qquad (3-8)$$

对于第 t 天的日内回报，是根据第 t 天的开盘价和收盘价的价格变化构建的：

$$R_{intraday,t} = (close_t - open_t)/open_t \qquad (3-9)$$

按照娄等（2019）的做法，第 t 天的隔夜回报成分是根据第 t 天的日内回报和盘中回报，用以下公式构建的：

$$R_{intraday,t} = \frac{1 + R_{daily}}{1 + R_{intraday}} - 1 \qquad (3-10)$$

在每个月，将所有的日内和隔夜的回报累计起来，得到每个股票的月度值。如果月内的日观测值少于 5 天，将月度盘中和隔夜回报成分设置为缺失值。

首先，本研究对中国基于动量的交易策略作了全面的重新审视，类似于杰加迪西和蒂特曼（1993），这为后面的资产定价检验阐明了独有特征。

在每个月末，将所有可用的股票根据其在形成期（回望期）的累计回报率分为十个十等分组合。形成期分别为 1 个月、3 个月、6 个月、9 个月、12 个月不等，按照杰加迪西和蒂特曼（1993）的惯例，在 3 个月、6 个月、9 个月和 12 个月的形成期中跳过最近的一个月。然后，在重新平衡之前，这些投资组合被持有一个月（持有期），投资组合 1（10）包含在形成期累计收益最低（最高）的十等分股票中，所有的投资组合都是价值加权的。[①] 这部分结果在表 3 - 13 中给出。

表 3 - 13　　　　　基于回报的传统投资策略（持有期为 1 个月）

	1	10	10 - 1	1	10	10 - 1
	1 个月形成期			9 个月形成期		
Exret	1. 14 * (1. 76)	0. 16 (0. 19)	- 0. 98 ** (- 2. 40)	0. 74 (0. 99)	0. 68 (0. 95)	- 0. 05 (- 0. 11)
FF3 alpha	0. 23 (1. 07)	0. 62 ** (- 2. 23)	- 0. 86 ** (- 2. 29)	- 0. 18 (- 0. 67)	- 0. 03 (- 0. 09)	0. 15 (0. 27)
FF5 alpha	0. 25 1. 15	- 0. 65 ** (- 2. 43)	- 0. 90 *** (- 2. 64)	0. 02 (0. 09)	- 0. 24 (- 0. 73)	- 0. 27 (- 0. 52)
	3 个月形成期			12 个月形成期		
Exret	1. 16 (1. 56)	0. 61 (0. 87)	- 0. 55 (- 1. 48)	0. 67 (0. 85)	0. 69 (0. 97)	0. 02 (0. 04)
FF3 alpha	0. 24 (1. 17)	- 0. 23 (- 0. 90)	- 0. 47 (- 1. 16)	- 0. 34 (- 1. 37)	0. 08 (0. 22)	0. 41 (0. 75)
FF5 alpha	0. 46 * (1. 78)	- 0. 09 (- 0. 46)	- 0. 55 (- 1. 43)	- 0. 11 (- 0. 46)	- 0. 11 (- 0. 34)	0. 00 (0. 00)
	6 个月形成期					
Exret	0. 86 (1. 06)	0. 54 (0. 88)	- 0. 31 (- 0. 58)			
FF3 alpha	- 0. 07 (- 0. 25)	- 0. 20 (- 0. 54)	- 0. 13 (- 0. 22)			
FF5 alpha	0. 08 (0. 29)	- 0. 37 (- 1. 10)	- 0. 45 (- 0. 82)			

注：*** 表示在 1% 的水平下显著，** 表示在 5% 的水平下显著，* 表示在 10% 的水平下显著。

表 3 - 13 列出了中国传统的基于回报的交易策略的投资组合表现。首先，

---

① 本研究也用了等权方式作稳健性检验，结论是相似的。

本研究发现在中国有很强的短期回报反转效应，也就是说，在前一个月有高（低）回报的股票，在随后的一个月往往会有低（高）回报。具体来说，一个价值加权的零成本策略，做多之前一个月的赢家（组合 10），做空之前一个月的输家（组合 1），每月产生 -0.98% 的负收益差，这在 5% 的水平上是显著的。在考虑到风险后，其相关的 Fama - French 三因子和 Fama - French 五因子指数分别为 -0.86% 和 -0.90%，这在 5% 和 1% 的水平上都是显著的。从目前的情况来看，中国存在着显著的短期反转效应，表明在月度频率上普遍存在着负面的回报自相关，这与杰加迪西（Jegadeesh，1990）中记载的美国证据相似。其次，中国不存在中期回报动量。当改变 3 个月、6 个月、9 个月和 12 个月的形成期长度时，没有任何基于动量的回报溢价。有趣的是，零成本的赢家—输家策略在 3 个月、6 个月和 9 个月的回溯期产生了微小的负回报差额（尽管它们在统计上并不显著）。总的来说，本研究发现中国市场有显著的短期回报反转效应，但没有中期回报动量，这两点与之前的研究一致（Kang et al.，2002；Pan et al.，2013；Gao et al.，2020）。

此外，娄等（2019）记录了日内交易者和隔夜交易者之间持续的拔河，在美国，动量回报完全是隔夜获得的。尽管传统的动量策略在中国不起作用，但探讨中国是否存在拉锯现象，以及它与美国的情况是相似还是不同，仍然具有讨论的价值。因此，本研究进一步讨论了样本期间的日内和隔夜回报的特点，表 3 - 14 列出了对日内、隔夜和每日回报的月度衡量的描述性统计。也就是说，盘中、隔夜和每日回报在一个月内累计，以产生每个月每只股票的月度值。

表 3 - 14　　　　　　　　　　　**描述性统计**

结果 A：每日、盘中和隔夜收益的汇总统计数据（%）

	5%	25%	50%	75%	95%	均值	S. D.	正回报占比	样本数
日度	-20.12	-6.42	0.91	8.85	24.72	1.46	14.23	53.46%	379 456
日中	-15.78	-4.51	2.34	10.10	24.41	3.11	12.42	59.08%	379 456
隔夜	-14.11	-5.10	-1.65	1.38	8.47	-2.03	8.13	35.35%	379 456

续表

结果 B：成对相关性与相同符号比例	相关性	符号相同系数占比
（日中，日度）	0.802 ***	83.87%
（隔夜，日度）	0.452 ***	57.61%
（日中，隔夜）	−0.090 ***	42.35%

结果 C：开盘前叫价拍卖期间的交易量比例

	5%	25%	50%	75%	95%	Mean	S. D.	Obs
交易量比率	3.07%	6.37%	12.00%	15.19%	28.16%	9.95%	8.32%	355 407

注：*** 表示在1%的水平下显著，** 表示在5%的水平下显著，* 表示在10%的水平下显著。

表 3-14 的结果 A 报告了 5%、25%、50%、75% 和 95% 的分位数、平均值、标准差、正值比例和观察值的总数。从目前的情况来看，三种回报的表现是相当不同的。对于全样本，本研究发现月度平均回报率（日度的平均）的数值为 1.46%，标准差为 14.23%。日内回报的平均值较大，为每月 3.11%，标准差为 12.42%。引人注目的是，隔夜回报的负平均值为每月 −2.03%，标准差为 8.13%（与日内回报相比）。事实上，日内回报的平均值和隔夜回报的平均值之间的差异是巨大的，其两样本 t 统计量在 1% 的水平上是显著的（为简洁起见，未列出）。近 53.46% 和 59.08% 的（月度汇总的）日内和日间回报是正的。相比之下，只有 35.35% 的（月度汇总）隔夜回报是正的，这与公司层面的隔夜回报的（无条件）预期值为负的事实相吻合。应该注意的是，隔夜收益的负平均值与中国记录的隔夜收益之谜是一致的（Qiao & Dam，2020），并且与美国的证据形成巨大反差，美国的隔夜收益往往是高度正的（Berkman et al.，2012）。

结果 B 显示了每日、盘中和隔夜回报的成对相关系数和符号相同的回报对的比例。累计的日内和日间回报高度相关，相关系数为 0.802（在 1% 的水平上显著），83.87% 的成对回报观察值的符号相同。相比之下，累计的隔夜和每日回报的相关性较低，相关系数为 0.452，而且只有 57.61% 的配对回报观察值具有相同的符号。引人注目的是，（每月汇总的）日内和隔夜回报是负相关的，相关系数为 - 0.090，在 1% 的水平上显著。此外，不到一半的成对收益观测值具有相同的符号，这表明在月度频率上，日内和隔夜收益之间存在着显著的（跨期）逆转趋势。

结果 C 报告了每月平均的集合竞价前的交易量（日）比例的 5%、25%、50%、75% 和 95% 的四分位值、样本平均值、标准差。对于平均值为 9.95%，中值为 12.00% 的交易量比例，该板块的结果揭示了中国开放式集合竞价前拍卖期的重要作用，特别是考虑到这一时期的交易时间只有 10 分钟（与日内交易的 240 分钟相比）。

总而言之，本研究发现显著的证据表明，日内交易期和公开叫卖前的收益在月度频率上是负相关的，这可能是受到两个时期不同的交易机制的影响，从而吸引了异质性的投资者偏好。本研究的发现与娄等（2019）所声称的投资者异质性相一致：投资者在特定交易期（交易机制）的交易倾向不同，投资者群体的差异可能导致不同的回报表现。两个时期收益率的不同表现和潜在的投资者异质性偏好可能会对中国的传统动量研究产生影响，这也是本书使用分离的日内和隔夜成分作为进一步分析的主要动机。

然而，传统的动量策略在中国整体表现不佳，表明月度回报之间几乎没有（正）回报自相关。然而，这并不排除两种回报成分存在显著的持续性的可能性：月度频率的日内和隔夜回报。根据娄等（2019）的研究，"日内"和"隔夜"投资者群体差异的存在可能主导了一天内的某些交易时段（开盘前的集合竞价和连续双向拍卖时段），这可能导致两个回报成分之间的强持久性。

3.2.3　股价信息与交易策略

为了验证股价信息与投资者异质性的关系，本研究形成了两种基于回报的交易策略，被称为日内动量和隔夜动量策略，它们模仿了日内和隔夜客户群的交易行为：在每个月末，本研究根据形成期（回溯期）的累计日内（隔夜）回报率，将所有可用的股票分为十等分组。与杰加迪西和蒂特曼（1993）

的传统动量型策略类似，形成窗口期分别为 3 个月、6 个月、9 个月和 12 个月等。然后，在重新平衡之前，这些投资组合被持有一个月（持有期）。投资组合 1（10）包含了在形成期累计盘中（隔夜）收益最低（最高）的十等分股票。

值得注意的是，与娄等（2019）只使用滞后一个月的累计盘中（隔夜）收益来形成投资组合不同（实际上，一个月的形成长度一般用于研究短期反转表现），研究使用的是过去 J 个月的累计盘中（隔夜）收益，揭示了盘中（隔夜）收益过程中相对较长期的收益持续性。因此，一个做多日内赢家（投资组合 10）和做空日内输家（投资组合 1）的零成本交易策略，模仿了日内投资者的交易偏好。同样，买入隔夜赢家（投资组合 10）和卖出隔夜输家（投资组合 1）的自筹资金交易策略也模仿了隔夜投资者的交易偏好。

表 3 – 15 的 A 组和 B 组细分了日内动量策略在白天和夜间的表现。在面板 A 中，当使用 3 个月的形成窗口来产生日内动量信号时，价值加权的日内动量策略产生了 1.93% 的月度回报差，Newey – West 的 t 统计量为 6.75。基于 Fama – French 三（五）因素模型的风险调整回报率为 1.97%（1.70%），在 1% 的水平上具有统计学意义，Newey – West 的 t 统计量为 6.31（5.19）。此外，该策略的月度回报率差（调整风险前和调整风险后）的幅度是很强的。

从实际的角度来看，这个策略的月度回报差（调整风险前和调整风险后）具有很强的经济意义。一般来说，随着增加形成窗口的长度，收益差（包括调整风险敞口之前和之后）趋于增加。例如，在 3 个月、6 个月、9 个月和 12 个月的回溯期中，零成本日内动量策略的回报差分别为 1.93%、2.31%、2.61% 和 2.65%。这似乎表明，较长的形成窗口与日内动量策略较强的组合表现有关。总的来说，盘中动量在随后一个月的盘中期间的强劲表现表明盘中回报成分有很强的回报持久性，盘中投资者在白天的交易时段中占主导地位。

然而，日内动量策略在随后一个月的隔夜时段受到了极大的影响。从 B 组可以看出，基于 3 个月形成窗口的价值加权的日内动量策略产生了每月 −2.52% 的负收益差，t 统计量为 −11.20。Fama – French 三（五）因素模型的 α 值每月为 −2.63%（−2.75%），Newey – West 的 t 统计量为 −10.50（−11.29）。

表 3－15　日内和隔夜动量策略，1 个月持有期

表A：持有期间的日内表现，J月形成期的日内动量策略

	3个月			6个月			9个月			12个月		
	1	10	10－1	1	10	10－1	1	10	10－1	1	10	10－1
Exret	1.15* (1.74)	3.08*** (5.40)	1.93*** (6.75)	0.84 (1.20)	3.15*** (6.70)	2.31*** (5.19)	0.60 (0.85)	3.21*** (6.24)	2.61*** (6.27)	0.51 (0.73)	3.17*** (5.71)	2.65*** (7.16)
FF3 alpha	0.51 (1.12)	2.48*** (6.94)	1.97*** (6.31)	0.17 (0.36)	2.70*** (8.69)	2.53*** (5.53)	−0.08 (−0.16)	2.81*** (8.66)	2.89*** (6.09)	−0.26 (−0.56)	2.79*** (8.45)	3.05*** (7.91)
FF5 alpha	0.64 (1.41)	2.34*** (6.85)	1.70*** (5.19)	0.29 (0.60)	2.52*** (8.14)	2.23*** (4.52)	0.06 (0.12)	2.64*** (8.33)	2.59*** (5.37)	−0.08 (−0.18)	2.64*** (8.26)	2.73*** (6.49)

表B：持有期间的隔夜表现，J月形成期的日内动量策略

	3个月			6个月			9个月			12个月		
	1	10	10－1	1	10	10－1	1	10	10－1	1	10	10－1
Exret	−0.49 (−1.13)	−3.01*** (−6.90)	−2.52*** (−11.20)	−0.30 (−0.69)	−3.33*** (−7.31)	−3.03*** (−10.62)	−0.18 (−0.40)	−3.29*** (−7.27)	−3.11*** (−9.85)	−0.12 (−0.28)	−3.13*** (−8.20)	−3.01*** (−9.91)
FF3 alpha	−0.69* (−1.77)	−3.32*** (−7.88)	−2.63*** (−10.50)	−0.56 (−1.41)	−3.59*** (−8.27)	−3.04*** (−10.43)	−0.39 (−0.93)	−3.53*** (−8.61)	−3.14*** (−9.46)	−0.34 (−0.89)	−3.43*** (−9.39)	−3.09*** (−9.09)
FF5 alpha	−0.59 (−1.50)	−3.34*** (−8.29)	−2.75*** (−11.29)	−0.48 (−1.25)	−3.61*** (−8.62)	−3.12*** (−10.49)	−0.32 (−0.75)	−3.55*** (−9.08)	−3.24*** (−9.44)	−0.25 (−0.64)	−3.43*** (−10.01)	−3.19*** (−9.12)

续表

表 C: 持有期间的日内表现, J 月形成期的隔夜动量策略

	3个月			6个月			9个月			12个月		
	1	10	10－1	1	10	10－1	1	10	10－1	1	10	10－1
Exret	3.44*** (5.87)	0.81 (1.16)	－2.63*** (－7.96)	3.31*** (5.42)	0.56 (0.84)	－2.74*** (－10.36)	3.53*** (5.89)	0.56 (0.88)	－2.97*** (－10.41)	3.34*** (5.17)	0.39 (0.60)	－2.96*** (－10.98)
FF3 alpha	2.79*** (8.53)	0.18 (0.39)	－2.61*** (－8.10)	2.70*** (7.72)	－0.11 (－0.23)	－2.80*** (－10.60)	2.86*** (8.34)	－0.08 (－0.19)	－2.94*** (－10.54)	2.69*** (7.09)	－0.26 (－0.58)	－2.95*** (－11.62)
FF5 alpha	2.82*** (8.53)	0.20 (0.41)	－2.63*** (－7.66)	2.73*** (7.77)	－0.13 (－0.28)	－2.86*** (－10.42)	2.90*** (8.53)	－0.16 (－0.34)	－3.06*** (－10.72)	2.73*** (7.13)	－0.29 (－0.61)	－3.02*** (－11.66)

表 D: 持有期间的隔夜表现, J 月形成期的隔夜动量策略

	3个月			6个月			9个月			12个月		
	1	10	10－1	1	10	10－1	1	10	10－1	1	10	10－1
Exret	－3.52*** (－8.07)	－0.56 (－1.37)	2.95*** (21.02)	－3.77*** (－7.16)	－0.14 (－0.37)	3.63*** (11.66)	－3.82*** (－7.66)	－0.08 (－0.19)	3.74*** (15.47)	－3.71*** (－7.23)	－0.08 (－0.19)	3.72*** (15.48)
FF3 alpha	－3.91*** (－9.30)	－0.87** (－2.09)	3.04*** (19.92)	－4.07*** (－8.66)	－0.41 (－1.01)	3.67*** (12.22)	－4.12*** (－9.28)	－0.34 (－0.84)	3.78*** (15.13)	－4.01*** (－8.72)	－0.24 (－0.59)	3.77*** (16.20)
FF5 alpha	－3.88*** (－9.27)	－0.82* (－1.97)	3.06*** (19.33)	－4.04*** (－8.66)	－0.32 (－0.79)	3.72*** (11.50)	－4.07*** (－9.25)	－0.28 (－0.70)	3.79*** (14.09)	－3.97*** (－8.69)	－0.20 (－0.47)	3.77*** (15.26)

注：*** 表示在 1% 的水平下显著，** 表示在 5% 的水平下显著，* 表示在 10% 的水平下显著。

当增加回溯期的长度时，回报率差异的幅度也增大。一般来说，在日内赚取的相对较大的利润（正的回报差）在隔夜期间被完全还原，因为回报差变成了负的，其幅度相似，甚至更大。同样的模式也适用于风险调整后的回报。因此，跨期回报逆转模式与投资者的异质性是一致的，即日内和隔夜对资产价值有不同的看法、对交易机制有不同的偏好客户，在其偏好的交易时段中各自占主导地位，造成了日内跨期的逆转。

然而，同样的日内动量策略在随后一个月的隔夜时段受到了极大的影响。从 B 组可以看出，基于 3 个月形成窗口的价值加权的日内动量策略产生了每月 -2.52% 的负收益差，t 统计量为 -11.20。Fama - French 三（五）因素模型的 α 值每月为 -2.63%（-2.75%），Newey - West 的 t 统计量为 -10.50（-11.29）。当增加回溯期的长度时，回报率差异的幅度也越来越大。一般来说，在日内赚取的相对较大的利润（正的回报差）在隔夜被完全还原，因为回报差变成了负的，其幅度相似，甚至更大。同样的模式也适用于风险调整后的回报。因此，跨期回报逆转模式与投资者的异质性是一致的，即日内和隔夜的客户（对资产价值有不同的看法，对交易机制有不同的偏好）在其偏好的交易时段中各自占主导地位，造成了日内跨期的戏剧性逆转。

表 3 - 15 的 C 组和 D 组细分了隔夜动量策略在白天和夜间的表现。它描绘了基于累计隔夜收益的交易策略的同时期动量和跨时期反转模式。例如，基于 3 个月回溯期的隔夜动量策略产生了每月 -2.63% 的负收益差，FF3（FF5）的 α 值为 -2.61%（-2.63%），这些都在 1% 的水平上显著（面板 C）。投资组合收益的这一亏损在隔夜期完全被逆转，因为同样的策略产生了 2.95% 的正收益差和 3.04%（3.06%）的 FF3（FF5）alpha，这都是在 1% 的水平上显著的（面板 D）。隔夜动量策略在隔夜（日内）的成功（失败）再次表明了隔夜收益显著的同期收益持续性（跨期收益反转）。[①]

总而言之，日内动量和隔夜动量策略模仿了日内和隔夜客户的交易行为，

---

① 此外，本研究还发现日内和隔夜动量策略的组合收益主要来自不同的十位数：日内动量策略的组合收益主要来自日内赢家（组合10），然而，隔夜动量策略的组合收益主要来自隔夜输家（组合1），这进一步支持了两种策略的不同群体效应。

描述了投资者群体之间基于股价信息持续的拉锯战：白天需求量大的股票在晚上也会受到（另一个投资者群体）的密切关注，反之亦然。

表 3 - 16 显示了较长持有期的日内动量和隔夜动量策略的组合表现。为了简洁起见，仅报告零成本多空组合的结果，即买入日内（隔夜）赢家，卖出日内（隔夜）输家。从 A 组结果可以看到日内动量策略在白天继续发挥作用，无论回溯期有多长，在不同的持有期长度下，超额收益都是高度正值（t 统计量大于 5）。随着增加回溯期的长度（从 3 个月到 12 个月），超额收益的幅度逐渐增加。类似的模式也适用于 Fama - French 三因素和 Fama - French 五因素模型风险调整后的收益率。①

与一个月的持有期类似，持有期较长的日内动量策略在（随后的）隔夜期间继续遭受损失。隔夜期间的损失几乎完全抵消了白天取得的收益，再次证实了显著的跨期逆转效应（见表的 B 组）。表中的 C 小组和 D 小组描述了不同持有期（从 3 个月到 12 个月）的隔夜动量策略的日内和隔夜表现。从目前的情况来看，零成本的隔夜动量策略在所有持有期的白天都受到很大的影响。然而，这些损失往往在夜间被完全逆转，因为隔夜动量策略在调整风险暴露之前和之后都统一产生了高度的正收益。同样，本研究发现，当增加回溯期的长度（从 3 个月到 12 个月）时，隔夜动量策略的幅度略有加强，并随着持有期的长度而减弱。

总而言之，日内（隔夜）动量策略在白天（隔夜）的强劲表现，以及它在夜间（白天）看似可预测的反转，在所有回望期和持有期都相当稳定。这表明在中国存在着持续的同期收益延续和跨期收益反转效应。

前面几节中的日内动量和隔夜动量策略的经验模式表明有很强的同时期延续效应：过去是盘中赢家（输家）的股票在随后的盘中阶段继续表现优异（表现不佳），而过去是隔夜赢家（输家）的股票在随后的隔夜阶段继续表现优异（表现不佳）。更重要的是，存在着显著的跨期逆转效应：过去的日内赢

---

① 需要注意的是，当增加持有期时，超额收益的幅度下降并不意味着持有期较长的策略的利润较小，因为持有期较长的策略的投资组合周转率较低，因此产生的交易成本较少。因此，持有期较长的策略仍有可能拥有较高的交易成本后利润。

表 3 - 16　日内和隔夜动量策略，较长的持有期

K =	Exret				FF3 alpha				FF5 alpha			
	3个月	6个月	9个月	12个月	3个月	6个月	9个月	12个月	3个月	6个月	9个月	12个月
表A: J月形成和K月持有期的日内动量策略的日内表现												
3个月	1.70***(5.44)	1.68***(6.58)	1.48***(8.04)	1.26***(7.75)	1.88***(5.74)	1.83***(6.41)	1.64***(7.96)	1.43***(8.27)	1.69***(4.84)	1.73***(6.13)	1.53***(7.22)	1.31***(7.02)
6个月	2.22***(5.36)	2.11***(6.54)	1.82***(6.82)	1.50***(6.18)	2.48***(5.57)	2.32***(6.42)	2.07***(7.26)	1.74***(6.96)	2.27***(4.82)	2.17***(5.77)	1.88***(6.08)	1.56***(5.61)
9个月	2.55***(6.91)	2.27***(7.29)	1.85***(6.89)	1.55***(6.03)	2.88***(7.22)	2.60***(8.01)	2.19***(8.08)	1.85***(7.36)	2.60***(6.26)	2.35***(6.74)	1.92***(6.52)	1.61***(5.77)
12个月	2.41***(6.60)	1.98***(6.06)	1.66***(5.67)	1.48***(5.56)	2.81***(7.38)	2.35***(6.86)	2.03***(6.85)	1.81***(7.09)	2.50***(6.04)	2.06***(5.49)	1.76***(5.37)	1.56***(5.47)
表B: J月形成和K月持有期的日内动量策略的隔夜表现												
3个月	-2.12***(-11.40)	-1.75***(-10.95)	-1.50***(-10.26)	-1.34***(-9.87)	-2.15***(-10.45)	-1.76***(-10.28)	-1.52***(-9.61)	-1.36***(-9.24)	-2.20***(-10.54)	-1.84***(-10.08)	-1.57***(-9.45)	-1.41***(-8.93)
6个月	-2.53***(-10.22)	-2.12***(-9.30)	-1.90***(-8.60)	-1.75***(-8.70)	-2.52***(-9.69)	-2.15***(-8.43)	-1.93***(-7.97)	-1.78***(-8.16)	-2.63***(-9.70)	-2.26***(-8.48)	-2.00***(-8.01)	-1.86***(-8.18)
9个月	-2.65***(-10.10)	-2.26***(-9.19)	-2.05***(-8.91)	-1.89***(-9.06)	-2.69***(-9.34)	-2.32***(-8.57)	-2.09***(-8.38)	-1.93***(-8.64)	-2.78***(-9.38)	-2.39***(-8.62)	-2.15***(-8.46)	-1.99***(-8.71)
12个月	-2.63***(-9.63)	-2.28***(-9.13)	-2.06***(-9.00)	-1.93***(-9.25)	-2.70***(-8.98)	-2.34***(-8.61)	-2.09***(-8.59)	-1.95***(-8.88)	-2.80***(-9.04)	-2.42***(-8.66)	-2.15***(-8.65)	-2.02***(-9.00)

续表

表C：J月形成和K月持有期的隔夜动量策略的日内表现

K =	Exret 3个月	Exret 6个月	Exret 9个月	Exret 12个月	FF3 alpha 3个月	FF3 alpha 6个月	FF3 alpha 9个月	FF3 alpha 12个月	FF5 alpha 3个月	FF5 alpha 6个月	FF5 alpha 9个月	FF5 alpha 12个月
3个月	-2.21*** (-9.31)	-1.93*** (-10.58)	-1.69*** (-11.04)	-1.59*** (-12.17)	-2.26*** (-8.78)	-1.96*** (-10.45)	-1.71*** (-11.92)	-1.61*** (-13.57)	-2.35*** (-8.98)	-2.01*** (-10.65)	-1.71*** (-11.63)	-1.60*** (-13.49)
6个月	-2.50*** (-10.11)	-2.20*** (-9.35)	-2.09*** (-10.33)	-1.95*** (-10.50)	-2.53*** (-10.28)	-2.23*** (-10.09)	-2.10*** (-11.36)	-1.96*** (-11.67)	-2.63*** (-10.56)	-2.29*** (-10.07)	-2.10*** (-11.07)	-1.96*** (-11.58)
9个月	-2.63*** (-9.98)	-2.43*** (-10.10)	-2.28*** (-10.43)	-2.14*** (-10.29)	-2.65*** (-10.39)	-2.44*** (-10.69)	-2.27*** (-11.20)	-2.11*** (-11.53)	-2.72*** (-10.48)	-2.48*** (-10.71)	-2.26*** (-11.03)	-2.11*** (-11.33)
12个月	-2.84*** (-10.99)	-2.53*** (-10.83)	-2.34*** (-10.75)	-2.24*** (-10.42)	-2.85*** (-11.41)	-2.51*** (-11.29)	-2.30*** (-12.25)	-2.18*** (-12.31)	-2.93*** (-11.45)	-2.53*** (-11.28)	-2.28*** (-12.02)	-2.18*** (-11.93)

表D：J月形成和K月持有期的隔夜动量策略的隔夜表现

K =	Exret 3个月	Exret 6个月	Exret 9个月	Exret 12个月	FF3 alpha 3个月	FF3 alpha 6个月	FF3 alpha 9个月	FF3 alpha 12个月	FF5 alpha 3个月	FF5 alpha 6个月	FF5 alpha 9个月	FF5 alpha 12个月
3个月	2.74*** (17.87)	2.39*** (20.40)	2.17*** (22.42)	2.00*** (21.43)	2.74*** (16.79)	2.43*** (18.77)	2.22*** (19.73)	2.04*** (19.54)	2.77*** (16.14)	2.46*** (17.65)	2.24*** (18.85)	2.06*** (19.39)
6个月	3.22*** (14.40)	2.93*** (17.43)	2.65*** (18.62)	2.46*** (19.38)	3.25*** (13.68)	3.00*** (15.95)	2.72*** (16.95)	2.52*** (18.24)	3.32*** (12.93)	3.06*** (14.86)	2.75*** (16.29)	2.54*** (17.84)
9个月	3.38*** (18.55)	3.06*** (19.84)	2.81*** (20.51)	2.61*** (20.57)	3.45*** (16.65)	3.15*** (17.46)	2.90*** (18.66)	2.69*** (19.45)	3.48*** (15.49)	3.18*** (16.40)	2.91*** (17.62)	2.69*** (18.70)
12个月	3.36*** (19.74)	3.06*** (20.72)	2.83*** (20.34)	2.65*** (20.31)	3.43*** (17.86)	3.17*** (19.00)	2.93*** (19.40)	2.74*** (19.96)	3.46*** (16.75)	3.18*** (17.24)	2.92*** (17.94)	2.73*** (19.10)

注：*** 表示在1%的水平下显著，** 表示在5%的水平下显著，* 表示在10%的水平下显著。

家（输家）在随后的隔夜时段往往表现不佳（表现出色）。同样，过去的隔夜赢家（输家）往往在随后的日内时段表现不佳（表现出色）。

同期延续和跨期逆转效应持续了多个月，这似乎表明日内和隔夜的客户在他们主导的交易时段有特殊的交易偏好（或优先权）。因此，本研究进一步研究了日内（隔夜）赢家和输家的股票特征。

表 3-17 的 A 组（B 组）报告了第 1 分位数和第 10 分位数投资组合中的股票的平均公司特征，这些股票分别按其过去 3 个月、6 个月、9 个月和 12 个月的累计日内（隔夜）回报率进行排序（按升序排列）。同时，报告了两个十等分投资组合之间的公司特征的平均差异（表示为 10-1），同时还有其相关的 Newey - West t 统计。公司特征包括公司规模（Size），换手率（TURN），账面市值比率（BM），分析师覆盖率（COVER），分散性（DISP），特异性偏度（ISKEW）和特异性波动率（IVOL），机构所有权（IO），价格（PRC），市场 Beta，Amihud 非流动性比率（ILLIQ）。变量的定义可在附录 4-7 中找到，所有的变量都在 1% 和 99% 的水平上进行缩尾处理。

表 3-17　　　　　　　基于日内或隔夜回报分组后公司特征描述统计

		基于日内回报分组后公司特征				基于隔夜回报分组后公司特征			
		1	10	10-1	t_{10-1}	1	10	10-1	t_{10-1}
lnME	3 个月	15.19	15.05	-0.14**	-2.50	14.77	15.10	0.33***	9.28
	6 个月	15.28	14.98	0.30***	-3.78	14.72	15.17	0.45***	9.78
	9 个月	15.33	14.93	0.40***	-4.39	14.67	15.22	0.55***	10.42
	12 个月	15.37	14.88	0.49***	-4.99	14.64	15.26	0.62***	10.78
TURN	3 个月	37.26	65.88	28.61***	10.46	63.17	44.29	-18.88***	-5.39
	6 个月	36.10	61.57	25.47***	8.34	62.47	41.79	-20.68***	-6.18
	9 个月	35.65	59.93	24.28***	7.59	62.20	40.65	-21.55***	-6.52
	12 个月	35.37	59.58	24.21***	7.15	62.37	40.07	-22.30***	-6.59
lnBTM	3 个月	0.65	0.57	-0.08***	-8.38	0.58	0.62	0.05***	5.89
	6 个月	0.66	0.56	-0.10***	-6.90	0.57	0.63	0.07***	6.56

续表

		基于日内回报分组后公司特征				基于隔夜回报分组后公司特征			
		1	10	10−1	t_{10-1}	1	10	10−1	t_{10-1}
lnBTM	9 个月	0.67	0.56	−0.12 ***	−6.97	0.57	0.64	0.07 ***	6.41
	12 个月	0.68	0.55	−0.13 ***	−7.17	0.56	0.65	0.08 ***	6.82
ANACOV	3 个月	2.17	1.93	−0.24 **	−2.40	1.45	1.98	0.53 ***	6.57
	6 个月	2.24	1.89	−0.35 **	−2.53	1.33	2.02	0.69 ***	6.78
	9 个月	2.28	1.83	−0.45 ***	−2.76	1.25	2.07	0.82 ***	6.97
	12 个月	2.29	1.78	−0.51 ***	−2.83	1.21	2.09	0.89 ***	7.01
DISP	3 个月	0.49	0.48	−0.01	−0.35	0.63	0.44	−0.18 ***	−3.70
	6 个月	0.46	0.48	0.02	0.37	0.68	0.44	−0.24 ***	−3.29
	9 个月	0.42	0.51	0.08	1.54	0.71	0.43	−0.28 ***	−3.37
	12 个月	0.42	0.54	0.13 *	1.97	0.74	0.42	−0.32 ***	−3.43
ISKEW	3 个月	−0.15	−0.03	0.12 **	2.18	0.07	0.03	−0.04	−0.82
	6 个月	−0.10	−0.13	−0.03	−0.36	0.08	−0.07	−0.15 ***	−2.62
	9 个月	−0.06	−0.19	−0.13	−1.50	0.10	−0.15	−0.24 ***	−3.90
	12 个月	−0.02	−0.26	−0.23 **	−2.35	0.10	−0.19	−0.29 ***	−4.17
IVOL	3 个月	1.84	2.57	0.73 ***	10.64	2.41	2.16	−0.26 ***	−4.62
	6 个月	1.77	2.44	0.68 ***	9.97	2.31	2.01	−0.30 ***	−6.46
	9 个月	1.73	2.38	0.65 ***	9.80	2.26	1.96	−0.31 ***	−6.73
	12 个月	1.71	2.34	0.63 ***	10.07	2.23	1.92	−0.31 ***	−6.91
IO	3 个月	14.60	17.60	3.00 ***	3.75	13.81	14.27	0.46 **	2.28
	6 个月	14.08	17.60	3.52 ***	2.99	13.18	13.90	0.72 ***	2.76
	9 个月	13.45	17.35	3.91 ***	2.91	12.49	13.57	1.08 ***	3.62
	12 个月	13.11	16.96	3.85 ***	2.65	12.04	13.28	1.24 ***	3.70
PRC	3 个月	12.26	14.02	1.76 ***	5.23	11.86	12.54	0.68 **	2.19
	6 个月	12.17	13.96	1.79 ***	4.19	11.68	12.46	0.78 *	1.79
	9 个月	11.94	14.02	2.08 ***	4.17	11.43	12.42	0.99 **	2.13
	12 个月	11.73	14.05	2.32 ***	4.20	11.34	12.42	1.09 **	2.16

续表

		基于日内回报分组后公司特征				基于隔夜回报分组后公司特征			
		1	10	10 – 1	t_{10-1}	1	10	10 – 1	t_{10-1}
BETA	3 个月	1.08	1.07	– 0.01	– 0.89	1.09	1.09	– 0.00	– 0.08
	6 个月	1.08	1.06	– 0.02	– 1.16	1.09	1.09	0.00	0.01
	9 个月	1.08	1.06	– 0.03	– 1.25	1.09	1.09	0.01	0.36
	12 个月	1.08	1.05	– 0.03	– 1.20	1.09	1.09	0.00	0.26
ILLIQ	3 个月	0.44	0.33	– 0.11	– 1.18	0.50	0.73	0.23	1.14
	6 个月	0.38	0.37	– 0.01	– 0.07	0.51	0.65	0.14	0.73
	9 个月	0.34	0.41	0.08	0.92	0.51	0.59	0.08	0.47
	12 个月	0.30	0.43	0.13	1.57	0.52	0.56	0.04	0.23

注：　*** 表示在 1% 的水平下显著，** 表示在 5% 的水平下显著，* 表示在 10% 的水平下显著。

　　从目前的情况看，盘中赢家的股票（第 10 组）往往比盘中输家的股票（第 1 组）市值小。在所有的回溯期中，第 10 组和第 1 组投资组合的 Size 的平均差异是明显的负值。相反，隔夜赢家（第 10 分位数）的股票往往比隔夜输家（第 1 分位数）的股票有相对较大的市值。

　　在研究估值比率时，在所有的回溯期中，日内赢家（第 10 分位数）的 BM 值往往比日内输家（第 1 分位数）要低。也就是说，在他们主导的交易期间，日内客户似乎更喜欢成长型公司而不是价值型公司。隔夜客户的情况正好相反，因为隔夜赢家（第 10 组）的 BM 值往往比隔夜输家（第 1 组）大。两个分组之间账面市值比率的平均差异在所有回溯期的 1% 水平上具有统计学意义。

　　接下来，关注换手率（TURN）。日内赢家组和输家组之间的交易量存在明显的差异。无论回溯期的长短，盘中赢家股票的平均成交量比盘中输家的平均成交量高约 60%。相反，隔夜赢家的周转率往往比隔夜输家低得多，这表明隔夜客户更喜欢购买（卖出）交易量低（高）的股票。

　　在研究分析师覆盖率（COVER）时，它表明盘中赢家的股票比盘中输家的股票被更少的分析师覆盖。相比之下，隔夜赢家的分析师覆盖率高于隔夜输家的分析师。这并不奇怪，因为分析师覆盖率与公司规模高度相关，大公司往往有更多的分析师来调研报道。因此，日内（隔夜）赢家组和输家组之间 COVER 的平均差异与公司规模（Size）的差异一致。分析师预测的分散性（DISP）衡量专业分析师之间的意见差异。本研究发现日内赢家和日内输家之间的 DISP 差别不大（12 个月回溯期的情况除外）。然而，隔夜赢家和隔夜输家之间的 DISP 存在明显的差异，这些差异都在 1% 的水平上显著。更具体地说，隔夜赢家（输家）的股票在专业分析师中的盈利预测分散度往往较小（较大）。

此外，本研究讨论了个别股票的特异性波动率（IVOL）和特异性偏度（ISKEW）。平均来说，日内赢家的 IVOL 明显大于日内输家，在所有不同的回溯期中都在 1% 的水平上有统计学意义。相反，作为隔夜赢家的股票，其 IVOL 往往明显小于其对应的股票（隔夜输家）。换句话说，白天表现相对较好的股票（在夜间）更可能是具有高特质风险的投机性股票。本研究发现特异性偏度（ISKEW）也有类似的模式，但稍微弱一些。

最后，研究了机构所有权的比例（IO）、价格（PRC）、市场 Beta 和 Amihud 非流动性比率（ILLIQ），发现在这些公司特征变量上，日内（隔夜）动量的赢家和输家十分位数之间不存在显著差异。具体来说，存在一个共识，即日内（隔夜）赢家是比日内（隔夜）输家拥有相对较高的机构所有权和较大的股价的股票，而且随着增加回溯期的长度，在两种动量策略中，第 10 分位组和第 1 分位组之间的 IO 差异趋于变大，而且在统计上更显著。此外，在所有不同的回溯期中，市场 Beta 和 Amihud 非流动性比率（ILLIQ）在盘中和隔夜策略中的差异都不明显，这表明系统性风险和流动性水平不是盘中和隔夜投资者群体决策的关键因素。

总而言之，在研究了公司的一系列特征后，本研究发现了一些明显的特点：在白天（夜间）表现相对较好的股票比在一天中的同一时间表现相对较差的股票有一些明显的特征。白天有上升趋势的股票往往是相对较小的、成长性的、高周转的公司，具有高的特异性风险，较少的分析师覆盖率，以及相对较高的机构所有权。相比之下，夜间表现出色的股票往往是相对较大的、价值型的、低周转率的公司，具有低的特异性风险，更多的分析师覆盖率，较少的分析师分散度，以及相对较高的机构所有权。因此，盘中胜出的股票更具有投机性。

3.2.4 股价信息与机构投资者

根据上文中的投资组合统计，似乎隔夜交易比日内交易更理性。结合开盘前集合竞价的性质，有充分的理由预计机构投资者与隔夜交易有关，而他们也能更好地使用股价信息。为了验证这一说法，本研究在公司层面上进行了 Fama – MacBeth 横截面回归。具体来说，使用机构所有权的季度变化作为因变量，并研究其与同期的盘中和隔夜收益的关系。通过这种方式，可以推断出日内（隔夜）动量和机构投资者（被认为是更专业和更了解情况的）间的相互关系。模型如下：

$$Change_{IO_{i,t}} = \alpha + \beta_1 \times Overnight_{i,t} + \beta_2 \times Intraday_{i,t} + \varepsilon_{i,t} \qquad (3-11)$$

其中，因变量 $Change_{IO_{i,t}}$ 是每个季度机构所有权的变化，自变量 Overnight 和 Intraday 是季度累计的隔夜和盘中回报。

本研究还通过将股票分成低、中、高三档机构持股比例来进行子样本分析。例如，"最低 IO"包括该季度处于最低 IO 梯队的股票，其他两个子样本的含义类似。由于机构所有权的数据限制，本部分使用的样本期为 2007 ~ 2018 年，这也避免了中国股票分割改革在 2005 年和 2006 年之间可能出现的"制度转换"。

表 3 – 18 描述了机构所有权的同期变化与累计的日内和隔夜回报之间显著的正向联系。两种回报成分都与机构所有权的变化呈正相关，而日内回报的净影响似乎更大（斜率系数更大，t 统计量更高）。子样本的结果显示了非常相似的模式：从最低的 IO 分位数到最高的 IO 分位数，隔夜和日内回报的系数趋于增加。累计隔夜收益强的正系数与预期一致，因为机构投资者往往信息量更大，他们预计在开盘前的集合竞价中会活跃起来，参与确定开盘价。此外，由于机构投资者全天都在交易，机构所有权的变化与（累计）日内回

报之间存在显著的正向关系也就不足为奇了。

表 3 - 18   机构所有权变化的影响

	全样本	低 IO	中 IO	高 IO
Overnight	0.063 *** (10.05)	0.031 *** (5.65)	0.050 *** (5.85)	0.076 *** (5.44)
Intraday	0.081 *** (11.08)	0.051 *** (7.14)	0.071 *** (9.34)	0.090 *** (10.77)
Cons	- 0.03 (- 0.02)	3.01 *** (3.65)	1.45 (1.34)	- 3.77 * (-1.91)
Obs	80 741	27 366	28 832	24 543
R^2	0.023	0.024	0.031	0.026

注: *** 表示在 1% 的水平下显著, ** 表示在 5% 的水平下显著, * 表示在 10% 的水平下显著。

3.2.5 稳健性检验

进一步地, 本研究提供了扩展和稳健性检验的情况, 以及它们的主要结果。

首先, 进行了 Fama - MacBeth 交叉回归, 以验证同时期的延续和跨时期的逆转对日内和隔夜回报成分的影响。回归框架的优势在于, 可以考察对过去累计日内 (隔夜) 回报的净影响, 同时控制一些众所周知的回报决定因素。控制变量包括公司规模 (Size)、换手率 (TURN)、账面市值率 (BM)、分析师覆盖率 (COVER)、分散程度 (DISP)、特异性偏度 (ISKEW) 和特异性波动率 (IVOL)、机构所有权 (IO)、价格 (PRC)、市场 Beta 和 Amihud 非流动性比率 (ILLIQ)。

表 3 - 19 的 A 组将日内收益率回溯到过去 3 个月、6 个月、9 个月和 12 个月的累计日内和隔夜收益率中。一般来说, 过去 3 个月、6 个月、9 个月和 12 个月的累计隔夜收益率对随后一个月的盘中收益率有负面预测能力, 而过去 3 个月、6 个月、9 个月和 12 个月的累计盘中收益率对随后一个月的盘中

收益率有正面预测能力。而过去 3 个月、6 个月、9 个月和 12 个月的累计日内收益率则预测随后一个月的日内收益率（分别见第 1、第 2、第 3 和第 4 列）。表 3 - 15 的 B 组使用隔夜收益作为因变量。它表明过去 3 个月、6 个月、9 个月和 12 个月的累计隔夜收益率对随后一个月的隔夜收益率有正向预测能力，而过去 3 个月、6 个月、9 个月和 12 个月的累计盘中收益率对随后一个月的隔夜收益率有负向预测能力（分别见第 5、第 6、第 7、第 8 列）。在这两个板块中，过去累计盘中和隔夜收益的净影响都有预测能力，而且几乎在所有情况下都是高度显著的。总而言之，在回归框架下，同期延续和跨期逆转对日内和隔夜收益成分的影响是稳健的。

表 3 - 19　　　　　　　　　　Fama - Macbeth 回归结果

	表 A：以日内回报为因变量				表 B：以隔夜回报为因变量			
	3 个月	6 个月	9 个月	12 个月	3 个月	6 个月	9 个月	12 个月
Intra	0.09 (0.43)	0.60 *** (3.92)	0.64 *** (3.80)	0.66 *** (3.60)	− 0.14 * (− 1.79)	− 0.22 *** (− 3.38)	− 0.22 *** (− 3.17)	− 0.27 *** (− 4.00)
Over	− 0.58 *** (− 3.17)	− 0.38 *** (− 3.07)	− 0.43 *** (− 3.39)	− 0.47 *** (− 3.36)	0.64 *** (10.45)	0.69 *** (10.43)	0.79 *** (12.37)	0.80 *** (13.25)
Size	− 0.82 *** (− 5.64)	− 0.95 *** (− 6.78)	− 0.92 *** (− 6.72)	− 0.85 *** (− 6.17)	0.15 *** (2.91)	0.18 *** (4.42)	0.18 *** (4.22)	0.19 *** (4.20)
Turn	0.26 (1.23)	− 0.04 (− 0.53)	− 0.00 (− 0.50)	0.00 (0.92)	0.12 (0.71)	0.03 (0.95)	0.00 ** (2.37)	0.00 ** (2.05)
Amih	− 0.01 (− 0.22)	− 0.00 (− 0.64)	− 0.00 (− 0.47)	− 0.01 * (− 1.74)	− 0.03 * (− 1.89)	− 0.01 *** (− 4.04)	− 0.01 ** (− 2.13)	− 0.00 (− 0.83)
BM	3.24 *** (4.16)	1.60 *** (2.94)	1.27 *** (2.70)	1.55 *** (3.27)	− 1.61 *** (− 4.41)	− 1.00 *** (− 3.03)	− 0.81 ** (− 2.49)	− 0.81 ** (− 2.59)
Cover	− 3.05 *** (− 6.40)	− 1.02 ** (− 2.43)	− 0.59 (− 1.48)	− 0.39 (− 0.95)	− 0.25 (− 0.45)	0.35 * (1.95)	0.26 (1.44)	0.29 (1.57)
Disp	− 0.19 (− 0.80)	0.39 *** (3.14)	0.33 *** (2.84)	0.26 ** (2.39)	0.35 ** (2.28)	0.03 (0.54)	− 0.03 (− 0.42)	− 0.02 (− 0.37)

续表

	表 A：以日内回报为因变量				表 B：以隔夜回报为因变量			
	3 个月	6 个月	9 个月	12 个月	3 个月	6 个月	9 个月	12 个月
IO	0.21 * (1.70)	0.22 ** (2.07)	0.13 (1.33)	0.08 (0.90)	−0.19 * (−1.66)	−0.12 * (−1.91)	−0.08 (−1.35)	−0.08 (−1.51)
Iskew	3.18 *** (6.28)	1.80 *** (4.40)	1.22 *** (3.20)	1.01 *** (2.64)	−1.83 *** (−4.76)	−1.25 *** (−6.69)	−1.04 *** (−5.48)	−0.97 *** (−5.36)
Ivol	0.05 (1.35)	0.05 * (1.92)	0.02 (0.74)	0.04 (1.01)	−0.04 (−1.41)	−0.11 *** (−5.76)	−0.12 *** (−6.28)	−0.12 *** (−6.42)
Beta	0.01 (0.14)	−0.02 (−0.14)	−0.15 (−1.11)	−0.09 (−0.59)	−0.37 *** (−7.76)	−0.45 *** (−6.96)	−0.48 *** (−5.82)	−0.43 *** (−5.12)
Prc	−0.01 (−0.39)	−0.03 ** (−2.58)	−0.02 ** (−2.00)	−0.02 (−1.49)	−0.07 * (−1.77)	−0.00 (−0.70)	−0.00 (−0.51)	−0.00 (−0.41)
Cons	17.58 *** (7.18)	17.92 *** (7.43)	17.56 *** (7.41)	16.62 *** (6.94)	−2.11 *** (−2.95)	−3.53 *** (−4.87)	−3.55 *** (−4.68)	−3.84 *** (−4.93)
Obs	175 531	181 612	184 756	187 724	175 531	181 612	184 756	187 724
R^2	0.170	0.136	0.133	0.133	0.139	0.100	0.094	0.092
N	187	187	187	187	187	187	187	187

注：*** 表示在 1% 的水平下显著，** 表示在 5% 的水平下显著，* 表示在 10% 的水平下显著。

　　进一步地，本研究检验日内动量和隔夜动量策略的同时期延续和跨时期反转模式是否在不同的市场状态下继续保持。根据库珀等（2004），如果之前 36 个月的累计市场回报率为正（负），那么将一个月定义为上涨（下跌）的市场状态。在上涨和下跌的市场状态下，日内（隔夜）动量策略没有明显的区别。① 在这两种市场状态下，同时期延续和跨时期反转模式继续保持（如表 3 - 20 所示）。

---

　　① 为了简洁起见，在这部分和本部分的后文只报告了由 Fama - French 三因子调整的风险回报。平均超额收益的结果和按 Fama - French 五因子调整的结果得出了相同的结论，这些结果可随时提供。

表 3 - 20　　　　　　　　　　　　跟随市场上涨和下跌的结果

		跟随上涨市场			跟随下跌市场		
		1	10	10 - 1	1	10	10 - 1
日内 & 日内	3 个月	0. 39 (0. 61)	2. 16 *** (4. 98)	1. 77 *** (4. 80)	0. 73 *** (2. 77)	3. 22 *** (6. 09)	2. 49 *** (5. 02)
	6 个月	0. 11 (0. 17)	2. 34 *** (6. 90)	2. 22 *** (3. 78)	0. 33 (1. 06)	3. 56 *** (7. 17)	3. 23 *** (6. 41)
	9 个月	- 0. 09 (- 0. 14)	2. 32 *** (7. 04)	2. 41 *** (4. 18)	- 0. 01 (- 0. 05)	3. 91 *** (7. 73)	3. 92 *** (7. 14)
	12 个月	- 0. 32 (- 0. 49)	2. 37 *** (6. 58)	2. 68 *** (5. 99)	- 0. 00 (- 0. 00)	3. 73 *** (7. 25)	3. 73 *** (6. 03)
日内 & 隔夜	3 个月	- 0. 56 (- 1. 03)	- 3. 49 *** (- 6. 12)	- 2. 93 *** (- 9. 77)	- 0. 99 *** (- 5. 32)	- 2. 88 *** (- 8. 26)	- 1. 89 *** (- 8. 33)
	6 个月	- 0. 41 (- 0. 76)	- 3. 88 *** (- 6. 76)	- 3. 46 *** (- 10. 39)	- 0. 89 *** (- 4. 75)	- 2. 92 *** (- 7. 12)	- 2. 03 *** (- 6. 99)
	9 个月	- 0. 22 (- 0. 38)	- 3. 85 *** (- 7. 00)	- 3. 63 *** (- 9. 12)	- 0. 80 *** (- 4. 09)	- 2. 78 *** (- 7. 63)	- 1. 98 *** (- 8. 64)
	12 个月	- 0. 14 (- 0. 27)	- 3. 74 *** (- 7. 74)	- 3. 60 *** (- 8. 70)	- 0. 81 *** (- 3. 88)	- 2. 69 *** (- 8. 46)	- 1. 88 *** (- 8. 82)
隔夜 & 隔夜	3 个月	- 4. 03 *** (- 6. 93)	- 0. 83 (- 1. 46)	3. 20 *** (16. 98)	- 3. 62 *** (- 11. 19)	- 0. 96 *** (- 3. 56)	2. 66 *** (16. 15)
	6 个月	- 4. 24 *** (- 6. 50)	- 0. 35 (- 0. 65)	3. 88 *** (9. 69)	- 3. 67 *** (- 9. 69)	- 0. 52 ** (- 2. 28)	3. 14 *** (13. 50)
	9 个月	- 4. 17 *** (- 6. 91)	- 0. 33 (- 0. 57)	3. 84 *** (11. 84)	- 3. 98 *** (- 9. 51)	- 0. 40 ** (- 2. 12)	3. 58 *** (11. 67)
	12 个月	- 4. 06 *** (- 6. 48)	- 0. 23 (- 0. 40)	3. 83 *** (12. 79)	- 3. 88 *** (- 9. 57)	- 0. 31 (- 1. 45)	3. 57 *** (11. 42)
隔夜 & 日内	3 个月	2. 75 *** (5. 99)	0. 03 (0. 04)	- 2. 73 *** (- 6. 49)	2. 80 *** (10. 41)	0. 59 * (1. 97)	- 2. 21 *** (- 5. 42)
	6 个月	2. 55 *** (5. 28)	- 0. 39 (- 0. 63)	- 2. 94 *** (- 8. 08)	3. 03 *** (10. 27)	0. 57 ** (2. 31)	- 2. 46 *** (- 8. 56)

续表

		跟随上涨市场			跟随下跌市场		
		1	10	10 - 1	1	10	10 - 1
隔夜 & 日内	9 个月	2.73 *** (5.87)	-0.32 (-0.53)	-3.06 *** (-8.11)	3.12 *** (7.06)	0.57 *** (2.94)	-2.55 *** (-6.18)
	12 个月	2.47 *** (4.86)	-0.49 (-0.80)	-2.96 *** (-8.51)	3.18 *** (7.93)	0.34 (1.34)	-2.84 *** (-7.11)

注：*** 表示在 1% 的水平下显著，** 表示在 5% 的水平下显著，* 表示在 10% 的水平下显著。

本研究同样探讨了同时期延续和跨时期反转模式是否在不同的日历月份保持稳定。具体来说，重新运行表 3 - 15 中的因子模型，每次从全样本中排除一个特定的日历月。因此，对于每个日内（隔夜）动量策略（第 10 分位数减去第 1 分位数），得到 12 个月的时间序列结果，分别对应于排除 1 月、2 月……和 12 月的结果（在表 3 - 21 中报告）。对这 12 个时间序列的样本平均值进行联合检验，并没有拒绝它们具有相同风险调整后收益的无效结果。因此，对日内和隔夜动量策略似乎不存在年度月份的影响。

表 3 - 21 　　　　　　　　　　　　不包括 1 ~ 12 月的表现

	日内 & 日内				日内 & 隔夜			
	3 个月	6 个月	9 个月	12 个月	3 个月	6 个月	9 个月	12 个月
1 月	2.12 *** (7.96)	2.65 *** (6.40)	3.08 *** (6.61)	3.16 *** (8.19)	-2.53 *** (-10.27)	-2.96 *** (-10.12)	-3.11 *** (-8.96)	-3.06 *** (-8.86)
2 月	2.12 *** (7.03)	2.62 *** (5.63)	3.01 *** (6.09)	3.17 *** (7.83)	-2.68 *** (-9.87)	-3.12 *** (-10.20)	-3.22 *** (-9.30)	-3.16 *** (-8.64)
3 月	1.95 *** (6.41)	2.38 *** (5.02)	2.72 *** (5.56)	2.94 *** (7.70)	-2.63 *** (-10.07)	-3.04 *** (-10.04)	-3.15 *** (-9.11)	-3.11 *** (-8.81)
4 月	1.91 *** (6.02)	2.46 *** (5.29)	2.82 *** (5.61)	3.08 *** (8.05)	-2.62 *** (-10.54)	-3.05 *** (-10.40)	-3.18 *** (-9.05)	-3.13 *** (-8.94)

	日内 & 日内				日内 & 隔夜			
	3 个月	6 个月	9 个月	12 个月	3 个月	6 个月	9 个月	12 个月
5 月	1.85 *** (4.93)	2.50 *** (5.10)	2.87 *** (5.43)	3.07 *** (7.41)	−2.62 *** (−9.57)	−3.03 *** (−9.62)	−3.18 *** (−8.90)	−3.10 *** (−8.69)
6 月	1.98 *** (5.47)	2.63 *** (5.19)	2.86 *** (5.61)	3.04 *** (7.15)	−2.62 *** (−10.43)	−3.03 *** (−9.56)	−3.09 *** (−9.68)	−3.01 *** (−8.95)
7 月	1.96 *** (5.89)	2.45 *** (5.23)	2.83 *** (5.76)	3.01 *** (7.84)	−2.71 *** (−10.37)	−3.12 *** (−10.25)	−3.13 *** (−9.72)	−3.09 *** (−9.51)
8 月	2.14 *** (5.92)	2.70 *** (5.56)	3.09 *** (6.08)	3.18 *** (7.90)	−2.62 *** (−10.37)	−3.02 *** (−10.54)	−3.15 *** (−9.40)	−3.09 *** (−8.94)
9 月	1.95 *** (6.07)	2.50 *** (5.14)	2.87 *** (5.57)	3.11 *** (7.50)	−2.60 *** (−10.06)	−3.06 *** (−10.08)	−3.11 *** (−9.21)	−3.04 *** (−8.75)
10 月	2.00 *** (5.59)	2.58 *** (5.54)	2.90 *** (6.63)	2.93 *** (6.63)	−2.69 *** (−9.67)	−3.10 *** (−10.37)	−3.21 *** (−9.08)	−3.16 *** (−8.75)
11 月	1.95 *** (5.80)	2.57 *** (5.35)	2.92 *** (5.94)	3.06 *** (7.28)	−2.58 *** (−10.10)	−2.94 *** (−9.88)	−3.02 *** (−8.90)	−3.04 *** (−8.44)
12 月	1.79 *** (5.24)	2.36 *** (4.92)	2.74 *** (5.58)	2.93 *** (7.40)	−2.66 *** (−9.69)	−2.99 *** (−9.58)	−3.10 *** (−8.75)	−3.06 *** (−8.57)
	隔夜 & 隔夜				隔夜 & 日内			
	3 个月	6 个月	9 个月	12 个月	3 个月	6 个月	9 个月	12 个月
1 月	3.08 *** (18.93)	3.66 *** (11.49)	3.78 *** (13.84)	3.73 *** (14.89)	−2.57 *** (−8.37)	−2.88 *** (−10.80)	−2.93 *** (−10.34)	−2.97 *** (−11.53)
2 月	3.12 *** (19.47)	3.80 *** (11.66)	3.89 *** (14.65)	3.88 *** (15.62)	−2.69 *** (−7.60)	−2.85 *** (−9.56)	−2.99 *** (−9.78)	−3.02 *** (−10.95)
3 月	3.07 *** (19.01)	3.68 *** (11.55)	3.76 *** (14.35)	3.76 *** (15.48)	−2.69 *** (−8.06)	−2.84 *** (−10.79)	−2.97 *** (−10.71)	−2.94 *** (−11.94)
4 月	3.09 *** (21.71)	3.66 *** (12.87)	3.73 *** (16.29)	3.74 *** (16.36)	−2.65 *** (−8.40)	−2.88 *** (−10.69)	−3.04 *** (−10.83)	−3.01 *** (−11.64)

续表

	隔夜 & 隔夜				隔夜 & 日内			
	3 个月	6 个月	9 个月	12 个月	3 个月	6 个月	9 个月	12 个月
5 月	3.01 *** (18.98)	3.67 *** (11.44)	3.81 *** (14.54)	3.80 *** (15.74)	−2.64 *** (−8.04)	−2.76 *** (−10.40)	−2.94 *** (−10.19)	−2.97 *** (−11.33)
6 月	3.01 *** (20.20)	3.69 *** (12.54)	3.82 *** (16.01)	3.83 *** (17.57)	−2.69 *** (−7.17)	−2.76 *** (−9.05)	−2.94 *** (−9.16)	−2.84 *** (−9.75)
7 月	3.05 *** (18.43)	3.63 *** (11.42)	3.76 *** (14.23)	3.76 *** (15.27)	−2.52 *** (−7.43)	−2.73 *** (−9.65)	−2.86 *** (−9.49)	−2.89 *** (−10.22)
8 月	2.96 *** (21.76)	3.66 *** (12.64)	3.80 *** (15.33)	3.76 *** (16.71)	−2.59 *** (−7.28)	−2.78 *** (−9.28)	−2.93 *** (−9.86)	−2.94 *** (−10.16)
9 月	3.07 *** (18.85)	3.72 *** (12.25)	3.82 *** (14.87)	3.81 *** (15.53)	−2.54 *** (−8.01)	−2.86 *** (−10.77)	−3.02 *** (−10.86)	−3.02 *** (−11.64)
10 月	2.98 *** (21.03)	3.64 *** (12.76)	3.73 *** (15.22)	3.75 *** (16.26)	−2.61 *** (−8.03)	−2.84 *** (−9.88)	−2.92 *** (−10.35)	−2.95 *** (−10.93)
11 月	3.03 *** (19.50)	3.57 *** (13.45)	3.67 *** (16.47)	3.66 *** (17.86)	−2.66 *** (−7.57)	−2.78 *** (−10.55)	−2.91 *** (−10.42)	−2.95 *** (−11.96)
12 月	3.01 *** (18.45)	3.64 *** (11.52)	3.76 *** (14.17)	3.73 *** (15.27)	−2.50 *** (−7.78)	−2.69 *** (−10.62)	−2.90 *** (−10.48)	−2.90 *** (−11.56)

注：*** 表示在1%的水平下显著，** 表示在5%的水平下显著，* 表示在10%的水平下显著。

本小节验证了同期延续和跨期反转模式是否在一周内有所变化（周内日效应）。比尔鲁（Birru，2018）记录了多空异常收益与一周内的日子密切相关。由于情绪在周五增加、在周一减少，异常回报（错误定价）倾向于周五高、周一低。因此，采用比尔鲁（2018）的分类，本研究将多空的日内（隔夜）回报分解为其（每月）周一、周二……周五的组成部分，并重新检验其风险调整的表现。这部分结果在表 3 - 22 中给出。

表 3 – 22　　　　　　　　　　　周一到周五结果的稳健性检验

	10 – 1	周一	周二	周三	周四	周五
日内 & 日内	3 个月	0. 23 (1. 31)	0. 62 *** (4. 17)	0. 45 *** (3. 96)	0. 24 ** (2. 29)	0. 52 *** (4. 26)
	6 个月	0. 33 (1. 64)	0. 67 *** (4. 84)	0. 43 *** (3. 10)	0. 52 *** (4. 48)	0. 58 *** (3. 74)
	9 个月	0. 47 ** (2. 56)	0. 72 *** (6. 30)	0. 49 *** (3. 69)	0. 46 *** (3. 80)	0. 70 *** (4. 90)
	12 个月	0. 53 *** (3. 21)	0. 74 *** (7. 49)	0. 48 *** (3. 84)	0. 47 *** (3. 92)	0. 69 *** (5. 01)
日内 & 隔夜	3 个月	− 0. 55 *** (− 8. 73)	− 0. 46 *** (− 3. 14)	− 0. 58 *** (− 7. 99)	− 0. 63 *** (− 7. 84)	− 0. 40 *** (− 5. 94)
	6 个月	− 0. 64 *** (− 9. 83)	− 0. 52 *** (− 3. 81)	− 0. 61 *** (− 7. 76)	− 0. 73 *** (− 8. 34)	− 0. 44 *** (− 5. 49)
	9 个月	− 0. 67 *** (− 9. 01)	− 0. 59 *** (− 4. 19)	− 0. 65 *** (− 7. 13)	− 0. 72 *** (− 8. 90)	− 0. 51 *** (− 6. 02)
	12 个月	− 0. 63 *** (− 8. 46)	− 0. 56 *** (− 3. 96)	− 0. 65 *** (− 7. 32)	− 0. 81 *** (− 9. 06)	− 0. 51 *** (− 6. 74)
隔夜 & 隔夜	3 个月	0. 64 *** (15. 69)	0. 56 *** (12. 20)	0. 58 *** (11. 05)	0. 55 *** (16. 83)	0. 56 *** (13. 95)
	6 个月	0. 77 *** (12. 26)	0. 71 *** (9. 85)	0. 72 *** (9. 64)	0. 68 *** (15. 78)	0. 66 *** (11. 31)
	9 个月	0. 79 *** (15. 54)	0. 74 *** (13. 06)	0. 73 *** (13. 35)	0. 68 *** (13. 25)	0. 65 *** (13. 36)
	12 个月	0. 79 *** (16. 58)	0. 73 *** (14. 11)	0. 72 *** (13. 86)	0. 72 *** (12. 15)	0. 67 *** (13. 42)
隔夜 & 日内	3 个月	− 0. 68 *** (− 6. 08)	− 0. 51 *** (− 7. 48)	− 0. 57 *** (− 4. 48)	− 0. 55 *** (− 8. 79)	− 0. 50 *** (− 4. 52)
	6 个月	− 0. 68 *** (− 8. 97)	− 0. 60 *** (− 8. 05)	− 0. 58 *** (− 5. 35)	− 0. 64 *** (− 10. 22)	− 0. 54 *** (− 4. 30)

续表

10-1		周一	周二	周三	周四	周五
隔夜 & 日内	9个月	-0.76 *** (-10.45)	-0.59 *** (-6.81)	-0.48 *** (-4.63)	-0.65 *** (-9.92)	-0.60 *** (-4.67)
	12个月	-0.67 *** (-9.65)	-0.59 *** (-6.29)	-0.53 *** (-4.29)	-0.64 *** (-10.33)	-0.59 *** (-4.90)

注：*** 表示在1%的水平下显著，** 表示在5%的水平下显著，* 表示在10%的水平下显著。

表3-22中结果表明，同期延续和跨期反转模式的结果在一周内的不同日子里保持稳定。也就是说，周一和周五之间的投资组合收益没有统计上的差异，同时期的延续和跨时期的逆转效应与情绪或投资者情绪无关。

进一步地，本研究更换了超额收益计算时相关因子的影响，采用去除底部30%最小的股票并基于在刘等（Liu et al.，2019）提出的替代 CH3 模型进行稳健型检验。这部分研究结果在表3-23中给出。

表3-23　　　　　　　　　　基于 CH3 模型的表现

		3个月	6个月	9个月	12个月
日内 & 日内	1	0.61 (1.48)	0.30 (0.71)	0.10 (0.27)	0.33 (0.83)
	10	3.29 *** (8.63)	3.43 *** (9.51)	3.29 *** (8.73)	3.09 *** (7.44)
	10-1	2.69 *** (7.22)	3.13 *** (6.35)	3.19 *** (6.65)	2.76 *** (5.01)
日内 & 隔夜	1	-0.89 ** (-2.18)	-0.77 * (-1.90)	-0.67 * (-1.73)	-0.51 (-1.41)
	10	-3.54 *** (-8.17)	-3.60 *** (-8.07)	-3.59 *** (-8.28)	-3.37 *** (-9.10)
	10-1	-2.65 *** (-11.64)	-2.83 *** (-9.68)	-2.92 *** (-10.14)	-2.85 *** (-10.37)

续表

		3 个月	6 个月	9 个月	12 个月
隔夜 & 隔夜	1	-3.75 *** (-8.11)	-3.82 *** (-8.40)	-3.97 *** (-8.05)	-3.83 *** (-8.35)
	10	-1.05 ** (-2.47)	-0.49 (-1.22)	-0.52 (-1.21)	-0.49 (-1.17)
	10-1	2.70 *** (12.29)	3.33 *** (11.09)	3.45 *** (12.76)	3.34 *** (15.91)
隔夜 & 日内	1	3.04 *** (9.73)	3.04 *** (9.98)	2.99 *** (9.76)	2.88 *** (9.71)
	10	0.71 (1.53)	0.26 (0.63)	0.49 (1.26)	0.36 (0.94)
	10-1	-2.33 *** (-5.79)	-2.78 *** (-9.78)	-2.51 *** (-8.31)	-2.51 *** (-8.99)

注：*** 表示在 1% 的水平下显著，** 表示在 5% 的水平下显著，* 表示在 10% 的水平下显著。

　　表 3－23 中结果表明，本研究的关键结果——做多日内（隔夜）赢家和做空日内（隔夜）输家的零成本投资组合在随后的日内（隔夜）期间提供了明显的正风险调整回报，但在随后的隔夜（日内）期间明显的负风险调整回报，通过去除底部 30% 最小的股票（按市值排名）以及在刘等（2019）提出的替代 CH3 模型下是稳健的。[①] 在主要分析中不依赖刘等（2019）的三个因子，但由于他们的因子仅限于 2000 年以后，这将限制样本期。事实上，使用他们的因子与缩短的样本期，零成本多空组合（10－1）的风险调整回报率都在 1% 的水平上显著，证实了中国的同期延续和跨期反转效应。

　　此外，本研究还像娄等（2019）一样使用一个月的形成期来研究短期表现。表 3－24 的结果报告了在一个月的形成期上也存在同期延续和跨期逆转

---

　　① 刘等（2019）认为，中国最小的股票是具有独特性，它们在规避严格的 IPO 限制的反向兼并中被交替估值为潜在的壳。他们还提出了一个替代的 CH3 因子模型，其中有细化的规模和价值因子。

的模式，存在类似于美国股市的"拉锯战"表现。

表 3 - 24　　　　　　　　　　基于一个月形成期的结果

	1	10	10 - 1	1	10	10 - 1
	日内 & 日内			日内 & 隔夜		
日内 & 日内	1.17 * (1.91)	3.12 *** (5.07)	1.96 *** (6.08)	- 0.56 (- 1.39)	- 3.53 *** (- 7.31)	- 2.97 *** (- 10.65)
	0.49 (1.09)	2.57 *** (7.77)	2.08 *** (6.28)	- 0.81 ** (- 2.07)	- 3.83 *** (- 7.74)	- 3.01 *** (- 9.65)
	0.52 (1.19)	2.41 *** (6.75)	1.89 *** (5.82)	- 0.76 * (- 1.86)	- 3.78 *** (- 7.97)	- 3.02 *** (- 9.87)
	隔夜 & 隔夜			隔夜 & 日内		
日内 & 隔夜	- 3.83 *** (- 8.28)	- 0.65 (- 1.47)	3.18 *** (14.46)	3.78 *** (6.79)	0.63 (0.87)	- 3.16 *** (- 8.50)
	- 4.10 *** (- 10.17)	- 0.97 ** (- 2.06)	3.14 *** (12.58)	3.14 *** (8.97)	0.01 (0.02)	- 3.13 *** (- 7.86)
	- 4.08 *** (- 10.11)	- 0.90 * (- 1.95)	3.18 *** (13.41)	3.14 *** (8.60)	0.02 (0.04)	- 3.12 *** (- 7.02)

注：*** 表示在 1% 的水平下显著，** 表示在 5% 的水平下显著，* 表示在 10% 的水平下显著。

3.2.6　小结

在本部分，探讨了股价信息与投资者异质性的关系，遵循娄等（2019）的方法，将月度资产收益分解为白天（开盘到收盘）和隔夜（收盘到开盘）部分。这种经验性的分解有助于剖析动量型策略的回报动态。中国的"无动量"效应与异质投资者之间的拉锯战相协作，他们倾向于在一天内的首选交易时段占主导地位（对交叉时段的股票信息有相反的偏好）。因此，当市场开放交易时与关闭时，资产价格的表现非常不同。

此外，过去的盘中（隔夜）赢家的股票在随后的盘中（隔夜）时期的表现持续优于过去盘中（隔夜）输家的股票。然而，同样的日内（隔夜）动量策略在随后的隔夜（日内）时段却受到了极大的影响。一般来说，过去的日内（隔夜）赢家往往是更多（更少）投机性的股票，这些股票在白天（晚上）的需求量很大。

总的来说，本研究的结果与投资者的异质性一致，这种持续的拉锯战几乎消除了投资者在中国追求基于动量的交易策略的有效性。未来一个可能的研究途径是基于账户层面的数据，探讨异质性投资者在白天和夜间的交易动机。

3.3　本章小结

首先，本章基于高频公司级数据研究了中国股市盘中动量效应，揭示了盘中动量效应的新亮点；其次，本章基于投资者异质性的视角对中国股票市场中出现的动量效应作了进一步讨论，进一步分析了日内和隔夜的动量效应。

在第一小节的研究中，主要通过运用中国 A 股市场的综合高频数据集，将实证分析扩展到公司层面，对于日内动量效应的研究提供了来自中国 A 股市场的证据。研究发现：首先，中国 A 股股票在个股层面存在显著的日内动量效应，开盘后第一个半小时的回报对收盘前最后半小时回报有显著的影响，并且这种公司层面的回报可预测性在市值（和其他公司特征）不同的子样本中是稳健的，意味着日内时间序列交易策略也适用于个股；其次，开盘后第一个半小时回报的预测能力主要来自专业投资者在集合竞价期间交易产生的隔夜回报，这与延迟通知交易模型的预测是保持一致的。隔夜收益预测能力更强也有利于所有市场参与者，因为他们有更多的时间全天执行日内交易策略。

另外，在大量正面（负面）信息冲击之后，日内可预测性减弱（增强），这意味着市场参与者的反应明显不对称。前半小时回报或隔夜回报的可预测性在负跳日后比正跳日强得多，这种显著的不对称跳跃动量模式类似于先前

的（横截面）动量文献，即投资者对好消息和坏消息的反应不同，因为市场
需要更长的时间来消化悲观消息的信息内容所以坏消息传播缓慢。最后，早
知情的交易者比滞后知情交易者拥有更多的交易经验（以年为单位）并且受
过更好的教育（学士学位或更高），也就是说，消息灵通程度较晚的交易者，
其经验和技巧相对较低。

在第二小节的研究中，主要使用日内和隔夜回报代表中国不同投资者的
交易活动，将股票收益分解为日内和隔夜部分，探索中国股市动量不显著现
象的潜在解释。研究发现：传统动量策略在中国的整体表现不佳，月度回报
之间几乎没有（正）回报自相关。其次，股市开盘和闭市时的股价表现非常
不同，其中盘中收益和隔夜收益都是显著为负的，在白天经历高价格上涨的
股票（从开盘到收盘）往往会在夜间经历戏剧性的价格反转，中国市场有显
著的短期回报反转效应，但没有中期回报动量效应。此外，日内交易期和公
开叫卖前的收益在月度频率上是负相关的，这可能是受到两个时期不同的交
易机制的影响，从而吸引了异质性的投资者交易偏好，投资者群体的差异可
能导致不同的回报表现。

另外，为了验证投资者异质性的说法及在横截面上可能产生的影响，本
研究形成了两种基于回报的交易策略，即日内动量和隔夜动量策略。研究发
现，过去盘中（隔夜）赢家的股票在随后的盘中（隔夜）的表现持续优于那
些过去盘中（隔夜）输家的股票。然而同样的盘中（隔夜）动量策略在随后
的隔夜（盘中）会遭受巨大损失，这种拉锯战效应消除了投资者追求动量型
交易策略的有效性，这可能是中国常规动量策略整体表现不佳的原因。总之，
日内动量和隔夜动量策略模仿了日内和隔夜客户的交易行为，描述了投资者
群体之间持续的拉锯战：白天需求量大的股票在晚上也会受到另一个投资者
群体的密切关注，反之亦然。除此之外，研究证明了盘中赢家股票和隔夜赢
家股票之间存在明显的区别，即盘中赢家股票往往具有投机性质，而隔夜赢
家股票往往具有质量性质，不同偏好的投资者群体会选择在日内偏好的交易
时段内交易一部分股票。最后，研究发现这种拉锯战在中国具有高度的持久
性，在考虑了一些回报预测因素后，公司层面的日内（隔夜）回报持久性是

稳健的。在横截面上，公司层面的收益率持续性是稳健的。并且日内和隔夜动量的现象在不同的市场状态和月份下都是稳健的。

　　总体来说，通过将开盘前半小时收益进行分解，以及将日内和隔夜回报进行划分，证明了中国股市盘面层面存在显著的日内动量效应，并且盘中可预测性主要来源于隔夜分量，且实证结果支持了后知情交易模型。进一步地，从投资者异质性的角度验证了投资者群体之间的拉锯战，并且这种持续的拉锯战几乎消除了投资者在中国追求基于动量的交易策略的有效性。

第 4 章

不同信息源对投资者交易行为的影响

4.1 市场信息发布与日内动量效应表现

4.1.1 引言

上一章的研究发现中国股票市场存在显著的日内动量效应。将日内动量信息作为一类信息源，探究其对不同类型投资者决策的影响机制。在这一过程中，日内动量效应的产生有两个不可或缺的条件：（1）存在对信息获取与分析能力不同的投资者；（2）市场中有新信息到达。

在这一部分将扩展信息到达与股票日内动量效应表现的研究，重点分析不同类型信息对日内动量效应的影响。研究发现，股票市场日内动量效应存在显著的"周一效应"，原因在于周一开盘前市场中汇总了上周五收盘后所有的有效信息，市场中整体信息含量在一周内五个交易日中相对更大，不同类型投资者间信息差随之增大，因而导致日内动量效应在周一的表现更加显著。此外，这部分的研究利用改进后的股价跳跃检测程序，找到了当日开盘价格相对于上一日价格中存在的股价跳跃，并以此作为信息到达的代理变量研究新信息对日内动量效应的影响。本书发现市场中新正面信息的出现削弱了股票日内动量效应,而市场中新负面信息的出现增强了股票的日内动量效应,且新信息对日内动量效应的影响具有时间上的持续性。最后,这部分研究了公开新闻对股票日内动量效应的影响,研究发现公开新闻的出现减少了专业投资者与滞后信息投资者间的信息差,从而降低了股票的日内动量效应。公开新闻产生的影响主要在于减少两类投资者的信息差,与公开新闻数据本身的性质没有显著关系。

这部分研究的安排如下:首先给出了这部分研究的数据描述,并讨论了股票日内动量效应的"周一效应",其次,分析根据改进后股价跳跃程序检测出的新信息对日内动量效应的影响,给出公开信息对日内动量效应的影响,并进行总结。

4.1.2　数据来源

这部分研究使用的日内高频交易数据为 TRTH 数据库提供的上海证券交易所与深圳证券交易所所有 A 股股票的日内 5 分钟交易数据。数据的时间跨度为 1996 年 1 月到 2018 年 5 月,根据不同板块股票各自上市时间的不同以及数据可得性的限制,样本在中国股票市场几个重要板块中所包含的时间段各不相同:使用上海证券交易所主板数据的起始时间为 1996 年 1 月,共包含 1 491 只 A 股股票;深圳证券交易所主板数据的起始时间为 2001 年 11 月,共包含 467 只交易股票;深圳证券交易所中小板数据的起始时间为 2004 年 6 月,共包含 911 只交易股票;深圳证券交易所创业板数据的起始时间为 2009 年 11 月,共包含 727 只交易股票。所有股票样本的截止日期均为 2018 年 5 月。为了保证每只股票研究样本的充足性,在实际研究中剔除了所有已经退市的股票、金融股以及交易时间不足一年的股票样本。

这部分使用的公开信息数据为锐思数据库"每日资讯"板块中提供的个股新闻日数据。由于锐思数据库中新闻数据库从 2008 年 3 月 1 日起才有比较全的统计,因此这部分研究的样本期为 2008 年 3 月 1 日到 2018 年 5 月 31 日。

在锐思数据库中得到了本研究中 3 224 个样本股票的相关新闻日数据，包括新闻出现的日期，新闻发布机构，新闻包含的内容，新闻涉及的股票名称与股票代码等。

4.1.3 信息与日内动量效应的"周一效应"

这一部分给出了中国股票市场日内动量效应在一周中特殊的交易日"周一"中的表现。基于日内动量效应产生所需的条件，信息汇集的程度对日内动量效应的强度有显著影响，而周一则可能是一周中信息含量最高的交易日。因此，这一部分想要研究是否股票日内动量效应在周一有不同的表现。

相较于一周中其他四个交易日，周一汇集了上周五收盘后到本周开盘前所有可得的信息，在一周交易中拥有相对较高的信息含量，对周一日内动量效应的研究可以给出当信息含量增加时日内动量效应是否有不同表现的证据。①

这部分的研究主要包含两个部分：（1）将周一样本单独进行研究，分析日内动量效应在周一子样本回归中的表现是否与整体不同；（2）使用虚拟变量回归，在整体样本中得出周一子样本的独特表现。这两部分研究各有优势：子样本回归给出了日内动量效应在周一的全部表现，除了开盘后第一个半小时回报和隔夜回报系数变化外，还可以看到周一子样本回归中其他相关系数的变化；虚拟变量回归给出了周一子样本中日内动量效应变化的净值，可以直观地看到日内动量效应在周一的不同表现。在表 4 - 1 和表 4 - 2 中分别给出了这两部分研究的结果，并作对比分析。

周一子样本单独分析使用的回归公式与上一章对总体样本日内动量效应研究时是一致的，回归公式如下：

$$r_{last,t} = \alpha + \beta_{1st} \times r_{1st,t} + \beta_{14;30} \times r_{14;30,t} + \varepsilon_t \qquad (4-1)$$

---

① 本部分在研究中同样考虑了重大节假日如五一、十一、春节过后的第一个交易日不是周一情况，将这些节假日样本与周一等同看待时，所得出结果与使用周一数据进行研究是十分相似的，因此这一部分仅给出了周一数据研究的结果。

$$r_{last,t} = \alpha + \beta_{ov} \times r_{ov,t} + \beta_{10:00} \times r_{10:00,t} + \beta_{14:30} \times r_{14:30,t} + \varepsilon_t \qquad (4-2)$$

其中，$r_{last,t}$ 为主要被解释变量：股票市场收盘前最后半小时的回报值，为 14：30~15：00 的回报值。$r_{1st,t}$ 为股票市场开盘后第一个半小时回报值，为上一日收盘到当日 10：00 的回报值。$r_{14:30,t}$ 为股票市场收盘前倒数第二个半小时的回报值，为 14：00~14：30 的回报，作为回归的控制变量控制股票回报自相关性的影响。$r_{ov,t}$ 为股票隔夜回报值，为上一日收盘到当日 9：30 回报值。$r_{10:00,t}$ 为股票第一个半小时回报的剩余部分，为 9：30~10：00 的回报值。这部分的回归采用面板数据回归方式，并控制了个股的固定效应。回归结果在表 4-1 中给出。

表 4-1　　　　　日内动量效应在周一的表现（子样本回归）

	第一个半小时回报			隔夜回报			
	（1）	（2）	（3）	（4）	（5）	（6）	（7）
$r_{1st,t}$	2.764*** (0.0334)		2.714*** (0.0334)				
$r_{ov,t}$				3.727*** (0.0432)	3.780*** (0.0433)	3.675*** (0.0433)	3.729*** (0.0433)
$r_{10:00,t}$					1.400*** (0.0498)		1.353*** (0.0498)
$r_{14:30,t}$		2.618*** (0.0837)	2.241*** (0.0836)			2.311*** (0.0835)	2.232*** (0.0836)
α	0.0696*** (0.0007)	0.0666*** (0.0007)	0.0696*** (0.0007)	0.0702*** (0.0007)	0.0704*** (0.0007)	0.0701*** (0.0007)	0.0704*** (0.0007)
Obs	1 520 098	1 520 098	1 520 098	1 520 098	1 520 098	1 520 098	1 520 098
R^2	0.44	0.07	0.49	0.48	0.53	0.54	0.58
N	3 224	3 224	3 224	3 224	3 224	3 224	3 224

注：*表示系数在10%的显著性水平下显著，**表示系数在5%的显著性水平下显著，***表示系数在1%的显著性水平下显著。

表 4-1 中第（1）列给出了开盘后第一个半小时的回报（$r_{1st,t}$）对收盘

前最后半小时回报（$r_{last,t}$）的影响，第（2）列为倒数第二个半小时的回报（$r_{14;30,t}$）对收盘前最后半小时回报的影响，第（3）列给出了控制倒数第二个半小时的回报影响后第一个半小时回报对收盘前最后半小时回报的影响。表 4-1 中第（4）列给出了隔夜回报（$r_{ov,t}$）对收盘前最后半小时回报的影响，第（5）列为隔夜回报与第一个半小时剩余部分回报（$r_{10:00,t}$）对收盘前最后半小时回报的综合影响，第（6）列给出了控制倒数第二个半小时回报的影响后隔夜回报对收盘前最后半小时回报的影响，第（7）列给出了控制倒数第二个半小时回报的影响后隔夜回报与第一个半小时剩余回报对收盘前最后半小时回报的综合影响。表 4-1 中 α 给出了回归方程的常数项，R^2 为回归方程的拟合优度，即方程整体的解释力度。Obs 为方程全部的样本数，N 给出了回归方程包含的股票数。表 4-1 中所有回归结果均为百分比值。表 4-1 中系数下方对应括号内给出的值为回归标准差。

从表 4-1 结果可以看出，在信息含量相对较高的周一，中国股票市场日内动量效应值高于全样本均值。周一子样本研究中发现了开盘后第一个半小时回报对最后半小时回报显著正向的影响，第一个半小时回报增加 1%，对最后半小时回报有 2.76% 的影响，且系数在 1% 的显著性水平下显著，大于全样本回归的结果（1.92%）。周一子样本回归中同样发现了中国股票市场日内回报的自相关性，收盘前倒数第二个半小时回报对收盘前半小时回报有显著的正向影响，收盘前倒数第二个半小时回报增加 1%，对收盘前半小时回报有 2.62% 的影响，且系数在 1% 的显著性水平下显著。当控制回报自相关性的影响后，开盘第一个半小时的影响仍然在 1% 的水平下显著，且影响值高于全样本均值（2.71% 与 1.83%）。综上所述，使用开盘后第一个半小时回报进行日内动量效应研究时，本部分研究发现周一子样本中日内动量效应显著存在，且高于全样本均值。

以隔夜回报作为主要解释变量进行日内动量效应研究时，所得出的结论是一致的。隔夜回报对收盘前最后半小时回报的影响为 3.73%，在 1% 的水平下显著，大于全样本中隔夜回报产生的影响（2.88%）。当隔夜回报与第一个半小时剩余回报同时加入回归方程时，可以看到，隔夜回报对收盘前半小时回报的影响约为第一个半小时回报剩余部分的 2.7 倍（3.78% 与 1.40%），两个回报的系数值均大于全样本下的结果。当控制回报自相关性的影响后，所得出的结论是一致的，因此这里不再赘述。除此之外，根据周一子样本数据进行研究，所得出日内动量效应回归方程的解释力度（R^2）较大，因此进一步验证了这部分的结论：在信息量相对较高的周一，股票的日内动量效应更强。

使用虚拟变量回归对周一效应进行研究时所得出的结论与表 4 - 1 中结果是一致的。[①] 这部分研究使用的回归方式如下。

$$r_{last,t} = \alpha + \beta_{1st} \times r_{1st,t} + \beta_{Mon} \times Mon \times r_{1st,t} + \beta_{14:30} \times r_{14:30,t} + \varepsilon_t \quad (4-3)$$

$$r_{last,t} = \alpha + \beta_{ov} \times r_{ov,t} + \beta_{Mon} \times Mon \times r_{ov,t} + \beta_{14:30} \times r_{14:30,t} + \varepsilon_t \quad (4-4)$$

与前文一致，$r_{last,t}$ 为主要被解释变量：股票市场收盘前最后半小时的回报值，为 14：30 ~ 15：00 的回报值。$r_{1st,t}$ 为股票市场开盘后第一个半小时回报值，为上一日收盘到当日 10：00 的回报值。$r_{14:30,t}$ 为股票市场收盘前倒数第二个半小时回报值，为 14：00 ~ 14：30 的回报，作为回归的控制变量控制股票回报自相关性的影响。$r_{ov,t}$ 为股票隔夜回报值，为上一日收盘到当日 9：30 的回报值。Mon 为周一虚拟变量，在交易日为周一时取 1，其余交易日取 0。根据表 4 - 1 中结果可以看到，周一的样本数约占到全部交易样本数的 1/5，且全部股票均在周一中有交易，周一样本不存在明显的交易偏好。这部分的回归采用面板数据回归方式，并控制了个股的固定效应。回归结果在表 4 - 2 中给出。

表 4 - 2 中第（1）列和第（2）列给出了第一个半小时回报值（$r_{1st,t}$）对收盘前半小时回报（$r_{last,t}$）的影响，第（1）列没有考虑倒数第二个半小时的回报值（$r_{14:30,t}$）对收盘前半小时回报的影响，第（2）列加入了倒数第二个半小时回报值的影响。对应的表 4 - 2 中第（3）列和第（4）列给出了隔夜回报（$r_{ov,t}$）对收盘前半小时回报的影响，第（3）列没有考虑倒数第二个半小

---

① 　这一部分虚拟变量回归主要关注开盘后第一个半小时回报与隔夜回报对收盘前最后半小时回报的影响，因此在回归中没有包含第一个半小时剩余回报的影响。

时回报值对收盘前半小时回报的影响，第（4）列加入了倒数第二个半小时回报值的影响。表 4 - 2 中 Mon × r$_{1st,t}$ 给出了相较于全样本，周一第一个半小时回报对收盘前半小时回报的额外影响，Mon × r$_{ov,t}$ 给出了相较于全样本，周一隔夜回报对收盘前半小时回报的额外影响。同样地，表 4 - 2 中 α 给出了回归方程的常数项，R^2 为回归方程的拟合优度，即方程整体的解释力度。Obs 为方程全部的样本数，N 给出了回归方程包含的股票数。表 4 - 2 中所有回归结果均为百分比值。

表 4 - 2　　　　　　　　　日内动量效应在周一的表现（虚拟变量回归）

	第一个半小时回报		隔夜回报	
	（1）	（2）	（3）	（4）
r$_{1st,t}$	1. 681 *** (0. 0192)	1. 601 *** (0. 0192)		
r$_{ov,t}$			2. 654 *** (0. 0248)	2. 561 *** (0. 0247)
Mon × r$_{1st,t}$	0. 993 *** (0. 0390)	0. 940 *** (0. 0390)		
Mon × r$_{ov,t}$			0. 951 *** (0. 0505)	0. 909 *** (0. 0504)
r$_{14:30,t}$		6. 017 *** (0. 0366)		6. 021 *** (0. 0365)
α	0. 0339 *** (0. 0003)	0. 0336 *** (0. 0003)	0. 0355 *** (0. 0003)	0. 0352 *** (0. 0003)
Obs	7 787 027	7 787 027	7 787 027	7 787 027
R^2	0. 17	0. 52	0. 22	0. 58
N	3 224	3 224	3 224	3 224

注：系数下方对应括号内给出的值为回归标准差。＊表示系数在 10% 的显著性水平下显著，＊＊表示系数在 5% 的显著性水平下显著，＊＊＊表示系数在 1% 的显著性水平下显著。

表 4 - 2 中结果表明，股票市场日内动量效应在信息含量相对较高的周一

加强。具体来说，相较于全样本中开盘后第一个半小时回报对收盘前最后半小时回报的影响（1.68%，在1%的水平下显著），周一时第一个半小时回报的影响增强约60%（增加的值为0.99%，在1%的水平下显著），这个结论在考虑了收盘前倒数第二个半小时回报的影响后仍然成立（相应的值分别是1.60%和0.94%，均在1%的水平下显著）。以隔夜回报为主要解释变量进行研究时，结果是相似的：相较于正常交易日中隔夜回报对收盘前最后半小时回报的影响（2.65%，在1%的水平下显著），周一子样本中隔夜回报的影响增强约32%（增加的值为0.95%，在1%的水平下显著），这个结论在考虑了收盘前倒数第二个半小时回报的影响后仍然成立（相应的值分别是2.56%和0.91%，均在1%的水平下显著）。从表4-1和表4-2可以得出，在信息含量相对较高的周一，投资者可获得的信息总量增多，获取信息能力的差异性有更加显著的体现，日内动量效应在这个阶段增强。

4.1.4　新信息与日内动量效应

这部分研究使用改进的股价跳跃检测程序找到了在市场开盘时，股票价格相较于上一个交易日是否存在股价跳跃，并以此作为市场中是否有信息到达及信息类别的判断标准。

相较于使用公开新闻等数据作为信息到达的代理变量，股价的跳跃具有以下几个优势：（1）新闻数据属于典型的公开信息，只包括了市场中全部信息的一部分，难以用新闻数据来全面概括市场中所有可得信息对日内动量效应的影响；（2）由于缺乏合适的数据库数据，本书当前从锐思数据库得到的数据为个股新闻日度数据，只能明确对应到新闻公布的具体日期，而无法对应到新闻发布的具体日内时刻，考虑到这部分的研究为日内动量效应，因此，当前所得到新闻数据的适用性较低；（3）新闻数据中中性新闻数据比较多，包括对公司股东大会，季报公布等的预告以及市场在一段时间整体的走势预期等，为投资者带来的信息具有更高的同质性，可能对日内动量效应的影响程度较低。

跳跃通常指股票价格发生大且稀有的变化（Barndorff – Nielsen & Shephard，2004；Johannes，2004；Jiang & Oomen，2008；Andersen et al.，2012；Bajgrowicz et al.，2015；Cremers et al.，2015；Jiang & Zhu，2017）。与新闻数据相比，股价跳跃给出了在一定时间内股票回报是否存在显著的变化，直接反映了相应时间内所有新信息的影响，同时股价跳跃的正负性也直接反映了信息的性质：对股价有利的积极信息带来正的股价跳跃，对股价有害的消极信息带来负的股价跳跃。且通过股价跳跃出现的时间，可以锁定市场中新信息出现的时间点，从而准确研究上一日收盘到当日开盘期间出现的新信息对日内动量效应的影响。

股价跳跃检测程序①的基本原理为：在有限样本中，日内股票回报的已实现波动率（realized variance，RV）通常被当作股票日内波动的衡量指标，然而实证研究发现，已实现波动率会在某些交易日失灵，特别是在有大的股价变化的交易日。学者们想要通过改进日内波动率的衡量方式来得到剔除异常大股价变化影响后稳定的日内波动值，由此而产生了一系列改进后的日内波动衡量方式。改进后的日内波动衡量方式仅在市场中出现大的股价变动时与已实现波动率所衡量的波动有较大的差别，而这些出现较大差值的交易日即为存在日内股价跳跃的交易日，交易日中较大的股价变动则对应研究所需的股价跳跃。

假定基础的对数股票价格服从以下形式：

$$dp_t = \mu_t dt + \sigma_t dW_t + dJ_t \qquad (4-5)$$

股票价格可以分解为以下部分：μ_t 为漂移系数（drift，在高频交易中，漂移系数一般取值为0），σ_t 为扩散系数（diffusion parameter），W_t 代表了标准布朗运动（Brownian motion），J_t 为股价跳跃过程（jump process）。巴恩多夫 – 尼尔森和谢泼德（Barndorff – Nielsen & Shephard，2004，2006）从理论上说明了价格过程的二次变化（quadratic variation，QV）可以分解为一个连续

① 本书使用的股价跳跃的检测程序为作者合作论文中的一部分，检测程序中主要变量来自相关文献，合作者完成了股价跳跃程序的主要改进工作，本书作者对改进后的程序进行了检查核实工作，并在此基础上完成了将股价跳跃程序应用到中国市场中的实证部分研究。

波动因子，即通常说的整体方差因子（integrated variance，IV）和跳跃因子（jump component）。在有限样本中，价格过程的二次变化通常用已实现波动率来表示，这是一种非参数的测量方式（non-parametric measure），这种简单的测量方式在实证研究中被发现存在着比较多的问题。相对于使用以实现波动率来表示的整体方差水平，本部分利用了安徒生等（Andersen et al.，2012）提出的改进后的波动率衡量方式 MedRV 来作为有效波动的衡量，这种波动性的衡量方式提供了更好的有限样本稳健性，尤其是对于滞后价格（stale prices）样本。同时，MedRV 的渐进有效性也高于其他维度的方差衡量方式。安徒生等（2012）的研究中，两种主要的非参数方差衡量 RV 和 MedRV 的计算公式如下：

$$RV \equiv \sum_{j=1}^{M} r_j^2 \tag{4-6}$$

$$MedRV \equiv \frac{\pi}{6 - 4\sqrt{3} + \pi}\left(\frac{M}{M-2}\right)\sum_{j=3}^{M} med(\,|\,r_j\,|\,,\,|\,r_{j-1}\,|\,,\,|\,r_{j-2}\,|\,) \tag{4-7}$$

其中，MedRV 中 $\dfrac{\pi}{6 - 4\sqrt{3} + \pi}$ 给出了波动率调整系数。

r_j 为第 j 个日内回报值，M 为日内回报的总个数，RV 给出了一天中所有回报平方的总和。MedRV 给出的则是一天中相邻三个回报中位数的总和。基于巴恩多夫－尼尔森和谢泼德（2004，2006）给出的二次变化理论（QV），RV 与 MedRV 的差值在 M 趋于无穷大时提供了跳跃分量的一致估计量（相关理论证据在巴恩多夫－尼尔森和谢泼德（2004）定理 2 中给出）。本部分依据黄和陶亨（Huang & Tauchen，2005）中给出的在有限样本下有良好表现的 Z 统计量构建方式给出了每个交易日中检测出股价跳跃值的显著性水平。Z 的计算方式如下：

$$Z = M^{\frac{1}{2}}\frac{[RV - MedRV] \times RV^{-1}}{[(\mu_1^{-4} + 2\mu_1^{-2} - 5) \times \max\{1,\ MedRQ \times MedRV^{-2}\}]^{\frac{1}{2}}} \tag{4-8}$$

其中，MedRQ 为更高阶的波动衡量方式（回报的四次方），MedRQ 的定义为：

$$MedRQ \equiv \frac{3\pi M}{9\pi + 72 - 52\sqrt{3}}\left(\frac{M}{M-2}\right)\sum_{j=3}^{M} med\left(\left|r_j\right|, \left|r_{j-1}\right|, \left|r_{j-2}\right|\right)^4 \quad (4-9)$$

在实际应用中，为了避免检测到可能的虚假跳跃，本部分将跳跃的显著性水平设置为 0.01%，与拜内（Beine et al., 2007），埃文斯（Evans, 2011）和巴格罗维茨等（Bajgrowicz, 2015）在检测时采用的临界值是一致的。用于检测股价跳跃的数据为日内五分钟高频数据，这个取样频度避免了数据频率太高时市场微观结构摩擦造成的误差，同时提供了充足的样本数据以供日内研究。5 分钟的取样频度与安德森等（Andersen et al., 2010）一致，本研究也对使用 1 分钟到 1 小时的取样频度计算的 RV 和 MedRV 绘制差值图，发现使用 5 分钟频度取样后计算所得的 RV 和 MedRV 相对更加稳定。

具体来说，本部分中使用的股价跳跃检测的方式如下。假设股价回报中不存在跳跃值，即 RV 与 MedRV 的差值在统计意义上不显著。当某一交易日中原假设被拒绝后，交易日 i 中两个统计指标差值的 Z 统计量在统计意义显著。因此，本部分先假定日内股价跳跃可能出现在第一个回报值，然后执行以下步骤。

（1）记录在交易日 i 中当天 M 个日内回报值：$\{r_{i,1}, r_{i,2}, \cdots, r_{i,M}\}$。

（2）从交易日 i 中第 j 个（j = 1, 2, $\cdots$, M）回报值开始，用 $\{r_{i,1}, r_{i,2}, \cdots, r_{i,M}\}$ 的中位数值代替相应的回报值，即产生了一个新的回报序列 $\{r_{i,1}, r_{i,2}, \cdots, r_{i,median}, \cdots, r_{i,M}\}$，除第 j 个回报值外，新回报序列中其他回报值均与原始回报序列相同。基于这个新的回报序列，本部分研究产生了一系列新的 Z 统计量值，即 $\{Z_i^{(1)}, Z_i^{(2)}, \cdots, Z_i^{(M)}\}$。

（3）计算原始 Z 统计量序列与新的 Z 统计量序列的差值，即 $\{Z_i - Z_i^{(1)}, Z_i - Z_i^{(2)}, \cdots, Z_i - Z_i^{(M)}\}$，并找出差值序列中的最大值，$I_{|Z_i > \Phi_{1-\alpha}|}(\max_{J \in \{1,2,\cdots,M\}} Z_i - Z_i^{(J)})$。差值最大的 Z 统计量对应的被替换掉的回报值即为交易日 i 中当天检测所得出的第一个股价跳跃值，回报值相应的时间即为股价跳跃产生的时间。

（4）依据步骤 3 中得到的修正后序列的 Z 统计量（$Z_i^{(J)}$）作为新的基准，如果 $Z_i^{(J)}$ 小于 Z 统计量临界值，可以得出，在交易日 i 中只有一个股价跳跃，即第 j 个回报值。如果 $Z_i^{(J)}$ 大于 Z 统计量临界值，则以 $r_{i,median}$ 替代第 j 个回报值后得到的新序列为基准，重复步骤 1 到步骤 4，以识别出交易日 i 中所有的股价跳跃值。

通过以上日内跳跃检测程序，可以找到样本期内所有交易日内的股价跳跃值与股价跳跃的时间。与江和朱（Jiang & Zhu，2017）一致，本部分研究剔除了小于两倍最小报价单位的股价跳跃，以避免可能的买卖价格反弹（bid-ask bounces）造成的偏误。先前的研究中也采用了类似的顺序跳跃检验程序，如江和欧门（Jiang & Oomen，2008）、安德森等（2010）和江等（Jiang et al.，2011），与这些研究相比，本部分研究主要的不同就在于 RV 与 MedRV 的差值作为定义股价跳跃的依据，这种方式较其他的波动定义指标在有限样本下更接近整体方差水平。

本部分研究用于计算股价跳跃的数据样本为上一日开盘（不包含开盘价）到当日开盘所有的日内 5 分钟回报值。进一步地，由于研究的主要目的在于找出股票市场上一日收盘到当天开盘前有新信息到达时，由于专业投资者与滞后信息投资者对信息获取与分析能力不同而造成的日内动量效应，本部分研究关注的重点在于股票市场上一日收盘后到当天开盘前是否存在股价跳跃，即当日开盘价是否属于股价跳跃值。因此，这部分研究中仅保留了在 9：30 时刻的股价跳跃值。表 4-3 中给出了股价跳跃的相关描述性统计量。

表 4-3 中给出了根据股价跳跃程序检测出的 9：30 全部股价跳跃（RET_J）、正股价跳跃（RET_{PJ}）、负股价跳跃（RET_{NJ}）、与 9：30 全部股价回报（RET）的描述统计值。包括各回报的均值（Mean）、标准差（Std）、5% 到 95% 分位值（第一行中 5%～95%）以及股价跳跃在全部股价回报中所占的比重（Ratio）。表 4-3 所有值均为百分比值。

表 4-3　　　　　　　　股价跳跃描述统计

	Mean	Std.	5%	25%	50%	75%	95%	Ratio
RET_J	-0.246	2.803	-4.318	-1.986	-0.919	1.600	4.247	11.45
RET_{PJ}	2.360	1.787	0.696	1.195	1.811	2.865	6.137	4.96
RET_{NJ}	-2.239	1.504	-5.238	-2.774	-1.814	-1.223	-0.720	6.49
RET	0.044	3.160	-5.231	-1.511	0.076	1.575	5.336	—

表4-3中给出了股价跳跃属于大且稀有的股票回报的证据：在全部9：30回报中，仅有11.45%的回报被检测为股价跳跃，其中4.96%为正股价跳跃，6.49%为负股价跳跃，股价跳跃在全部股票回报中所占比重较低。相对于全样本均值0.044%而言，考虑正负回报抵销后，9：30股票回报绝对值均值为0.91%，正股价跳跃均值为2.36%，负跳跃均值为-2.239%，股价跳跃显著大于全部股票回报的均值。从表4-3结果中发现的另一个事实为：在股价跳跃中，正股价跳跃与负股价跳跃所占的百分比相当，因此股价跳跃总体均值仅为-0.246%。正股价跳跃与负股价跳跃在各百分比占比中有相似但是符号相反的表现，因此，研究将正股价跳跃与负股价跳跃加以区分，分别研究两类型新信息对日内动量效应的影响。

本部分研究对正负信息区分研究的动机来源于普里塔马尼和辛格尔（Pritamani & Singal，2001），江等（2011），帕克和李（Park & Lee，2014）和布伦南等（Brennan et al.，2015）的研究：积极信息与消极信息对投资者的交易产生不同的影响。这个结果可能来自多个方面的影响因素，对于公司的管理者而言，考虑到信息发布对股票价格可能产生的影响，管理者可能更倾向于向市场中发布正面的信息，这些信息的发布也会以一种较为直接的方式发布到市场中供投资者使用。而对于负面信息，首先，管理者可能以更加模糊的方式发布，甚至可能延缓负面信息的发布时间，因此对于投资者而言，获取负面信息的内容要比获取正面信息更加困难。其次，受限于股票市场中的卖空限制，投资者在接收到负面信息后进行的卖出操作要难以接收到正面信息后的买入行为，从而增加了负面信息在市场中扩散的难度。最后，中国股票市场独特的投资者构成也是造成信息传播存在差异的主要原因，市场中占据大部分比重的散户投资者的交易行为通常被认为具有显著处置效应的表现，即好消息到达投资者更有可能卖出正在上涨的股票而当不好的消息到达导致股价下跌时，投资者更有可能持有其预计亏损的股票，从而造成了不同类型信息对投资者交易的差异化影响。因此当市场中出现正面信息时，专业投资者依据其掌握的信息在集合竞价期间进行交易，而滞后的信息投资者也会根据其掌握的滞后信息以及对专业投资者交易行为的观察，在一天中较早的时间进行交易，企图通过基于被过度估计的乐观信息进行的追涨交易在市场中获益，因此当市场中有新的正面信息时，日内动量效应会相对减弱。而当新的负面信息出现时，专业投资者仍然依据其所持有的信息在集合竞价期间进行相关交易，而滞后信息投资者更有可能持有其预期亏损的股票直至市场即将收盘，在最后半小时借助较高的流动性以及出于避免隔夜风险的动机进行交易，因此在负面信息出现的交易日，日内动量效应会相对加强。

考虑到两种信息可能对日内动量效应产生的不同方向的影响，研究中分别使用了正面信息与负面信息两个虚拟变量与前期回报的交叉项对新信息出现产生的影响进行分析。这部分研究使用的回归方程如下：

$$r_{last,t} = \alpha + \beta_{1st} \times r_{1st,t} + \beta_{PJ} \times PJ_o \times r_{1st,t} + \beta_{NJ} \times NJ_o \times r_{1st,t} + \beta_{14:30} \times r_{14:30,t} + \varepsilon_t$$

$$(4-10)$$

$$r_{last,t} = \alpha + \beta_{ov} \times r_{ov,t} + \beta_{PJ} \times PJ_o \times r_{ov,t} + \beta_{NJ} \times NJ_o \times r_{ov,t} + \beta_{14:30} \times r_{14:30,t} + \varepsilon_t$$

$$(4-11)$$

与前文一致，$r_{last,t}$ 为主要被解释变量：股票市场收盘前最后半小时的回报值，为 14：30 ~ 15：00 的回报值。$r_{1st,t}$ 为股票市场开盘后第一个半小时回报值，为上一日收盘到当日 10：00 的回报值。$r_{14:30,t}$ 为股票市场收盘前倒数第二个半小时的回报值，为 14：00 ~ 14：30 的回报，作为回归的控制变量控制股票回报自相关性的影响。$r_{ov,t}$ 为股票隔夜回报值，为上一日收盘到当日 9：30 的回报值。PJ_o 为正股价跳跃虚拟变量，当根据股价跳跃检测程序发现 9：30 的回报相对于前一日回报值为正股价跳跃时取值为 1，其余时刻取值为 0。相应地，NJ_o 为负股价跳跃虚拟变量，当根据股价跳跃检测程序发现 9：30 的回报相对于前一日回报值为负股价跳跃时取值为 1，其余时刻取值为 0。这部分的回归采用面板数据回归方式，并控制了个股的固定效应。回归结果在表 4 - 4 中给出。

表 4 - 4　　　　　　　　　　　新信息到达对日内动量效应的影响

	第一个半小时回报		隔夜回报	
	（1）	（2）	（3）	（4）
$r_{1st,t}$	1. 811 *** （0. 0214）	1. 722 *** （0. 0214）		
$r_{ov,t}$			2. 882 *** （0. 0292）	2. 781 *** （0. 0292）
$PJ \times r_{1st,t}$	− 1. 683 *** （0. 0430）	− 1. 621 *** （0. 0430）		
$PJ \times r_{ov,t}$			− 2. 284 *** （0. 0540）	− 2. 182 *** （0. 0539）
$NJ \times r_{1st,t}$	2. 642 *** （0. 0455）	2. 522 *** （0. 0455）		
$NJ \times r_{ov,t}$			2. 532 *** （0. 0551）	2. 401 *** （0. 0550）
$r_{14;30,t}$		5. 971 *** （0. 0366）		5. 973 *** （0. 0365）
α	0. 041 *** （0. 0003）	0. 040 *** （0. 0003）	0. 041 *** （0. 0003）	0. 041 *** （0. 0003）
R^2	0. 26	0. 60	0. 30	0. 65
Obs	7 787 027	7 787 027	7 787 027	7 787 027
N	3 224	3 224	3 224	3 224

注：表中 ∗ 给出了回归系数的显著性，其中 ∗ 表示系数在 10% 的显著性水平下显著，∗∗ 表示系数在 5% 的显著性水平下显著，∗∗∗ 表示系数在 1% 的显著性水平下显著。

表 4 - 4 中第（1）列和第（2）列给出了以开盘后第一个半小时回报值（$r_{1st,t}$）对收盘前半小时回报（$r_{1st,t}$）的影响，第（1）列没有考虑倒数第二个半小时回报值（$r_{14;30,t}$）对收盘前半小时回报的影响，第（2）列加入了倒数第二个半小时回报值的影响。对应地，表 4 - 4 中第（3）列和第（4）列给出了隔夜回报（$r_{ov,t}$）对收盘前半小时回报的影响，第（3）列没有考虑倒数第二个半小时回报值对收盘前半小时回报的影响，第（4）列加入了倒数第二个半

小时回报值的影响。表 4-4 中 $PJ_o \times r_{1st,t}$ 和 $NJ_o \times r_{1st,t}$ 给出了相对于全样本，当市场中出现新的正面信息和负面信息时，对第一个半小时回报对收盘前半小时回报产生的影响；$PJ_o \times r_{ov,t}$ 和 $NJ_o \times r_{ov,t}$ 给出了相对于全样本，当市场中出现新的正面信息和负面信息时，对隔夜回报对收盘前半小时回报产生的影响。同样地，表 4-4 中 α 给出了回归方程的常数项，R^2 为回归方程的拟合优度，即方程整体的解释力度。Obs 为方程全部的样本数，N 给出了回归方程包含的股票数。表 4-4 中所有回归结果均为百分比值。表 4-4 中系数下方对应括号内给出的值为回归标准差。

从表 4-4 结果可以看出，股票市场中出现的正面新信息与负面新信息对日内动量效应有不同的影响。相较于全样本中开盘后第一个半小时回报对收盘前最后半小时回报的影响（1.811%，在 1% 的水平下显著），当市场中出现新正面信息时，日内动量效应显著降低至不显著（降低的值为 -1.683%，在 1% 的水平下显著）；当市场中出现新负面信息时，日内动量效应显著增加至原来的 2.46 倍（增加的值为 2.642%，在 1% 的水平下显著）。这个结论在考虑了收盘前倒数第二个半小时回报的影响后仍然成立（相应的值分别是 -1.621% 和 2.522%，均在 1% 的水平下显著）。以隔夜回报为主要解释变量进行研究时，结果是相似的：相较于全样本中隔夜回报对收盘前最后半小时回报的影响（2.882%，在 1% 的水平下显著），当市场中出现新正面信息时，日内动量效应显著降低至不显著（降低的值为 -2.284%，在 1% 的水平下显著）；当市场中出现新负面信息时，日内动量效应显著增加至原来的 1.88 倍（增加的值为 2.532%，在 1% 的水平下显著）。这个结论在考虑了收盘前倒数第二个半小时回报的影响后仍然成立（相应的值分别是 -2.182% 和 2.401%，均在 1% 的水平下显著）。从表 4-4 中结果可以得出结论，当市场中出现正面新信息时，股票的日内动量效应降低至统计意义上不显著，而当市场中出现负面信息时，股票的日内动量效应显著增加。产生这个结果的主要原因包括来自公司管理者对不同类型信息发布的偏好，市场中实际存在的卖空交易限制以及投资者典型处置效应下的行为偏差等。

进一步地，想要研究是否正面信息和负面信息对股票日内动量效应的影响具有时间序列上的趋势。本部分根据股价跳跃程序检测出的新信息是市场中占比相对较小，且对投资者交易行为以及股票回报有显著影响的巨大变化，因此可以推测，检测出的新信息可能不会通过投资者当天的交易而完全被市场吸收，新信息对日内动量效应的影响可能存在短期的持续性，当天未包含在股价回报中的信息将以被削弱的新信息的形式对投资者交易产生影响，直至信息通过交易被完全吸收。因而专业投资者可能依据被削弱的新信息调整其在集合竞价期间的交易行为，滞后信息投资者的交易行为也会依据被削弱的新信息的性质作相应的调整，信息出现对股票日内动量效应的影响可能存在短期内持续性的表现。

基于这样的研究动机，本部分研究了新信息到达对当日以及后一天，当日以及后两天日内动量效应影响的均值，以找出可能存在的时间序列上持续性的影响。这部分研究使用的回归公式如下：

$$r_{last,t} = \alpha + \beta_{1st} \times r_{1st,t} + \beta_{PJ} \times \sum_{i=1}^{i=2,3} PJ_o \times r_{1st,t} + \beta_{NJ} \times \sum_{i=1}^{i=2,3} NJ_o$$
$$\times r_{1st,t} + \beta_{14:30} \times r_{14:30,t} + \varepsilon_t \qquad (4-12)$$

$$r_{last,t} = \alpha + \beta_{ov} \times r_{ov,t} + \beta_{PJ} \times \sum_{i=1}^{i=2,3} PJ_o \times r_{ov,t} + \beta_{NJ} \times \sum_{i=1}^{i=2,3} NJ_o$$
$$\times r_{ov,t} + \beta_{14:30} \times r_{14:30,t} + \varepsilon_t \qquad (4-13)$$

与前文一致，$r_{last,t}$为主要被解释变量：股票市场收盘前最后半小时的回报值，为14：30 ~ 15：00的回报值。$r_{1st,t}$为股票市场开盘后第一个半小时的回报值，为上一日收盘到当日10：00的回报值。$r_{14:30,t}$为股票市场收盘前倒数第二个半小时的回报值，为14：00 ~ 14：30的回报，作为回归的控制变量控制股票回报自相关性的影响。$r_{ov,t}$为股票隔夜回报值，为上一日收盘到当日9：30的回报值。$\sum_{i=1}^{i=2,3} PJ_o$为新正面信息到达后对当日以及后一天，当日以及后两天影响的虚拟变量值，当根据股价跳跃检测程序发现9：30的回报相对于前一日回报值为正股价跳跃时，在当日以及后一天、当日以及后两天取值为1，其余时刻取值为0。$\sum_{i=1}^{i=2,3} NJ_o$为新负面信息到达后对当日以及后一天，当日以及后两天影响的虚拟变量值，当根据股价跳跃检测程序发现 9：30 的回报相对于前一日回报值为负股价跳跃时，在当日以及后一天、当日以及后两天取值为 1，其余时刻取值为 0。$\sum_{i=1}^{i=2,3} PJ_o$ 和 $\sum_{i=1}^{i=2,3} NJ_o$ 衡量的是市场中新的正面/负面信息到达后对当日以及后一天，当日以及后两天日内动量效应影响的平均值。这部分的回归采用面板数据回归方式，并控制了个股的固定效应。回归结果在表 4 – 5 中给出。

表 4 – 5 中第 （1） 列到第 （3） 列给出了开盘后第一个半小时的回报值（$r_{1st,t}$） 对收盘前半小时回报 （$r_{1st,t}$） 的影响，受到正面信息和负面信息影响后的结果。第 （4） 列到第 （6） 列给出了隔夜回报（$r_{ov,t}$） 对收盘前半小时回报的影响，受到正面信息和负面信息影响后的结果。为了找出信息对日内动量效应影响可能存在的时间序列趋势，在表 4 – 5 中再次给出了信息到达当日对日内动量效应的影响值。为使结果更简洁，在这部分中仅给出了考虑倒数第二个半小时的回报值（$r_{14:30,t}$） 对收盘前半小时回报影响后的结果。表 4 – 5 中第 （1） 列 $PJ \times r_{1st,t}/NJ \times r_{1st,t}$ 给出了正面/负面新信息出现对当天第一个半小时回报衡量的股票动量效应的影响，第 （2） 列 $PJ \times r_{1st,t}/NJ \times r_{1st,t}$ 给出了正面/负面新信息出现对当天及后一天以第一个半小时回报衡量的股票动量效应的平均影响。第 （3） 列 $PJ \times r_{1st,t}/NJ \times r_{1st,t}$ 给出了正面/负面新信息出现对当天及后两天以第一个半小时回报衡量的股票动量效应的平均影响。相应地，表 4 – 5 中第 （4） 列 $PJ \times r_{ov,t}/NJ \times r_{ov,t}$ 给出了正面/负面新信息出现对当天以隔夜回报衡量的股票动量效应的影响，第 （5） 列 $PJ \times r_{ov,t}/NJ \times r_{ov,t}$ 给出了正面/负面新信息出现对当天及后一天以隔夜回报衡量的股票动量效应的平均影响。第 （6） 列 $PJ \times r_{ov,t}/NJ \times r_{ov,t}$ 给出了正面/负面新信息出现对当天及后两天以隔夜回报衡量的股票动量效应的平均影响。同样地，表 4 – 5 中 α 给出了回归方程的常数项，R^2 为回归方程的拟合优度，即方程整体的解释力度。Obs 为方程全部的样本数，N 给出了回归方程包含的股票数。表 4 – 5 中所有回归结果均为百分比值。表 4 – 5 中系数下方对应括号内给出的值为回归标准差。

表 4 - 5　　　　　新信息到达对日内动量效应的平均影响

	第一个半小时回报			隔夜回报		
	One - day	Two - day	Three - day	One - day	Two - day	Three - day
$r_{1st,t}$	1.722 *** (0.0214)	1.621 *** (0.0234)	1.473 *** (0.0252)			
$r_{ov,t}$				2.781 *** (0.0292)	2.511 *** (0.0260)	2.383 *** (0.0264)
$PJ \times r_{1st,t}$	-1.621 *** (0.0430)	-1.092 *** (0.0367)	-0.664 *** (0.0344)			
$PJ \times r_{ov,t}$				-2.182 *** (0.0539)	-0.990 *** (0.0334)	-0.592 *** (0.0304)
$NJ \times r_{1st,t}$	2.522 *** (0.0455)	2.081 *** (0.0386)	1.875 *** (0.0357)			
$NJ \times r_{ov,t}$				2.401 *** (0.0550)	2.091 *** (0.0361)	1.862 *** (0.0329)
$r_{14:30,t}$	5.971 *** (0.0366)	5.972 *** (0.0366)	5.980 *** (0.0366)	5.973 *** (0.0365)	5.972 *** (0.0365)	5.981 *** (0.0365)
α	0.040 *** (0.0003)	0.0378 *** (0.0003)	0.0365 *** (0.0003)	0.041 *** (0.0003)	0.0392 *** (0.0003)	0.0379 *** (0.0003)
R^2	0.60	0.58	0.56	0.65	0.64	0.62
Obs	7 787 027	7 787 027	7 787 027	7 787 027	7 787 027	7 787 027
N	3 224	3 224	3 224	3 224	3 224	3 224

注：表中 * 给出了回归系数的显著性，其中 * 表示系数在 10% 的显著性水平下显著，** 表示系数在 5% 的显著性水平下显著，*** 表示系数在 1% 的显著性水平下显著。

从表 4 - 5 中结果可以看到，新信息到达对股票日内动量效应有短期内持续性的影响：正面新信息到达对股票日内动量效应有削弱的影响，负面新信息到达对股票日内动量效应有加强的作用，信息对日内动量效应的作用有随时间逐渐降低的趋势。具体来说，当以第一个半小时回报为主要解释变量时，正面新信息出现对当日及后一天股票日内动量效应的平均影响为负值，且影响值绝对值小于正面信息出现当日产生的影响（系数为 - 1.092%，在 1% 的水平上显著）；正面信息出现对当日及后两天日内动量效应的平均影响值仍然为负值，且影响值绝对值小于当日及后一天影响的平均值（系数为 - 0.664%，在 1% 的水平上显著）。相反地，负面新信息出现对当日及后一天股票日内动量效应的平均影响为正值，影响值小于负面信息出现当日产生的影响（系数为 2.081%，在 1% 的水平上显著）；负面信息出现对当日及后两天日内动量效应的平均影响值仍然为正值，且影响值小于当日及后一天影响的平均值（系数为 1.875%，在 1% 的水平上显著）。

相应地，当以隔夜回报为主要解释变量时，同样发现正面新信息出现对当日及后一天股票日内动量效应的平均影响为负值，且影响值绝对值小于正面信息出现当日产生的影响（系数为 - 0.990%，在 1% 的水平上显著）；正面信息出现对当日及后两天日内动量效应的平均影响值仍然为负值，且影响值绝对值小于当日及后一天影响的平均值（系数为 - 0.592%，在 1% 的水平上显著）。相反地，负面新信息出现对当日及后一天股票日内动量效应的平均影响为正值，影响值小于负面信息出现当日产生的影响（系数为 2.091%，在 1% 的水平上显著）；负面信息出现对当日及后两天日内动量效应的平均影响值仍然为正值，且影响值小于当日及后一天影响的平均值（系数为 1.862%，在 1% 的水平上显著）。

表 4 - 5 中正面信息和负面信息出现对日内动量效应随时间逐渐降低的影响，表明新信息逐步通过交易被市场所吸收。正面新信息在市场中扩散的速度明显高于负面信息，这个结果一方面来自投资者在处置效应下交易偏好的影响，另一方面则受限于市场对于卖空交易的限制（尽管中国股票市场从 2010 年开始逐步开放了融资融券交易，为投资者卖空行为提供了政策支持，但在实际交易中，融券交易在市场中所占的比重非常低，且融资融券的交易门槛对于一般个人投资者尤其是散户投资者而言相对较高。因而在实践中，中国股票市场依旧存在比较严重的卖空限制），使得负面信息在市场中传播的速度更加缓慢。

从表 4 - 4 和表 4 - 5 中可以得出：新信息的到达对日内动量效应有显著

的影响。受到来自公司管理者对不同类型信息发布的偏好、市场中实际存在的卖空交易限制以及投资者处置效应下的行为偏差等的影响，新正面信息到达与新负面信息到达对日内动量效应有相反的影响。市场中新正面信息到达对专业投资者在集合竞价时交易的影响较小，但滞后信息投资者可能会基于已有信息提前进行交易，从而对股票日内动量效应产生减弱的影响。当市场中新负面信息到达时，滞后信息投资者则可能会减慢其卖出预计可能亏损股票的速度，将卖出交易集中于当日最后的交易时段，从而增加收盘前最后半小时的交易量，使得股票日内动量效应在负面信息到达时增强。市场中新信息到达对日内动量效应的影响存在时间上的持续性，市场中新出现的有较大影响力的新信息无法在当日通过交易被市场完全释放，而是以被削弱的新信息的形式在随后的几个交易日对投资者交易行为产生持续的影响，因此日内动量效应也有相应的改变。由于新信息再次出现时所包含的信息含量降低，其对后几日日内动量效应的平均影响低于出现当日产生的影响。

4.1.5　公开信息与日内动量效应

进一步地，本部分研究了日内动量效应是否与公开信息的发布相关。与上一部分中重点关注的"新信息"的作用不同，公开信息（以新闻信息作为代理变量）的出现为两类型投资者带来了同质的信息，专业投资者相较于滞后信息投资者而言更强的信息获取能力在公开信息出现时被削弱，两类投资者间信息差的减少可能会导致股票日内动量效应的相对减弱。因此，对公开信息作用的研究从另一个角度给出了信息对日内动量效应的影响，成为分析日内动量效应来源的重要证据。

正如前面研究中指出的，使用公开新闻数据作研究存在以下几个问题：（1）由于数据可得性的限制，从锐思数据库中所得到的信息为个股日新闻数据，即新闻时间只能显示新闻发布日期，而本部分研究中所重点关注的是上一个交易日收盘后到交易当天开盘前市场中新信息的作用，根据锐思数据库的新闻数据样本，无法确定新闻的发布是否在夜间；（2）新闻包含信息对日内动量效应产生的影响绝不等同于当日市场中新信息的影响，日内动量效应产生的原因中更重要的部分在于新闻等公开数据外需要进一步加以分析与掌握的信息，因此公开新闻的作用不等同于上一部分利用股价跳跃检测出的新信息的作用，二者不具有数值上或者解释能力上的可比性；（3）新闻数据中包含的公开信息大多数为公司基本面情况介绍的中性信息，因此可能没有明显的正面信息或负面信息的区分。

考虑到新闻数据的性质，这部分的研究中仅使用了新闻数据样本中的一部分：发布于周六、周日的新闻数据作为公开信息到达的代理变量，并研究其对周一股票日内动量效应的影响。由于可获得的数据为日度数据，因此仅能够确定公布于周六、周日的新闻数据处于研究的"上一日收盘后到当天开盘前"的样本区间，公布于其他交易日的新闻数据则无法精准定位其发布的时间点。[①] 这部分研究中可能存在的偏差在于，使用周六日新闻数据作为周一开盘前公开信息到达的代理变量时，忽略了发布于周五下午收盘后到周六的时间段以及周一开盘前时间段公布的新闻数据的影响，但考虑到周六、周日的时间段要显著大于这部分研究忽略的周五与周一的时间段，因此，这部分的研究结论仍然可以作为公开信息对日内动量效应影响的一个参考。

这部分研究所使用的回归公式如下：

$$r_{last,t} = \alpha + \beta_{1st} \times r_{1st,t} + \beta_{News} \times News \times r_{1st,t} + \beta_{14:30} \times r_{14:30,t} + \varepsilon_t \quad (4-14)$$

$$r_{last,t} = \alpha + \beta_{ov} \times r_{ov,t} + \beta_{News} \times News \times r_{ov,t} + \beta_{14:30} \times r_{14:30,t} + \varepsilon_t \quad (4-15)$$

与前文一致，$r_{last,t}$ 为主要被解释变量：股票市场收盘前最后半小时的回报值，为 14：30 ~ 15：00 的回报值。$r_{1st,t}$ 为股票市场开盘后第一个半小时的回报值，为上一日收盘到当日 10：00 的回报值。$r_{14:30,t}$ 为股票市场收盘前倒数第二个半小时的回报值，为 14：00 ~ 14：30 的回报，作为回归的控制变量控制股票回报自相关性的影响。$r_{ov,t}$ 为股票隔夜的回报值，为上一日收盘到当日 9：30 的回报值。News 为根据锐思数据库提供的新闻数据所得出的公开信息是否到

---

① 与前文对"周一效应"的研究一致，在这一部分也考虑了公共假期后第一个交易日不是周一的情况，并将这部分交易日期的数据加入研究中，新样本结果与仅使用周一数据是非常接近的，因此不再赘述。

达的虚拟变量，当周六或周日有新闻到达时，News 取值为1，否则取值为0。回归中使用的开盘前有公开新闻出现的周一样本占据全部周一样本的5.14%。考虑到新闻数据出现的低频性，样本中几乎没有出现某只股票在周六、周日出现两个不同性质新闻的情况，因此使用虚拟变量研究可以很好地描述公开新闻对日内动量效应的作用。

这部分采用面板数据回归方式，并控制了个股的固定效应。回归结果在表4-6中给出。表4-6中第（1）列和第（2）列给出了开盘后第一个半小时回报值（$r_{1st,t}$）对收盘前半小时回报（$r_{1st,t}$）的影响，第（1）列没有考虑倒数第二个半小时的回报值（$r_{14:30,t}$）对收盘前半小时回报的影响，第（2）列加入了倒数第二个半小时的回报值的影响。对应的，表4-6中第（3）列和第（4）列给出了隔夜回报（$r_{ov,t}$）对收盘前半小时回报的影响，第（3）列没有考虑倒数第二个半小时回报值对收盘前半小时回报的影响，第（4）列加入了倒数第二个半小时回报值的影响。表4-6中 News × $r_{1st,t}$ 给出了公开新闻出现对以第一个半小时回报衡量的股票动量效应的影响，News × $r_{ov,t}$ 给出公开信息出现对以隔夜回报衡量的股票动量效应的影响。表4-6中 α 给出了回归方程的常数项，R^2 为回归方程的拟合优度，即方程整体的解释力度。Obs 为方程全部的样本数，N 给出了回归方程包含的股票数。表4-6中所有回归结果均为百分比值。

表4-6　　　　　　　　　　日内动量效应与公开新闻信息

	（1）	（2）	（3）	（4）
	第一个半小时回报		隔夜回报	
$r_{1st,t}$	3.304 *** (0.0404)	3.257 *** (0.0405)		
$r_{ov,t}$			4.795 *** (0.0536)	4.736 *** (0.0536)
News × $r_{1st,t}$	-1.684 *** (0.123)	-1.664 *** (0.123)		

续表

	（1）	（2）	（3）	（4）
	第一个半小时回报		隔夜回报	
News × r$_{ov,t}$			−2.308 *** (0.144)	−2.281 *** (0.144)
r$_{14:30,t}$		1.906 *** (0.0979)		1.892 *** (0.0978)
α	0.0403 *** (0.000870)	0.0405 *** (0.000870)	0.0431 *** (0.000871)	0.0432 *** (0.000871)
Obs	1 064 285	1 064 285	1 064 285	1 064 285
R^2	0.62	0.65	0.74	0.78
N	3 224	3 224	3 224	3 224

注：表中系数下方对应括号内给出的值为回归标准差。＊给出了回归系数的显著性，其中 ＊ 表示系数在 10% 的显著性水平下显著，＊＊ 表示系数在 5% 的显著性水平下显著，＊＊＊ 表示系数在 1% 的显著性水平下显著。

表 4-6 的结果验证了关于公开信息对股票日内动量效应影响的猜测：市场中公开信息的出现，减少了专业投资者与滞后投资者之间的信息差值，从而降低日内动量效应的程度。具体来说，当以第一个半小时回报为主要解释变量时，公开信息出现对股票日内动量效应的影响为负值，没有公开信息的周一动量效应约为有公开信息出现周一动量效应的 2 倍：没有公开信息时第一个半小时回报对最后半小时回报的影响为 3.304%，在 1% 的水平下显著，公开信息出现时，第一个半小时回报产生的日内动量效应的减少值为 −1.684%，在 1% 的水平下显著。这个结论在考虑了收盘前倒数第二个半小时回报的影响后仍然成立，相应的值分别是 3.257% 和 −1.664%，均在 1% 的水平下显著。相应地，当以隔夜回报为主要解释变量时，公开信息出现对股票日内动量效应的影响仍然为负值，没有公开信息时周一动量效应约为有公开信息出现周一动量效应的 2 倍：没有公开信息时隔夜回报对最后半小时回报的影响为 4.795%，在 1% 的水平下显著，公开信息出现时，隔夜回报产生的日内动量效应的减少值为 −2.308%，在 1% 的水平下显著。这个结论在考虑了收盘前

倒数第二个半小时回报的影响后仍然成立，相应的值分别是 4.736% 和 −2.281%，均在 1% 的水平下显著。

最后，本部分研究想要分析公开信息的性质是否会改变其对日内动量效应的影响。这部分研究采用关键字分类的方式对公开新闻数据的性质加以分析。这部分使用的分类积极公开新闻的关键字包括：强势股、黑马、荣获、承诺不减持、增持、资金流入、走高、向好、向上、澄清、成功、上行、增长逾、上涨、交易机会、增长、良好、上升、推荐、利好、净利润增、涨停、领跑、看好、优势、投资价值、反弹、大幅增长、盈利、买入评级、关注、积极关注、密切关注、重点关注、值得关注等。分类消极公开新闻的关键字包括：不看好、处罚、处分、大幅下降、跌停、股东减持、股权冻结、官司、降、净利润减、亏损、立案、利空、劣势、领跌、卖出评级、失败、受罚、诉讼、索赔、违法、下跌、下行、向下、指控等。其余不包含这些关键字的新闻样本被归类为中性公开新闻。

根据这一分类，在全部新闻样本中，有 12 907 个新闻样本被划分为积极新闻，4 493 个新闻样本被划分为消极新闻，37 329 个新闻样本被划分为中性新闻。根据分类后的新闻数据对公开信息的影响进行研究所使用的回归公式如下：

$$r_{last,t} = \alpha + \beta_{1st} \times r_{1st,t} + \beta_{P\_News} \times P\_News \times r_{1st,t} + \beta_{N\_News} \times N\_News \times r_{1st,t} + \beta_{O\_News} \times O\_News \times r_{1st,t} + \beta_{14:30} \times r_{14:30,t} + \varepsilon_t \qquad (4-16)$$

$$r_{last,t} = \alpha + \beta_{ov} \times r_{ov,t} + \beta_{P\_News} \times P\_News \times r_{ov,t} + \beta_{N\_News} \times N\_News \times r_{ov,t} + \beta_{O\_News} \times O\_News \times r_{ov,t} + \beta_{14:30} \times r_{14:30,t} + \varepsilon_t \qquad (4-17)$$

其中，$r_{last,t}$ 为主要被解释变量：股票市场收盘前最后半小时的回报值，为 14:30～15:00 的回报值。$r_{1st,t}$ 为股票市场开盘后第一个半小时的回报值，为上一日收盘到当日 10:00 的回报值。$r_{14:30,t}$ 为股票市场收盘前倒数第二个半小时的回报值，为 14:00～14:30 的回报，作为回归的控制变量控制股票回报自相关性的影响。$r_{ov,t}$ 为股票隔夜回报值，为上一日收盘到当日 9:30 的回报值。P_News 为根据关键字分类对锐思数据库中新闻数据分类后所得出的积极新闻的虚拟变量，当周六或周日的新闻被归类为积极新闻时，P_News 取值为

1，否则取值为 0。N_News 为根据关键字分类所得出的消极新闻的虚拟变量，当周六或周日的新闻被归类为消极新闻时，N_News 取值为 1，否则取值为 0。O_News 为根据关键字分类所得出的中性新闻的虚拟变量，当周六或周日的新闻被归类为中性新闻时，O_News 取值为 1，否则取值为 0。这部分的回归采用面板数据回归方式，并控制了个股的固定效应。回归结果在表 4 - 7 中给出。

表 4 - 7   日内动量效应与分类公开新闻信息

	（1）	（2）	（3）	（4）
	第一个半小时回报		隔夜回报	
$r_{1st,t}$	3.305 *** (0.0404)	3.258 *** (0.0405)		
$r_{ov,t}$			4.797 *** (0.0536)	4.739 *** (0.0537)
P_News × $r_{1st,t}$	- 1.711 *** (0.262)	- 1.695 *** (0.262)		
P_News × $r_{ov,t}$			- 1.829 *** (0.313)	- 1.808 *** (0.313)
N_News × $r_{1st,t}$	- 1.084 ** (0.445)	- 1.079 ** (0.445)		
N_News × $r_{ov,t}$			- 2.174 *** (0.518)	- 2.173 *** (0.518)
O_News × $r_{1st,t}$	- 1.771 *** (0.165)	- 1.746 *** (0.165)		
O_News × $r_{ov,t}$			- 2.533 *** (0.195)	- 2.499 *** (0.195)
$r_{14;30,t}$		1.906 *** (0.0979)		1.892 *** (0.0978)

	（1）	（2）	（3）	（4）
	第一个半小时回报		隔夜回报	
α	0.0403 *** (0.00090)	0.0405 *** (0.00090)	0.0431 *** (0.00090)	0.0432 *** (0.00090)
Obs	1 064 285	1 064 285	1 064 285	1 064 285
R^2	0.62	0.65	0.74	0.78
N	3 224	3 224	3 224	3 224

注：表中 * 给出了回归系数的显著性，其中 * 表示系数在10%的显著性水平下显著，** 表示系数在5%的显著性水平下显著，*** 表示系数在1%的显著性水平下显著。

表4-7中 P_News×$r_{1st,t}$ 给出了积极新闻出现对以第一个半小时回报衡量的股票动量效应的影响，N_News×$r_{1st,t}$ 给出了消极新闻出现对以第一个半小时回报衡量的股票动量效应的影响，O_News×$r_{1st,t}$ 给出了中性新闻出现对以第一个半小时回报衡量的股票动量效应的影响。类似地，表4-7中 P_News×$r_{ov,t}$ 给出了积极新闻出现对以隔夜回报衡量的股票动量效应的影响，N_News×$r_{ov,t}$ 给出了消极新闻出现对以隔夜回报衡量的股票动量效应的影响，O_News×$r_{ov,t}$ 给出了中性新闻出现对以隔夜回报衡量的股票动量效应的影响。同样地，表4-7中 α 给出了回归方程的常数项，R^2 为回归方程的拟合优度，即方程整体的解释力度。Obs 为方程全部的样本数，N 给出了回归方程包含的股票数。表4-7中所有回归结果均为百分比值，系数下方对应括号内给出的值为回归标准差。

从表4-7的结果可以看出，不同性质的公开新闻数据对股票日内动量效应的影响均为负值，尽管新闻出现为市场中带来了不同类型的公开信息，但对日内股票动量效应的影响均表现为减少了专业投资者与滞后信息投资者之间的信息差值，从而降低了日内动量效应的程度。具体来说，当以第一个半小时回报为主要解释变量时，积极新闻、消极新闻和中性新闻出现对股票日内动量效应的影响均为负值，影响系数分别为 -1.711%、-1.084% 和 -1.771%，均在1%的水平下显著。这个结论在考虑了收盘前倒数第二个半小时回报的影响后仍然成立，相应的系数分别是 -1.695%、-1.079% 和 -1.746%，均在 1% 的水平下显著。相应地，当以隔夜回报为主要解释变量时，积极新闻、消极新闻和中性新闻出现对股票日内动量效应的影响仍然为负值，影响值分别为 -1.829%、-2.174% 和 -2.533%，均在 1% 的水平下显著。这个结论在考虑了收盘前倒数第二个半小时回报的影响后仍然成立，相应的值分别是 -1.808%、-2.173% 和 -2.499%，均在 1% 的水平下显著。

表 4 - 6 和表 4 - 7 的研究结果表明，公开新闻信息的出现减少了专业投资者与滞后信息投资者之间的信息差，使滞后信息投资者依据已有信息提前进行交易，从而降低了股票日内动量效应。与市场中新信息出现产生的影响不同，公开新闻数据的影响并不取决于新闻数据的性质，不同类型的新闻对日内动量效应的影响均表现为对两类投资者间信息差的降低，而不是新闻数据本身的性质。①

4.1.6　小结

本章这一节研究了信息与中国股票市场日内动量效应间的关系。信息到达与不同信息获取、分析能力投资者的存在共同构成了日内动量效应产生的两个必要条件，这一章的研究中给出了信息的作用，补充了上一章的研究结论。

研究发现，在信息含量相对较高的周一，股票的日内动量效应有更显著的表现，这个结果无论是使用周一子样本回归还是使用虚拟变量回归进行分析都是稳健成立的。此外，本部分利用改进的股价跳跃检测程序，找到了相对于上一个交易日的数据，股票当天开盘时出现股价跳跃的数据样本，并以此为基础研究市场开盘前新信息到达的影响。研究发现，受到来自公司管理者对不同类型信息发布偏好、市场中实际存在的卖空交易限制以及投资者典

---

① 这部分的研究结论与日内动量效应的"周一效应"并不冲突，原因在于其研究的是日内动量效应在信息含量相对更高的周一的表现，所考虑的信息含量不仅包括公开信息，还包括需要一定数据挖掘与分析能力才能得到的私有信息，因此"周一效应"中所包含的信息含量远大于给出的公开信息。

型处置效应下的行为偏差等影响，当市场中有正面信息到达时，滞后信息投资者可能选择在较早的时刻进行交易，从而减少了收盘前的交易行为，降低了日内动量效应。而当市场中有负面信息到达时，滞后信息投资者更有可能持有其预期亏损股票至当日交易最后时刻，从而增加了收盘前的交易量以及日内动量效应强度。此外，新信息到达对日内动量效应的影响具有时间持续性，当天到达未被市场完全吸收的新信息以被削弱的新信息的形式对随后两天的日内动量效应产生影响，受限于实践中卖空限制的影响，新正面信息比新负面信息在市场中扩散的速度更快。

最后，本小节研究了公开新闻出现对日内动量效应的影响。公开新闻的主要作用为减少了专业投资者与滞后信息投资者间的信息差，因此降低了股票市场日内动量效应。公开新闻对日内动量效应削弱的影响来源于其为两类投资者提供了同质的信息，因而公开新闻的影响与新闻中所包含具体信息的性质无关，积极新闻、消极新闻与中性新闻的出现均降低了日内动量效应。

受限于数据的可得性，这一部分使用的新闻数据为锐思数据库提供的日度新闻数据，因而在分析公开新闻的影响时大量削减了研究的样本数。样本数据的限制可能对公开信息与日内动量效应研究的准确度产生影响，因此，未来的研究中，可能会基于新的可获得的实时新闻数据对这部分研究加以完善。得益于大数据时代下互联网新闻数据可获得性的提高，互联网媒体平台所提供的公开信息可能成为增加投资者信息可获得性的新途径，且相对于传统新闻数据，互联网媒体平台数据的时效性可能更强。借助于新媒体平台的数据对传统动量效应作研究，可以进一步补充信息对于日内动量效应的作用。

4.2　空气质量信息与负责任的投资行为

4.2.1　引言

除了股票收益，投资者在作出投资决定时还会考虑企业在环境保护、社会责任和公司治理（ESG）等方面的表现。这种投资策略旨在为投资者创造更高的长期回报，维护金融市场的健康和可持续发展。这反过来又对实体经济和环境有利。

截至 2017 年底，国际金融市场上有 1 714 家金融机构签署了联合国支持的责任投资原则，相当于持有超过 73. 5 万亿美元的资产。这些数字清楚地表明，责任投资的理念已经成为金融市场的主流。[①] 本部分结合空气污染这一环境信息，对中国股票市场责任投资的发展现状作了深入分析。

学术界对责任投资的研究由来已久，尽管大多数研究集中在成熟市场，如美国和欧洲股市（Heinkel et al. , 2001；Bauer et al. , 2005；Hong & Kacperczyk, 2009；Chan & Walter, 2014；Auer, 2016；Joliet & Titova, 2018）。研究发现，责任投资可以为中国股市的投资者带来经济利益。与市场投资组合相比，投资于责任投资指数中的股票可以提供显著的超额收益，这意味着责任投资为风险承担提供了合理的补偿，可以避免过度集中的风险。基于此，本节将这一研究领域扩展到了新兴的股票市场，对中国股票市场的责任投资的发展现状产生了深入的了解。

与邓等（2013）、迪姆森等（Dimson et al. , 2015）和戴克等（Dyck et al. , 2018）的研究结果类似，本节发现，考虑到责任投资指数的长期优异表现，中国机构投资者可能更愿意持有责任投资指数的股票。此外，本节将责任投资的研究扩展到环境领域，使用环境替代物－空气污染指标作为研究代理变量，分析在考虑空气污染对投资者情绪的悲观影响时，整个样本与责任投资指数中的股票在股票收益和投资者交易行为方面是否有不同的表现。结果表明，由空气污染引起的悲观情绪对所有 A 股的股票回报率都有负面影响。然而，责任投资指数中的股票在这些空气污染日平均表现出更高的回报率，这也许是因为投资者认为责任投资指数中的公司为保护环境和减少污染作出了

---

① 随着 ESG 全球市场的发展，ESG 投资已经成为社会责任投资者最受欢迎的策略。例如，Eurex 于 2019 年 3 月在欧洲推出了 ESG 期货，目前已经有接近 20 000 份合约和近 15 000 份未平仓合约被交易。在开幕的一个月里，有五个做市商积极为这种衍生品提供屏幕价格。在接下来的一个月里，ESG 期货由 Eurex 在美国推出。

贡献。

本节对散户投资者交易偏好的分析也为空气重污染日的股票收益趋势提供了证据。这部分使用的主要样本为上海证券交易所提供随机抽样的 200 只股票的数据，这一数据包括了上交所各类投资者分类的买入卖出信息。研究发现，这 200 只股票样本的总交易比率和责任投资指数中的股票都受到空气污染日悲观情绪的负面影响。此外，200 只股票样本的买卖差额比率受到负面影响，这意味着有更多的卖方发起的交易。考虑到中国散户投资者的重要作用，这一发现与重污染对股票收益的负面影响是一致的。然而，责任投资指数中的股票的买卖差额比率受到正向影响，意味着有更多的买方发起的交易。这一发现与空气污染日对责任投资股票收益的正向影响是一致的。

总体来看，这部分研究发现，责任投资可以为投资者带来投资组合收益，机构投资者对责任投资指数的股票有持有偏好。通过使用国家空气污染的代理变量，本节研究发现在空气污染严重的日子里，投资者的悲观情绪对 A 股的股票回报率有负面的影响，而同期责任投资指数的股票则表现得更好。本节利用汇总的交易数据研究中国散户在受空气污染影响的日子里的交易偏好，发现他们的总交易比例对 A 股和责任投资指数都表现出负面的影响。此外，在空气污染日，整个样本的卖方发起的交易更多，但责任投资指数的股票的买方发起的交易更多。这一发现与这两个样本的不同股票回报表现是一致的。本节的发现将责任投资的研究扩展到了新兴市场，并提出了环境因素对交易行为和回报表现影响的新证据。

4.2.2 文献回顾

责任投资相关的研究在金融文献中很多 （Heinkel et al. , 2001；Dufwenberg et al. , 2011；El Ghoul et al. , 2011；Kim et al. , 2014；Nofsinger & Varma, 2014；Wang et al. , 2015；Sobel, 2005；Ferrell et al. , 2016；Charfeddine et al. , 2016；Lins et al. , 2017）。

一些研究发现公司为其负责任的 ESG 行为付出了代价 （Fabozzi et al. ,

2008；Hong & Kacperczyk，2009），考虑到可能的额外成本，投资者可能会犹豫是否选择这些股票，因此这些公司的股票收益受到其 ESG 政策的负面影响（Derwall et al. ，2011；Krüger，2015）。

　　然而，大多数研究发现有更多负责任行为的公司并没有承担额外的成本，因为他们享有声誉上的好处，并有效地减轻了 ESG 风险（Baron，2001；Karpoff et al. ，2005；El Ghoul et al. ，2011；Stellner et al. ，2015；Henke，2016）。一些研究发现负责任投资策略的组合收益并不比传统投资差（Bauer et al. ，2005；Karpoff et al. ，2005；Auer，2016；Riedl & Smeets，2017），更多的研究发现具有较高 ESG 表现的股票表现出较高的财务表现（Gompers et al. ，2003；Cremers & Nair，2005；Derwall et al. ，2005；Kempf & Osthoff，2007；Benson & Humphrey，2008；Renneboog et al. ，2008a，b；Bénabou & Tirole，2010；Edmans，2011；Chan & Walter，2014；Dimson et al. ，2015；Koh et al. ，2015；Henke，2016；Byun & Oh，2018；Joliet & Titova，2018）。本节研究发现与这部分文献一致，为中国股票市场提供理论依据。

　　此外，本节将责任投资的研究进行扩展，考虑了环境效应。大量研究聚焦于探索环境对股票收益和投资者交易行为的影响。桑德斯（Saunders，1993）认为，天气对投资者的情绪有很大的影响，股票回报率与纽约证券交易所（NYSE）周围的云量是负相关的。赫什莱弗和沙姆韦（Hirshleifer & Shumway，2003）扩展了桑德斯（1993）的研究，发现国际上有证据表明投资者的情绪（受天气影响）和股票回报之间存在负相关。卡姆斯特拉等（Kamstra et al. ，2000，2003）发现由睡眠不同步和冬季日照时间较少引起的投资者的悲观情绪对股票回报率有负面的影响。常等（2008）也发现由于悲观情绪的影响，在多云的日子里，股票回报率普遍较低。此外，已有研究发现在这些日子里，卖方发起的交易水平明显高于买方发起的交易。

　　空气污染造成的悲观情绪对股票收益也有很大影响。利维和亚吉尔（Levy & Yagil，2011）发现，纽约证券交易所和美国证券交易所周围的空气污染水平与美国股票回报率呈负相关。莱波里（Lepori，2016）提供了关于空气污染对股票收益的负面影响的国际证据。本节的研究结果与上述研究一致：

在空气污染严重的日子里，样本中股票回报率受到悲观情绪的负面影响。考虑到责任投资指数中的股票有利于环境保护，当涉及空气污染的影响时，投资者对这些股票具有不同反应：这些股票的回报在空气污染日表现得更好，这种变化与代表散户投资者的更多的买方驱动交易一致。

4.2.3 假设提出

责任投资研究的核心话题是盈利能力，如上所述，以往的研究在结论上是模糊的。因此，本章聚焦于中国市场，研究了投资指数的盈利能力。值得注意的是，纳入这些指数的企业在环境保护、社会责任和公司治理（ESG）方面表现突出，其中 ESG 也是中国股市长期发展的目标之一。基于此，政府可能会给予（或已经给予）责任投资指数中的股票更多的支持，以便这些股票可能比普通股票表现更好。[①] 此外，若责任投资指数的成份股表现优异，则被认为是专业投资者的机构投资者会更愿意持有这些股票。[②] 因此，本节提出第一个假设。

假设 1：责任投资指数在中国表现较好，机构投资者偏好持有这些指数的成份股。

大多数中国的责任投资指数都强调了环境保护方面。考虑到环境对投资者情绪的重要影响，进而影响他们的交易行为和股票收益，本节试图研究纳入责任投资指数的股票和普通股票之间是否存在差异。中国股市中散户投资者的重要比例是本章的另一个重要背景事实。在中国，99% 以上的投资者是个人投资者，其中 55% 以上是散户投资者。[③] 这些投资者被认为信息量较小，他们的交易行为更容易受到情绪的影响。根据以往的研究结果，在空气污染严重的日子里（环境质量代理变量），投资者的悲观情绪会受到负面的影响，他们会有动力去做更多由卖方发起的正常 A 股交易，从而导致这些日子的股

---

① 中国股市一直被认为是一个政策驱动的市场，所以政府的支持对股票回报的表现很重要。
② 另见邓（2013）、迪姆森（2015）、李（L2015）和戴克（2018）。
③ 本数据来自上海证券交易所 2018 年年报。

票收益率下降。然而，相反的情况适用于责任投资指数的股票，这些股票在空气污染日有可能受益于优越的表现，因为它们变得更有吸引力。散户投资者可能更愿意购买这些股票，作为对其环境友好做法的一种奖励。因此，责任的投资指数中的股票的回报可能与整个样本的表现不同。基于这些发现和直觉，本节提出了第二个假设。

假设2：由于散户投资者的交易偏好，责任投资指数中的股票和普通股票在空气重污染日的回报率表现不同。

4.2.4　数据来源

本节从中证指数有限公司获得责任投资指数的股票代码。[①] 共有23个责任投资指数，包括18个强调环境保护的指数（E），1个强调社会责任的指数（S），2个强调公司治理的指数（G），以及2个综合考虑ESG表现的指数。本节在附录4-8中给出了这23个指数的一些描述。在本节的样本中，"E"指数的历史最长，数据从2005年开始，"S""G"和"ESG"指数的数据分别从2009年、2008年和2010年开始。责任投资指数中的股票交易数据来自Resset数据库[②]，包括股票收益率、交易量、成交额、市值等。对责任投资指数表现的考察研究使用了每个指数的所有可用数据，并且样本期随每个起始时间而变化。

本节从上海证券交易所和深圳证券交易所的年度财务报表中调取数据，研究机构投资者的持有偏好。以2017年的汇总结果为例进行介绍。

本章利用的环境质量的代理变量是国家空气污染变量，空气污染数据来自中国国家环境监测中心（CNEMC）。该数据集包括我国主要省会城市的日常监测数据。CNEMC提供了6个级别的空气质量，最高级别意味着最差的空

---

① 该公司由上海证券交易所和深圳证券交易所成立，旨在整合两个证券市场的现有指数并编制新的指数。投资者可以在这家公司的网站上找到所有中国股票指数的详细说明和构成。

② Resset数据库被广泛用于关注中国股票市场的研究中。例如，陈和王（Chen & Wang, 2016）以及徐（2016）。

气质量。关于空气质量等级的更多描述参见附录 4 - 9。一般来说，空气质量数据在 0 到 100 之间的一天被认为是"良好"或"中等"，对健康没有危害。空气质量数据高于 100 的一天被认为是"不健康的"，对人类的呼吸系统有负面影响，特别是对肺部造成不可逆转的损害。此外，大多数城市最大的空气污染是 PM2.5/PM10，这是一种直径小于或等于 2.5/10 微米的可见颗粒。因此，当空气质量变得不健康时，这种变化是肉眼可见的，且很可能直接影响到投资者的情绪。

本章使用的空气污染数据为 2007 年 1 月 1 日至 2017 年 12 月 31 日，关于空气污染对股票收益的影响的研究是在同一时期进行的。本部分使用的股票包括所有 A 股，责任投资指数中的股票在每次修订指数成分后都会重新匹配。得益于上海证券交易所的数据支持，本节获得了散户投资者的每日交易汇总数据（包括买入交易汇总数据和卖出交易汇总数据），时间从 2013 年 12 月 1 日至 2014 年 7 月 31 日。[①] 该样本包括上海证券市场的 200 只股票，这些股票是随机抽取的，与整个市场的特征相似。对散户投资者交易行为的研究就是基于这个样本。

4.2.5 责任投资指数的投资组合效益

本节首先研究了与被动基准策略（投资于市场指数）相比，选择责任投资指数是否可以获得超额收益。本部分分析的投资组合期为 6 个月，这也是 23 个责任投资指数的调整窗口。这些指数的表现是根据 6 个月的持有收益率计算的，而被动基准策略的表现是根据三个主要的市场指数计算的：上海综合指数（指数代码：000001），沪深 300 指数（指数代码：000300），以及深圳综合指数（指数代码：399106）。三个被动基准策略的投资组合期与 23 个责任投资指数的每个修订版相匹配。责任投资指数的超额收益是责任投资指数与 3 个市场指数之差的平均值。结果在表 4 - 8 中给出。

---

① 根据上海证券交易所的个人投资者分类，散户是指那些账户中少于 10 万元人民币的投资者。

表 4 - 8　　　　　　　　　　6 个月的投资组合：基于指数的结果

Index	N	Positive excess return %			Mean（excess return）			Med（excess return）%			Sharpe
		SH	CSI300	SZ	SH	CSI300	SZ	SH	CSI300	SZ	
000846	11	72.73	72.73	72.73	11.47	9.43	10.70	8.39	7.25	8.31	4.30
000970	16	56.25	56.25	68.75	8.38	6.73	8.14	11.54	10.19	11.36	0.85
000114	14	71.43	71.43	71.43	7.94	6.22	7.57	8.77	7.78	8.56	0.50
000158	12	75.00	75.00	75.00	10.61	8.74	9.92	11.19	10.69	11.57	1.71
000827	13	76.92	76.92	76.92	10.68	8.91	10.21	7.54	6.69	7.60	1.46
000941	18	72.22	72.22	72.22	6.18	4.63	6.18	8.60	7.34	8.37	-0.12
000977	15	66.67	66.67	73.33	7.69	6.04	7.46	6.39	5.82	4.76	0.09
399806	13	76.92	76.92	76.92	13.68	11.92	13.21	12.33	11.76	10.70	2.25
399808	6	66.67	66.67	50.00	7.25	5.21	6.01	3.41	1.87	1.60	-2.75
399817	12	75.00	66.67	66.67	11.87	10.00	11.25	14.01	12.38	11.66	1.78
399976	13	76.92	76.92	76.92	13.87	12.10	13.40	12.32	9.65	12.55	2.57
930614	13	76.92	76.92	84.62	11.62	9.86	11.15	12.25	11.22	10.26	2.68
930642	27	62.96	62.96	62.96	10.76	9.78	11.10	2.70	1.99	3.92	1.81
930835	9	77.78	77.78	77.78	11.70	9.38	10.39	5.20	4.30	5.27	1.29
930853	12	66.67	66.67	66.67	11.89	10.03	11.28	13.41	11.87	11.60	1.72
930854	12	66.67	66.67	66.67	11.34	9.48	10.72	14.13	12.92	11.55	1.41
930956	12	83.33	83.33	83.33	13.42	11.56	12.81	13.28	12.03	11.30	4.05
930997	7	71.43	71.43	71.43	15.44	12.98	13.69	10.87	9.37	10.09	1.00
931037	6	66.67	66.67	66.67	7.99	5.67	6.48	12.70	9.99	8.62	2.27
950081	4	100.00	75.00	100.00	23.95	21.77	23.87	19.17	16.58	18.87	12.36
000048	18	72.22	66.67	72.22	8.19	6.67	8.29	6.86	5.05	8.11	1.94
000019	21	66.67	61.90	66.67	6.15	5.01	6.33	9.60	8.97	10.90	0.92
000021	20	65.00	65.00	65.00	9.45	8.16	9.52	9.24	8.46	8.27	1.63

　　表 4 - 8 给出了 23 个责任投资指数的 6 个月平均超额收益。其中，Index 为指数代码，N 是责任投资指数创建以来的修订次数，Positive excess return % 是每个指数在所有修订中 6 个月平均超额收益为正的百分比，Mean（excess return）给出了每个指数在所有修订中 6 个月超额收益的平均值，Med（excess return)%是每个指数在所有修订中 6 个月超额收益的中值，Sharpe 是每个指数的夏普率。

表 4 - 8 显示，每个责任投资指数的修订次数从 4～27 次不等，这与它们的起始时间相匹配。在所有的修订中，本节发现责任投资指数与被动基准策略（跟随市场指数的投资）之间的大部分超额收益都是正的，所有指数产生正超额收益的可能性都高于 50.00%，超额收益的平均值从 1.60%～23.87% 不等，在经济水平上是显著的。[1] 表 4 - 8 还提供了各责任投资指数的平均夏普比率的结果。在本节中，大多数夏普比率都是正的，并且有相对高的数值。这意味着基于责任投资指数的投资组合可以获得合理的风险承担补偿。

此外，在附录 4 - 8 的"Ind1"和"Ind2"中，本节根据中国证监会 2001 年和 2012 年的行业分类，分别列出了每个责任投资指数中的股票所属于的行业数量。这些数据阐明了责任投资指数中的股票广泛分散在不同的行业中，因此，责任投资可以避免潜在的过度集中的风险。[2]

总之，本节发现投资者可以通过投资责任投资指数获得投资组合收益。责任投资指数代表了一个多元化的投资组合，并且可以对风险承担产生合理的补偿。这一发现与那些发现投资于具有较高 ESG 表现的股票在财务上具有优势，或者至少不逊于传统投资的研究是一致的（Gompers et al., 2003；Bénabou & Tirole, 2010；Dimson et al., 2015；Joliet & Titova, 2018；Bauer et al., 2005；Auer, 2016；Riedl & Smeets, 2017），并提供了来自新兴中国市场的支持性证据。

4.2.6　对责任投资的持有偏好

考虑到责任投资指数中的股票在环境保护、社会责任和公司治理方面的

---

① 本节还研究了根据责任投资指数所包含的股票的平均回报率和三种被动基准策略计算的 6 个月超额回报的结果来做稳健性检验，结论也很相似。

② 第一行业类别的总数为 6，第二行业类别的总数为 13。考虑到每个责任投资指数中的股票总数不多，可以认为责任投资指数中的股票分布是分散的。

优异表现，研究发现机构投资者更愿意持有前者。在本章中，本节提供了一些关于中国股市中机构投资者持有比例的汇总统计。结果在表 4 – 9 中提供。

表 4 – 9　　　　　　　　　　机构投资者的持股比例

Index	Category	SH – Main	SZ – Main	SZ – SME	SZ – ChiNext
000846	ESG	79. 22	62. 34	48. 51	35. 96
000970	ESG	80. 79	—	—	—
000114	E	61. 25	—	—	—
000158	E	57. 55	—	—	—
000827	E	58. 48	50. 13	42. 03	31. 29
000941	E	60. 88	42. 15	40. 27	53. 00
000977	E	59. 89	49. 94	38. 86	33. 90
399806	E	57. 64	52. 46	38. 81	30. 18
399808	E	60. 23	48. 67	40. 19	36. 65
399817	E	58. 09	52. 44	40. 93	30. 59
399976	E	58. 17	48. 01	40. 50	35. 86
930614	E	65. 56	50. 06	41. 17	38. 29
930642	E	69. 93	59. 60	29. 75	17. 93
930835	E	67. 32	57. 40	41. 94	32. 86
930853	E	60. 00	56. 01	37. 63	27. 33
930854	E	66. 04	59. 73	51. 23	29. 35
930956	E	58. 71	53. 58	43. 72	27. 39
930997	E	57. 71	49. 54	39. 91	32. 16
931037	E	82. 15	61. 99	52. 12	29. 31
950081	E	72. 00	—	—	—
000048	S	69. 75	—	—	—
000019	G	65. 32			
000021	G	70. 27	—	—	—
全市场	—	54. 53	53. 26	37. 20	28. 51

表4-9中的数值由机构投资者对各责任投资指数所包含的股票的持股比例的平均值组成，数据来源于两家证券交易所的2017年年报。表4-9描述了机构投资者对纳入责任投资指数的股票的持有比例。"Category"是指该指数所属的类别，其中E代表以环境为重点，S和G分别代表以社会和治理因素为重点。本表数据包括机构投资者对上海证券市场主板（SH-Main）、深圳证券市场主板（SZ-Main）、中小板（SZ-SME）和创业板（SZ-ChiNext）股票的持有比例。本表中的数据为百分比值。

如表4-9所示，所有责任投资指数在上海股市主板的机构投资者持股比例都较高，在深圳股市的主板、中小板①和创业板②的机构投资者持股比例分别为7/16、15/16和13/16。综上所述，除了深圳股市主板的持股比例差异相对不大之外，机构投资者对纳入责任投资指数的股票的持股比例较高。因此，责任投资对中国股票市场的机构投资者具有吸引力。

这一关于机构投资者在中国股市的持股偏好的发现与邓等（2013）；迪姆森等（2015）和李等（2015）的研究一致。具有较高ESG表现的公司吸引了更多的机构投资者，他们被认为更专业，持有时间相对较长，有利于支持企业的可持续发展（Dyck et al.，2018）。总之，研究结果支持了假设1：责任投资指数在中国表现更好，机构投资者对这些指数中的股票有持有偏好。

4.2.7　空气污染影响下的股票收益

就中国股市责任投资指数的具体构成而言，大多数责任投资指数都强调环境保护（18/23指数强调环境因素，2/23指数强调ESG的整体表现，只有3/23指数注重社会和政府方面）。基于环境对投资者情绪的重要影响，进而对其交易行为和股票收益的重要影响，本节研究在考虑空气污染（本章中环

---

① 其余9/16的机构投资者在责任投资指数上的持股比例与整个深圳证券交易所主板的平均值没有表现出大的差异。因此，不能说机构投资者对该板块中的这些股票的持有偏好明显降低。考虑到其他三个板块的显著证据和深圳证券交易所主板的不显著差异，中国机构投资者似乎对列入责任投资指数的股票有持有偏好。

② 中国股市的所有A股股票都包括在这四个板块中。

境质量的代表）的影响时，纳入责任投资指数的股票与普通股票的股票收益表现是否存在差异。

本章应用的环境质量的代理变量是空气污染水平。[①] 本节没有使用几个大城市的空气状况数据来研究空气污染的影响（Levy & Yagil, 2011; Lepori, 2016），而是构建了综合性的空气污染指数进行总体分析。本节在附录4-10中介绍了一些关于我国主要省会城市的交易比例的汇总数据。如该附录所示，本节无法确定哪几个大城市在整个市场中占据主导地位，因此，本节选择用加权的方法来构建一个全国性的空气污染指数，从而全面地反映每一天的空气状况。这意味着本节的研究适用于全国范围，是一项一般性研究。

本节构建全国空气污染指数的方法如下。

$$air_t = \sum_{i=1}^{31} traing\_ratio_i \times air\_dummy_{i,t} \qquad (4-18)$$

其中，trading_ratio_i 是来自城市 i 的交易量与该股票在某一年的总交易量之比，本节从两个证券交易所的年报中获得这一数据。air_dummy 变量是一个虚拟变量，当城市 i 的每日空气质量数据高于100（不健康）时，它等于1。当空气质量数据低于100（良好）时等于0。[②] 因此，每一天 air 的值总是在0~1。这确保了交易率较高的城市的空气污染的影响比交易率较低的城市的空气污染的影响发挥更大的作用。

表4-10列出了整个样本和纳入责任投资指数的股票特征的汇总统计，包括股票价格、交易量、市值对数和换手率的平均值、标准差和百分位数（5%、25%、50%、75%和95%）。

表4-10给出了整个样本和责任投资指数中的股票特征的汇总统计，包括股票价格、交易量、资本化对数和换手率的平均值（Mean）、标准差（S. D）和百分位数（5%、25%、50%、75%、95%）。"N"是每个样本的数量，"No. stocks"是每个样本中包含的股票数量。为了简洁起见，交易量的

---

① 空气污染可以被认为是来自环境的最关键的压力源，因为它不仅影响投资者的情绪，也会造成身体伤害。

② 不同空气质量等级的定义在中国和美国是一样的。因此，在本节中，划分不健康空气状况和良好空气状况的阈值与利维和亚吉尔（2011）的相同。

数值被除以 10^7。

表 4-10 股票特征的汇总统计

	Mean	S. D	5%	25%	50%	75%	95%	N	No. stocks
全样本中股票特征									
price	16. 69	15. 64	4. 30	7. 86	12. 29	19. 94	43. 02	4 462 620	3 038
volume	1. 32	3. 70	0. 07	0. 24	0. 55	1. 27	4. 55	4 462 620	3 038
log(cap)	15. 62	1. 05	14. 14	14. 92	15. 51	16. 18	17. 50	4 462 620	3 038
turnover	0. 32	0. 72	0. 01	0. 04	0. 12	0. 32	1. 22	4 462 620	3 038
责任投资指数中股票特征									
price	14. 70	14. 80	3. 83	7. 16	11. 23	18. 15	35. 93	899 097	1 200
volume	2. 74	7. 11	0. 15	0. 48	1. 08	2. 55	9. 64	899 097	1 200
log(cap)	16. 45	1. 17	14. 88	15. 64	16. 25	17. 09	18. 66	899 097	1 200
turnover	0. 24	0. 55	0. 01	0. 03	0. 10	0. 25	0. 92	899 097	1 200

责任投资指数中的股票价格和成交额的平均值和各百分位数都低于整个样本，而责任投资指数中的股票交易量和资本化的对数的平均值和各百分位数都高于整个样本。这一发现表明，责任投资指数不包含非常小的公司或频繁交易的公司，这与构建此类指数的方法是一致的。即根据股票在环境保护、社会责任和公司治理方面的表现进行排名，如果两只股票的排名相同，则选择市值较高的股票作为特定指数。

考虑到这些差异，本节把市值对数（log(Cap)）和换手率（turnover）作为控制变量加入本节的回归，以控制规模和流动性的影响。此外，根据卡姆斯特拉等（2003）的研究结果，本节还加入了 1 月（Jan）和周一（Mon）[①]

① 阿里尔（Ariel，1987）提出了日历效应，马梅德和马拉奎亚斯（Mamede & Malaquias，2017）对其进行了较新的研究。克林和高（Kling & Gao，2005）也给出了关于中国日历效应在月度频率（1月效应）和每周频率（周一效应）的证据。这些发现表明，股票收益在这些时间段可能有不同的表现，应该在本研究中考虑空气污染对收益和散户投资者交易偏好的影响。

的虚拟变量来控制日历效应。为了控制市场变化的影响和潜在的收益率自相关[1]，本节将所有 A 股计算的平均加权市场收益率（market）和两个滞后收益率（return_{t-1}，return_{t-2}）加入回归中。

　　与卡姆斯特拉等（2003）的研究一致，由于日照较短导致的悲观情绪，冬季的股票回报率相对较低。本节还发现这段时间的空气质量比较差，所以本节在回归中加入了一个冬季的虚拟变量（winter），以控制这种影响。从 12 月 22 日到第二年 3 月 21 日这段时间被定义为冬季[2]，虚拟变量在这些日期被设置为 1。

　　本节用来研究空气污染对整个样本的股票回报的影响的回归结果如下。

$$\text{return}_{i,t} = \beta_0 + \beta_1 \times \text{air}_{i,t} + \beta_2 \times \text{return}_{i,t-1} + \beta_3 \times \text{return}_{i,t-2} + \beta_4 \times \text{market}_{i,t} + \beta_5$$
$$\times \text{turnover}_{i,t} + \beta_6 \times \log(\text{Cap})_{i,t} + \beta_7 \times \text{Jan}_{i,t} + \beta_8 \times \text{Mon}_{i,t} + \beta_9$$
$$\times \text{winter}_{i,t} + \varepsilon_{i,t} \qquad\qquad (4-19)$$

　　此外，本节用一个虚拟变量表示责任投资指数中的股票（ESG）以及该虚拟变量与空气污染指数的交叉变量（ESG_cross）来研究责任投资指数中的股票的不同表现。如果该股票在当天被纳入责任投资指数，则虚拟变量 ESG 被设置为 1。用来研究空气污染对这些股票收益率不同影响的回归结果如下。

$$\text{return}_{i,t} = \beta_0 + \beta_1 \times \text{air}_{i,t} + \beta_2 \times \text{return}_{i,t-1} + \beta_3 \times \text{return}_{i,t-2} + \beta_4 \times \text{market}_{i,t}$$
$$+ \beta_5 \times \text{turnover}_{i,t} + \beta_6 \times \log(\text{Cap})_{i,t} + \beta_7 \times \text{Jan}_{i,t} + \beta_8 \times \text{Mon}_{i,t}$$
$$+ \beta_9 \times \text{winter}_{i,t} + \beta_{10} \times \text{ESG}_{i,t} + \beta_{11} \times \text{ESG\_cross}_{i,t} + \varepsilon_{i,t} \qquad (4-20)$$

　　本节使用带有固定效应的面板数据回归模型来进行检验，结果见表 4 - 11。表 4 - 11 给出了空气污染对股票收益率影响的估计结果。air 给出了空气污染的影响，market 提出了市场变化的影响，return_{t-1} 和 return_{t-2} 是收益率自相关

---

　　① 参见林斯等（Lins et al. , 2017）所确定的市场变化的影响。对收益率自相关的研究，西亚斯和斯塔克斯（Sias & Starks, 1997）发现美国股市的日收益率存在序列相关性，机构投资者的交易对这一现象有贡献。在最近的研究中，博古斯拉夫斯基（Bogousslavsky, 2016）建立了一个关于日内和日间回报自相关的理论模型，发现不频繁的再平衡可能是这些回报模式的主要原因。因此，本节认为过去的回报也可能对中国股市的股票回报和投资者的交易行为有影响。因此，本节在回归中加入了两个滞后的回报，以控制这种潜在的影响。

　　② 用来定义冬季日期的方法是应用 24 节气作为四季的起点，这也是中国传统的划分四季的方法。

的影响，winter 是冬季的影响。市值对数（log（Cap））和换手率（turnover）用来控制规模和流动性的影响。一月（Jan）和周一（Mon）的虚拟变量用来控制日历效应的影响。责任投资指数中的股票的虚拟变量（ESG）和该虚拟变量与空气污染指数的交叉变量（ESG_cross）被用来研究责任投资指数中股票的不同表现。如果该股票在当天被纳入责任投资指数，ESG 等于 1。Cons 表示回归中的截距项，Obs 表示每个回归中的观测值数量，Stocks 表示回归中的公司数量。

表 4 – 11 空气污染对股票收益的影响

	（1）	（2）	（3）	（4）
air	−0.0533 *** (0.00573)	−0.0507 *** (0.00575)	−0.0569 *** (0.00603)	−0.0541 *** (0.00606)
market	0.992 *** (0.000543)	0.992 *** (0.000543)	0.992 *** (0.000543)	0.992 *** (0.000543)
$return_{t-1}$	0.0420 *** (0.000359)	0.0420 *** (0.000359)	0.0419 *** (0.000359)	0.0419 *** (0.000359)
$return_{t-2}$	−0.00826 *** (0.000357)	−0.00824 *** (0.000357)	−0.00834 *** (0.000357)	−0.00832 *** (0.000357)
log（cap）	0.117 *** (0.00208)	0.116 *** (0.00209)	0.126 *** (0.00214)	0.125 *** (0.00214)
turnover	0.290 *** (0.00187)	0.290 *** (0.00187)	0.290 *** (0.00187)	0.290 *** (0.00187)
Jan	0.00219 (0.00415)	0.0141 *** (0.00483)	0.000996 (0.00415)	0.0137 *** (0.00483)
Mon	0.00344 (0.00297)	0.00359 (0.00297)	0.00373 (0.00297)	0.00389 (0.00297)
ESG			−0.123 *** (0.00793)	−0.124 *** (0.00793)

续表

	（1）	（2）	（3）	（4）
ESG_cross			0. 0990 *** （0. 0192）	0. 0997 *** （0. 0192）
winter		− 0. 0152 *** （0. 00313）		− 0. 0162 *** （0. 00313）
Cons	− 1. 921 *** （0. 0325）	− 1. 909 *** （0. 0326）	− 2. 047 *** （0. 0333）	− 2. 036 *** （0. 0334）
Obs	4 456 544	4 456 544	4 456 544	4 456 544
R^2	0. 437	0. 437	0. 437	0. 437
Stocks	3 038	3 038	3 038	3 038

注：括号中报告了每个系数的标准误差。1% 、5% 和 10% 水平上的显著性分别表示为 *** 、
** 和 * 。

　　表 4 - 11 所用的股票均为 A 股股票，时间段设定为 2007 年 1 月 1 日至
2017 年 12 月 31 日。表 4 - 11 显示，空气污染对股票收益的影响是显著的。
受空气污染影响的交易量多一个百分比，股票收益率就会有 - 0. 053% 的变
化，这个结果在 1% 的水平上是显著的。冬季对股票收益率有负面影响（ -
0. 015% ，在 1% 的水平上显著）。在控制了冬季的影响后，空气污染对股票回
报率的影响仍然是显著的。在公式（4 - 18）中，受空气污染影响的交易多一
个百分点，股票收益率就会有 - 0. 051% 的变化，这种影响在 1% 的水平上是
显著的。空气污染变量对股票收益率的影响比冬季变量更大，这与直觉相一
致，即空气污染对投资者的情绪有较大的消极影响。总之，本节发现空气污
染（环境质量的代表）对整个样本的收益率有明显的负面影响。
　　至于责任投资指数中的股票，本节发现，当投资者的情绪受到空气污染
的影响时，它们的表现更好。对于那些被纳入责任投资指数的股票，受空气
污染影响的交易量多一个百分点就会有 0. 099% 的额外变化（在 1% 的水平上
显著），这比整个样本中空气污染对股票收益的影响（ - 0. 057% ，在 1% 的
水平上显著）更大。空气污染对这些股票的综合影响约为 0. 042% （0. 099%

加 - 0.057%），在1%的水平上显著。这一发现与直觉一致，即在污染严重的日子里，投资者更愿意投资于这些股票，作为对其环境友好做法的奖励。

当本节在回归中加入冬季的影响时，结果是类似的；对于那些被纳入责任投资指数的股票，受空气污染影响的交易量多一个百分点就会有0.100%的额外变化（在1%的水平上显著），这比空气污染对整个样本的股票收益的影响（ - 0.054%，在1%的水平上显著）大。空气污染对这些股票的综合影响约为0.046%（0.100%加 - 0.054%），在1%的水平上有意义。空气污染对整个样本和责任投资指数中的股票的影响都大于冬季的影响（ - 0.016%，在1%的水平上显著）。

本节的研究表明，当考虑到空气污染对投资者情绪的影响时，责任投资指数中的股票有优越的回报表现。考虑到大多数责任投资指数都关注环境保护，这一发现对中国股票市场非常重要。这个小节的发现支持了假设2的第一部分：在空气污染严重的日子里，责任投资指数中的股票和普通股票的回报率表现不同。

4.2.8 空气污染与散户投资者交易偏好

本研究基于上海证券交易所提供的散户投资者的汇总交易数据，进一步分析散户投资者对整个样本的交易偏好，以及考虑空气污染影响时责任投资指数的股票，为两个样本在空气污染严重的日子里的收益表现差异提出了额外的解释。

本节分析使用了2013年12月1日至2014年7月31日的200只股票的汇总交易数据，发现在这个时间段内有46.35%的买入交易和43.93%的卖出交易来自本节的样本（来自散户投资者）。考虑到散户投资者的比例在这段时间内占总交易量的55.28%（这一数据来自上海证券交易所的年报），本节认为散户投资者的交易偏好是一个重要因素，可以解释上一节中发现的不同回报表现。

本节使用的交易偏好的两个主要代用指标是总交易比率（total）和买入 - 卖出差额比率（im）。具体来说：

$$total = \frac{buy\ trading + sell\ trading}{volume}$$

$$im = \frac{buy\ trading - sell\ trading}{volume} \qquad (4-21)$$

其中，buy trading 是指散户投资者由买方发起的交易，sell trading 是指散户投资者由卖方发起的交易。

用来研究散户投资者的交易偏好对总交易比例的回归结果如下：

$$
\begin{aligned}
total_{i,t} = {} & \beta_0 + \beta_1 \times air_{i,t} + \beta_2 \times return_{i,t-1} + \beta_3 \times return_{i,t-2} + \beta_4 \times market_{i,t} + \beta_5 \\
& \times turnover_{i,t} + \beta_6 \times \log(Cap)_{i,t} + \beta_7 \times Jan_{i,t} + \beta_8 \times Mon_{i,t} + \beta_9 \\
& \times winter_{i,t} + \beta_{10} \times ESG_{i,t} + \beta_{11} \times ESG\_cross_{i,t} + \varepsilon_{i,t} \qquad (4-22)
\end{aligned}
$$

交易表现是收益形成的关键因素，而影响收益的变量是通过对投资者交易行为的影响来实现的。因此，本节用于研究零售投资者交易行为的所有解释变量和控制变量都与公式（4-19）相同。同样，本节采用固定效应的面板数据回归方法进行回归，结果见表 4-12。

表 4-12 描述了空气污染对散户投资者总交易比率影响的估计结果。air 给出了空气污染的影响。market 提出了市场变化的影响。$return_{t-1}$ 和 $return_{t-2}$ 是收益自相关的影响，而 winter 是冬季的影响。市值对数（$\log(Cap)$）和换手率（turnover）用来控制规模和流动性的影响。1 月的虚拟变量（Jan）和周一（Mon）来控制日历效应的影响。责任投资指数中的股票的虚拟变量（ESG）以及该虚拟变量与空气污染指数的交叉变量（ESG_cross）来研究责任投资指数中的股票的不同表现。如果该股票在该日被纳入责任投资指数，则 ESG 等于 1。Cons 表示回归中的截距项。R^2 表示调整后的 R-squared。Obs 表示每个回归中的观测值的数量，以及 Stocks 表示回归中的公司数量。

表 4-12　　　　　　　　　　散户投资者的交易表现（总交易比率）

	（1）	（2）	（3）	（4）
air	-0.105 *** （0.00304）	-0.101 *** （0.00305）	-0.102 *** （0.00344）	-0.0983 *** （0.00345）

续表

	(1)	(2)	(3)	(4)
$return_{t-1}$	0.320 *** (0.0317)	0.311 *** (0.0316)	0.321 *** (0.0317)	0.312 *** (0.0316)
$return_{t-2}$	0.262 *** (0.0314)	0.255 *** (0.0313)	0.263 *** (0.0314)	0.256 *** (0.0313)
market	0.294 *** (0.0506)	0.316 *** (0.0505)	0.291 *** (0.0505)	0.314 *** (0.0505)
turnover	−0.0870 (0.0608)	−0.0607 (0.0607)	−0.0832 (0.0608)	−0.0571 (0.0607)
log(Cap)	−0.123 *** (0.00812)	−0.125 *** (0.00810)	−0.125 *** (0.00814)	−0.127 *** (0.00812)
Jan	−0.0476 *** (0.00208)	−0.0336 *** (0.00237)	−0.0476 *** (0.00208)	−0.0336 *** (0.00236)
Mon	−0.00223 (0.00168)	−0.00186 (0.00168)	−0.00227 (0.00168)	−0.00190 (0.00168)
ESG			0.119 *** (0.0197)	0.117 *** (0.0197)
ESG_cross			−0.00910 (0.00670)	−0.00890 (0.00668)
winter		−0.0201 *** (0.00162)		−0.0200 *** (0.00162)
Cons	2.875 *** (0.131)	2.908 *** (0.131)	2.873 *** (0.132)	2.906 *** (0.131)
Obs	32 000	32 000	32 000	32 000
R^2	0.083	0.088	0.084	0.089
Stocks	200	200	200	200

注：括号中报告了每个系数的标准误差。1%、5%和10%水平上的显著性分别表示为 *** 、 **
和 * 。

表4－12显示，空气污染对整个样本的总交易比例的影响是显著的。受

空气污染影响的交易比例多一个，就会对总交易比例产生 - 0.105% 的变化，这种影响在 1% 的水平上是显著的。冬季对总交易率有负面的影响（数值为 - 0.020%，在 1% 的水平上显著），在控制了冬季影响的因素后，空气污染对总交易率的影响仍然是显著的。受空气污染影响的交易比例多一个百分点，总交易比例就会有 - 0.101% 的变化，这种影响在 1% 的水平上是显著的。因此，本节的空气污染代理对总交易比例的影响比冬季更大，这与直觉一致，即空气污染对投资者的情绪有较大的负面影响。综上所述，空气污染对整个样本的总交易比率有明显的负面影响。

对于责任投资指数中的股票，本节发现，当投资者的情绪受到空气污染的影响时，这些股票的总交易率表现与整个样本没有明显的区别。受空气污染影响的交易比例增加一个百分点，责任投资指数中的股票的总交易率就会有 - 0.009% 的额外变化（这个结果即使在 10% 的显著性水平上也不显著）。当冬季的影响被加入到回归中时，结果是相似的。综上所述，散户投资者的总交易比率在整个样本中没有明显差异，在空气污染严重的日子里，他们都受到悲观情绪的负面影响。

此外，根据常等（2008）的研究，当投资者情绪悲观时，股票收益受到负面影响时，投资者更愿意执行卖出交易。考虑到本节发现整个样本和责任投资指数中的股票在空气污染日对股票回报的影响不同，本节认为买卖交易的表现也可能不同。因此，本节用以下的回归方程来研究散户投资者的买卖交易偏好：

$$im_{i,t} = \beta_0 + \beta_1 \times air_{i,t} + \beta_2 \times return_{i,t-1} + \beta_3 \times return_{i,t-2} + \beta_4 \times market_{i,t} + \beta_5$$
$$\times turnover_{i,t} + \beta_6 \times \log(Cap)_{i,t} + \beta_7 \times Jan_{i,t} + \beta_8 \times Mon_{i,t} + \beta_9$$
$$\times winter_{i,t} + \beta_{10} \times ESG_{i,t} + \beta_{11} \times ESG\_cross_{i,t} + \varepsilon_{i,t} \qquad (4-23)$$

其中，im 为买入—卖出差额比率。[①] 考虑到买卖交易是收益率变化的关

[①]　本节还用另一种方式来计算订单不平衡，即零售投资者的买入交易减去卖出交易与零售投资者的总交易之间的比率。特别是。$im_{i,t} = \dfrac{buy_{i,t} - sell_{i,t}}{buy_{i,t} + sell_{i,t}}$，这在巴伯和奥迪恩（Barber & Odean，2008）及高等（2018）中也有使用。基于两种计算订单不平衡度的方法的结果非常相似，为了简化，本节给出了第一种方法。

键原因，本节分析中用于研究交易行为的所有解释变量和控制变量都与公式（4-19）中分析的收益率变化研究相同。本节使用固定效应的面板数据回归模型进行检验。

空气污染对散户投资者买卖差价率影响的估计结果在表 4-13 中给出。air 给出了空气污染的影响。market 提出了市场变化的影响。$return_{t-1}$ 和 $return_{t-2}$ 是收益自相关的影响，而 winter 是冬季的影响。市值对数（log(Cap)）和换手率（turnover）用来控制规模和流动性的影响。1 月的虚拟变量（Jan）和周一（Mon）来控制日历效应的影响。责任投资指数中的股票的虚拟变量（ESG）以及该虚拟变量与空气污染指数的交叉变量（ESG_cross）来研究责任投资指数中的股票的不同表现。如果该股票在当日被纳入责任投资指数，则 ESG 等于 1。

表 4-13　　　　　　　　散户投资者的交易表现（买入-卖出差异率）

	（1）	（2）	（3）	（4）
air	-0.00670 ** (0.00277)	-0.0118 *** (0.00277)	-0.0149 *** (0.00313)	-0.0199 *** (0.00313)
$return_{t-1}$	-0,452 *** (0.0289)	-0.439 *** (0.0287)	-0.451 *** (0.0288)	-0.438 *** (0.0287)
$return_{t-2}$	-0.365 *** (0.0286)	-0.354 *** (0.0284)	-0.365 *** (0.0286)	-0.355 *** (0.0284)
market	-0.541 *** (0.0460)	-0.572 *** (0.0458)	-0.540 *** (0.0460)	-0.571 *** (0.0458)
turnover	0.339 *** (0.0553)	0.303 *** (0.0551)	0.343 *** (0.0553)	0.307 *** (0.0551)
log(Cap)	-0.0613 *** (0.00739)	-0.0588 *** (0.00735)	-0.0633 *** (0.00741)	-0.0609 *** (0.00737)
Jan	0.0230 *** (0.00190)	0.00360 * (0.00215)	0.0229 *** (0.00190)	0.00352 (0.00215)

续表

	（1）	（2）	（3）	（4）
Mon	0. 00323 ** （0. 00153）	0. 00273 * （0. 00152）	0. 00323 ** （0. 00153）	0. 00272 * （0. 00152）
ESG			− 0. 0272 （0. 0180）	− 0. 0246 （0. 0179）
ESG_cross			0. 0338 *** （0. 00610）	0. 0335 *** （0. 00607）
winter		0. 0277 *** （0. 00147）		0. 0277 *** （0. 00147）
Cons	1. 010 *** （0. 120）	0. 965 *** （0. 119）	1. 050 *** （0. 120）	1. 005 *** （0. 119）
Obs	32 000	32 000	32 000	32 000
R²	0. 027	0. 038	0. 028	0. 038
Stocks	200	200	200	200

注：*** 表示在 1% 的水平下显著，** 表示在 5% 的水平下显著，* 表示在 10% 的水平下显著。

空气污染对买入—卖出差额比率的影响是显著的。受空气污染影响的交易每增加 1%，就会使买卖差价率发生 − 0. 007% 的变化，这种影响在 1% 的水平上显著。冬季对买卖差价率有积极的影响（0. 028%，在 1% 的水平上显著），在控制了冬季的影响后，空气污染对买卖差价率的影响仍然显著：受空气污染影响的更多百分比的交易与买卖差价率的 − 0. 012% 的变化有关，这种影响在 1% 的水平上显著。当散户投资者的情绪受到空气污染的负面影响时，他们会表现出卖方发起的交易，这与本节之前的发现一致，即整个样本的股票收益在这段时间受到了负面影响。

至于责任投资指数中的股票，本节发现当投资者的情绪受到空气污染的影响时，这些股票的买卖差额率的表现与整个样本不同。受空气污染影响的交易增加一个百分比，对责任投资指数中的股票的买入—卖出差额比率就会有 0. 034% 的额外变化（在 1% 的水平上显著），这比空气污染对整个样本的买入—卖出差额比率的影响（ -0.015% ，在1%的水平上显著）更大。空气污染对这些股票的综合影响约为0.019% ，在1%的水平上显著。这一发现与直觉一致，即投资者更愿意投资这些股票，作为对其环境友好做法的奖励。当回归中加入冬季影响因素后的，结果相似：受空气污染影响的交易每增加1% ，会对责任投资指数中的股票的买卖差额比率产生0.034%的额外变化（在1%的水平上显著），这比空气污染对整个样本的买卖差额比率的影响（ -0.020% ，在1%的水平上显著）大。

本节对买卖差价率的研究为散户投资者对两个样本的交易偏好提供了支持性证据；当考虑到空气污染对投资者情绪的负面影响时，散户投资者对整个样本更倾向于卖方发起的交易，对责任投资指数中的股票则倾向于买方发起的交易，以奖励他们的环境友好行为。此外，对责任投资指数中的股票的买卖订单不平衡的研究与之前的发现一致，即这些股票的回报在空气污染严重的日子里受到积极影响。考虑到中国散户投资者的比例很大，而且他们的交易发挥了重要作用，研究结果符合中国市场。①

综上所述，本节的发现支持了假设2。由于散户投资者的交易偏好，责任投资指数中的股票和普通股票在空气重污染日的收益表现不同。

4.2.9 稳健性检验

接下来通过排除空气质量非常好或非常差的日子，对本节的结果作了稳健性检验。具体来说，本节通过从回归中剔除air数值高于0.99或低于0.01②的日子来重新估计公式（4 - 18）和公式（4 - 19）。结果见表4 - 14。

---

① 散户对责任投资指数中的股票的交易偏好与本节发现的机构投资者对这些股票的持有偏好并不矛盾。散户投资者被认为是噪声交易者，喜欢高频率的交易，所以他们的持有表现与他们的交易行为无关。

② 本节还分别使用2%和3%的分界线来重复这一练习。结果很相似，所以本节中没有给出，以示简化。

表 4 - 14　　　　　　　　　　　　空气污染对股票收益的影响

	（1）	（2）	（3）	（4）
air	- 0. 0482 *** （0. 00598）	- 0. 0441 *** （0. 00603）	- 0. 0514 *** （0. 00631）	- 0. 0471 *** （0. 00636）
market	0. 992 *** （0. 000558）	0. 992 *** （0. 000558）	0. 992 *** （0. 000558）	0. 992 *** （0. 000558）
$return_{t-1}$	0. 0435 *** （0. 000371）	0. 0436 *** （0. 000371）	0. 0434 *** （0. 000371）	0. 0435 *** （0. 000371）
$return_{t-2}$	- 0. 00780 *** （0. 000369）	- 0. 00777 *** （0. 000369）	- 0. 00788 *** （0. 000369）	- 0. 00786 *** （0. 000369）
log（cap）	0. 115 *** （0. 00215）	0. 114 *** （0. 00215）	0. 123 *** （0. 00221）	0. 123 *** （0. 00221）
turnover	0. 284 *** （0. 00194）	0. 284 *** （0. 00194）	0. 284 *** （0. 00194）	0. 284 *** （0. 00194）
Jan	0. 00482 （0. 00423）	0. 0187 *** （0. 00498）	0. 00365 （0. 00423）	0. 0183 *** （0. 00498）
Mon	0. 00338 （0. 00307）	0. 00360 （0. 00307）	0. 00364 （0. 00307）	0. 00386 （0. 00307）
ESG			- 0. 116 *** （0. 00827）	- 0. 117 *** （0. 00827）
ESG_cross			0. 0831 *** （0. 0197）	0. 0835 *** （0. 0197）
winter		- 0. 0176 *** （0. 00331）		- 0. 0185 *** （0. 00331）
Cons	- 1. 888 *** （0. 0336）	- 1. 876 *** （0. 0337）	- 2. 011 *** （0. 0344）	- 1. 999 *** （0. 0345）
Obs	4 188 552	4 188 552	4 188 552	4 188 552
R^2	0. 438	0. 438	0. 438	0. 438
Stocks	3 038	3 038	3 038	3 038

　　注：括号中报告了每个系数的标准误差。 *** 表示在 1% 的水平下显著， ** 表示在 5% 的水平下显著， * 表示在 10% 的水平下显著。

表 4 - 14 给出了空气污染对股票收益影响的稳健性检验结果。air 给出了空气污染的影响。market 给出了市场变化的影响。$return_{t-1}$ 和 $return_{t-2}$ 是回报率自相关的影响，以及 winter 是冬季的影响。市值对数（log（Cap））和换手率（turnover）用来控制规模和流动性的影响。1 月的虚拟变量（Jan）和周一（Mon）来控制日历效应的影响。责任投资指数中的股票的虚拟变量（ESG）以及该虚拟变量与空气污染指数的交叉变量（ESG_cross）来研究责任投资指数中的股票的不同表现。如果该股票在当日被纳入责任投资指数，则 ESG 等于 1。Cons 表示回归中的截距项。R^2 表示调整后的 R - squared。Obs 表示每个回归中的观测值的数量，以及 Stocks 表示回归中的公司数量。

与表 4 - 11 的结果类似，本节发现空气污染对股票收益的影响显著。受空气污染影响的交易多一个百分点，股票回报率就会有 - 0.048% 的变化，这种影响在 1% 的水平上显著。冬季对股票收益率有负面影响（ - 0.017%，在 1% 的水平上显著），在控制了冬季的影响后，空气污染对股票收益率的影响仍然显著；受空气污染影响的更多百分比的交易与股票收益率 - 0.044% 的变化有关，这种影响在 1% 的水平上显著。本节的空气污染代理对股票收益的影响比冬季代理更大，这与本节的假设一致，即空气污染对投资者的情绪有较大的负面影响。

至于责任投资指数中的股票，本节发现当投资者的情绪受到空气污染的影响时，它们表现出更高的水平。受空气污染影响的交易比例多一个百分比，责任投资指数中的股票的回报率就会增加 0.083%（在 1% 的水平上显著），这比空气污染对整个样本的股票回报率的影响（ - 0.051%，在 1% 的水平上显著）要大。空气污染对这些股票的综合影响约为 0.032%，在 1% 的水平上显著。这一发现与本节的假设一致，即在空气污染的日子里，投资者更愿意投资于责任投资指数中的股票，支持企业环保行为。当本节把冬季的影响加入回归中时，结果相似。

本节在稳健性检验中的发现进一步证明了当考虑到空气污染对投资者情绪的影响时，责任投资指数中的股票表现优越，并支持假设 2 的第一部分。

此外，本部分研究无须通过排除极端数据来进行稳健性检验，在本小节中，没有数据表示空气质量非常好或非常差（考虑 1% 、2% 或 3% 的阈值）。这表明本节在第 4.2.8 节的结果没有受到极端数据的影响，因此，本节的结论是可靠的。

4.2.10　小结

在本部分研究中，本节对中国股票市场的责任投资的发展作了深入的研究。研究发现，责任投资可以为中国股票市场的投资者带来经济利益，并对风险承担产生合理的补偿。责任投资指数中的股票是广泛分散的，可以避免潜在的过度集中的风险。此外，本节发现中国的机构投资者更愿意持有责任投资指数中的股票，因为它们的长期表现非常出色。

本节将责任投资的研究扩展到环境方面，通过使用环境质量的替代指标—国家空气污染指数，发现责任投资指数中的股票与所有 A 股之间存在不同的回报表现和投资者的交易行为。研究发现，由空气污染引起的悲观情绪对样本中所有 A 股的股票收益率都有负面影响。然而，考虑到责任投资指数中的股票对环境保护的贡献，这些股票在空气污染严重的日子里表现得更好。本节对散户投资者交易偏好的发现为空气污染日的股票收益变化提供了支持性证据：200 只股票样本的总交易比率和责任投资指数中的股票在空气污染日都受到悲观情绪的负面影响。此外，订单不平衡比例在这些日子里受到悲观情绪的负面影响，这意味着有更多的卖方发起的交易。考虑到中国散户投资者的重要作用，这一发现与空气重污染对股票收益的负面影响是一致的。然而，在空气污染日，责任投资指数中的股票的买卖差额比率受到了积极的影响，这意味着有更多买方发起的交易。这一发现与散户在这些日子里对这些类型的股票回报率的积极影响是一致的。

本节的发现对中国的投资者有着重要的意义，因为散户在中国股市中的重要作用意味着他们选择投资于责任投资指数内的股票会对这些公司产生强有力的支持。同时，由于中国 A 股自 2018 年 6 月 1 日起被纳入 MSCI 新兴市场指数，国际投资者将更加关注中国责任投资组合的表现。本研究的结果提供了理论依据，解释了国际投资者青睐中国股市的责任投资的原因。

4.3 社交媒体信息与投资者交易的订单不平衡

4.3.1 引言

传统金融学理论往往基于投资者完全理性人的假设，认为交易者对市场中的有效信息作出理性的投资决策。例如，有效市场假说（EMH）假定市场参与者的信息处理能力是无限的，市场上所有公开信息都可以被充分地反映在股价中。然而，接连不断的市场异象使学者们意识到完全理性的假设并不符合实际，这催生了行为金融学理论的出现。基于投资者非完全理性、注意力有限的研究由此展开，学者们在不断寻找更加合适的注意力代理变量，并分析它与交易行为之间的关联。

卡尼曼（Kahneman，1973）指出，注意力是一种稀缺资源，投资者的注意力有限，特别是个人投资者。已有众多学者提出了投资者关注的各种代理变量，例如：异常交易量（Gervais et al.，2001；Barber & Odean，2008），极端回报（Seasholes & Wu，2007；Hsu & Chen，2017；Hood & Lesseig，2017），新闻或广告（Tetlock，2011；Lou，2014；Yuan，2015；Yang et al.，2017；Tsukioka et al.，2018），以及异常搜索频率（Da et al.，2011；Ben-Rephael et al.，2017；Yung & Nafar，2017）。

笪等（Da et al.，2 011）提出了一种基于谷歌中聚合搜索频率的直接代理变量；使用百度搜索引擎也有类似的指数，但这种代理变量对中国投资者来说既不方便又不高效。事实上，投资者可能会依靠百度来获取股票价格基本面变化的消息（Kou et al.，2018），但如果他们想知道有多少人对同一只股票感兴趣，就必须依靠更专业的网站。因此，这个代理变量可以做事后分析的指标，但是对投资者当下的注意力几乎没有影响。而其余成交量、回报率和新闻等那些之前的代理变量都是间接指标。他们都有着同样的假设，那就是如果股票的成交量和回报率面临极端波动，或者某只股票在新闻或广告中被提及，那么投资者将关注该股票。然而，成交量和回报率可以由与投资者注意力无关的因素驱动，新闻或广告只有在投资者真正阅读时才有效，因此需要更直接地衡量投资者的注意力。

如今，社交媒体已成为个人分享其对金融证券分析和观点的热门场所（Chen et al.，2014），投资者对能够提供有关股票的全面信息和讨论观点的场所的网站更感兴趣。因此，本部分基于中国市场中最受欢迎和最具影响力的东方财富股吧主题社区的数据，构建了一个新的代理变量指标以提供投资者关注度更直观的衡量。

这部分研究表明，在股吧上发布的特定股票的每日信息阅读数的异常值与现有的注意力代理变量密切相关，并对股票的回报产生重大影响；表明注意力度量值的可靠性。结果也为巴伯和奥迪恩（2008）提供了支持，他们发现，如果个人投资者的注意力被吸引，他们将成为净买家。

4.3.2　数据来源与变量构造

本部分研究选取两个主要样本：第一个样本选取 2011 年 5 月 26 日至 2017 年 2 月 21 日中有 600 个以上交易日的 A 股，样本包含 961 只股票；第二个样本时间跨度为 2013 年 8 月 1 日至 2014 年 7 月 31 日，从上海证券交易所交易数据中随机选择了 200 只股票作为研究样本，这些股票交易占市场总交易量的 35.71%，可以作为整个市场的良好代表。

本部分使用的交易数据来自汤森路透 Tick History 数据库和 CSMAR 数据库，包括股价、交易量、市值、账面市值比、换手率和利差。新闻和帖子数据来自东方财富网站，包括时间、内容、阅读次数和评论数量。

进一步地，本部分研究从上海证券交易所获得了 200 只股票的详细账户数据，包括 12 个特定类别的投资者及其日常交易。根据交易所的分类，将其分为五类个人投资者（Ind）、六类专业机构投资者（Pro）和普通机构投资者

（OI）。个人投资者按资本规模划分：从 Ind1 到 Ind5，分别持有 10 万元以下、10 万～100 万元、100 万～300 万元、300 万～1 000 万元以及 1 000 万元以上。专业机构投资者按其机构的性质进行划分：从 Pro1 到 Pro6，分别代表投资基金、专业外国机构投资者、保险基金、自营经纪、资产管理机构和社会保险基金。

表 4 - 15 提供了相关的描述性统计数据。

表 4 - 15　　　　　　　　　　　不同投资者的描述性统计

年份	投资者交易占比（%）				投资者类型	N	买入量（百万元）	卖出量（百万元）
	个人	机构	专业机构	其他	Ind1	48 004	7. 189	6. 967
2016	85. 62	1. 41	12. 21	0. 75	Ind2	48 004	4. 629	4. 481
2015	86. 91	2. 06	10. 47	0. 56	Ind3	48 004	2. 546	2. 448
2014	85. 19	2. 98	11. 6	0. 22	Ind4	46 929	0. 745	0. 723
2013	82. 24	2. 46	15. 3		Ind5	44 563	1. 296	1. 279
2012	80. 78	2. 1	17. 12		Pro1	40 939	1. 266	1. 681
2011	83. 52	2. 09	14. 39		Pro2	37 912	1. 059	1. 227
2010	84. 59	2. 43	12. 98		Pro3	16 150	0. 542	0. 430
2009	85. 36	3. 82	10. 82		Pro4	44 304	0. 982	1. 031
2008	83. 21	3. 96	12. 83		Pro5	37 324	0. 349	0. 312
					Pro6	8 885	0. 206	0. 217
					OI	47 631	0. 532	0. 795

交易比率是不同投资者的交易占总交易的百分比。表 4 - 15 中结果显示，2008～2016 年，超过 80% 的交易来自个人投资者。平均而言，个人投资者的交易量更大，个人投资者交易频率更高。交易频率和交易量随着个人投资者的资本规模而降低；与机构投资者相比，个人投资者（尤其是持有少量资本的投资者）的信息较少，容易受到吸引眼球事件的影响。此外，个人投资者是股吧平台的主要用户，这再次证明这一措施是描述他们对股市新闻关注程

度的一个很好的指标。

将注意力代理变量定义为一篇帖子的每日阅读量异常 GB1。

$$\text{Ab GB1}_t = \text{GB1}_t - \text{median}(\text{GB1}_{t-1}\cdots\text{GB1}_{t-10}) \tag{4-24}$$

因此，GB1 是股吧网站上每个股票帖子每日阅读量的对数值。

还依赖异常交易量（Ab volume）、异常回报的绝对值（Abs ab ret）和单个股票新闻报道的异常阅读量（Ab News1）作为现有的关注度指标。

依据巴伯和奥迪恩（2008）对交易量的对数值进行标准化，变量定义为：

$$\text{Ab volume}_t = \text{volume}_t - \frac{1}{244}\sum_{i=1}^{244}\text{volume}_{t-i}$$

$$\text{Abs ab ret} = \text{abs}(\text{ret} - \text{rm}) \tag{4-25}$$

其中，ret 是根据收盘价计算的股票收益，rm 是 ret 的平均日值。

$$\text{Ab News1}_t = \text{News1}_t - \text{median}(\text{News1}_{t-1}\cdots\text{News1}_{t-10}) \tag{4-26}$$

其中，News1 是每只股票新闻阅读次数的对数值。News1 不是日度数据，t 是有新闻的天数。实证分析还考虑了特定股票每日回复帖子的数量（GB2）和新闻量（News2），以及特定股票每日帖子数量（GB3）和新闻数量（News3）。表 4-16 提供了这些变量的相关系数矩阵。

表 4-16　　　　　　　　发帖量和新闻量的相关系数矩阵

	GB1	GB2	GB3	News1	News2	News3
GB1	1.000 (1.00)					
GB2	0.644 (1.00)	1.000 (1.00)				
GB3	0.836 (1.00)	0.756 (1.00)	1.000 (1.00)			
News1	0.132 (0.890)	0.097 (0.760)	0.130 (0.870)	1.000 (1.00)		

	GB1	GB2	GB3	News1	News2	News3
News2	0. 137 (0. 890)	0. 121 (0. 850)	0. 149 (0. 910)	0. 912 (1. 000)	1. 000 (1. 00)	
News3	0. 125 (0. 860)	0. 099 (0. 770)	0. 129 (0. 870)	0. 959 (1. 000)	0. 890 (1. 000)	1. 000 (1. 00)

GB1 和 GB3 之间的相关性相对较高，所有相关性在 95% 置信水平下都是显著的。News1 和 News3 之间的相关性也很高。在这部分研究中使用变量 GB1 和 News1 作为主要变量，通过其他变量获得的结果非常相似，并且可以根据需要获得。

在根据选取的数据和变量进行实证分析之前，首先必须评估股吧发帖量是否能够作为一个投资者注意力的优质代理变量：第一，频率，投资者可以获得日度数据；第二，通用性，该指标需要与其他注意力代理变量相关；第三，相关性，该指标需要充分反映金融市场的变化。股吧网站上每只股票平均每天有 17.3 个帖子，因此满足了上述第一个要求。

在表 4 - 17 中展示了 AbGB1 和其他代理之间的相关系数矩阵，显示了这些代理之间的相关性很高，并且非常显著。唯一的例外是 AbNews1 和其他代理之间，这也是合理的，因为公共新闻发布的频率很低。

表 4 - 17　　　　　　　　四个注意力代理变量的相关系数

	AbGB1	Abvolume	Absabret	AbNews1
AbGB1	1. 000 (1. 00)			
Abvolume	0. 694 (1. 00)	1. 000 (1. 00)		
Absabret	0. 249 (0. 98)	0. 308 (0. 99)	1. 000 (1. 00)	

	AbGB1	Abvolume	Absabret	AbNews1
AbNews1	0.119 (0.88)	0.082 (0.66)	0.040 (0.35)	1.000 (1.00)

遵循笪等（2011）的观点，并依靠向量自回归模型（VAR）来比较的四个注意力代理变量；结果见表4-18所列。

表4-18　　　　　　　　注意力代理变量的向量自回归模型

自变量为滞后一天的值

	AbGB1	Abvolume	Absabret	AbNews1	cons	R^2
AbGB1	0.378 (0.013)	0.363 (0.014)	−0.083 (0.003)	0.001 (0.003)	0.773 (0.195)	0.34 (0.013)
Abvolume	0.088 (0.005)	0.757 (0.008)	−0.104 (0.003)	−0.006 (0.002)	3.133 (0.129)	0.572 (0.010)
Absabret	0.172 (0.015)	0.587 (0.019)	−0.065 (0.009)	0.013 (0.006)	−10.002 (0.316)	0.141 (0.005)
AbNews1	0.143 (0.019)	0.157 (0.027)	0.002 (0.011)	0.137 (0.008)	−3.527 (0.413)	0.044 (0.003)

VAR 中包含一个常数和一个时间趋势。四个代理变量作为自变量，把它们的滞后值作为因变量。对每个股票进行 VAR 估计，并获得平均值。发现AbGB1 领先于其他指标，因此比极端回报、成交量或新闻更及时地吸引投资者的注意力。解释这一点时认为，中国个人投资者往往只在关注一只股票后才进行交易，而价格压力和极端成交量可能会持续几天。还可以合理地假设，在公开新闻发布之前，在股吧等网站上已经有一些关于它的迹象；因此，AbGB1 领先 AbNews1。更一般地说，在公开新闻发布后，会有一些关于它的讨论，解释为什么 AbNews1 对 AbGB1 有正向和重大的影响。Abvolume 和 AbGB1

之间的正向而显著的关系突显了投资者在极端成交量之后继续关注股票的观点。最后，Absabret 和 AbGB1 之间的负向并显著的关系可能是由于 AbGB1 峰值时 AbGB1 在极端回报后的平均回归。这对于中国市场尤其合适，因为巴伯和奥迪恩（2008）认为，注意力冲击会导致散户净买入。考虑到中国不知情交易者的比例很大，观察到异常的高回报和在高价值的关注代理变量后的回报反转是可以理解的。

4.3.3　投资者注意力与股票收益

基于法玛和麦克白斯（1973）的横断面回归，研究了四种注意力代理变量对现在和未来回报的影响，以满足第三个要求。结果见表 4 - 19 所列。

表 4 - 19　　　　　　　　　四个注意力代理变量对股票收益的影响

	$return_t$	$return_{t+1}$	$return_{t+2}$	$return_{t+3}$	$return_{t+4}$
Ab GB1	0.273 (0.010)	− 0.026 (0.008)	0.003 (0.007)	0.006 (0.006)	0.007 (0.006)
Ab volume	0.574 (0.013)	− 0.140 (0.011)	− 0.084 (0.011)	− 0.059 (0.009)	− 0.062 (0.009)
Abs ab ret	0.044 (0.004)	0.003 (0.003)	0.008 (0.003)	0.018 (0.003)	0.025 (0.003)
Ab News1	0.367 (0.126)	− 0.013 (0.110)	− 0.221 (0.128)	− 0.184 (0.127)	− 0.112 (0.099)
R^2	0.052	0.022	0.017	0.015	0.014

因变量被指定为事件当天和随后四天的异常回报（以基点为单位），四个注意力代理变量是自变量。异常回报定义为样本中 961 只股票每天计算的股票回报和平均回报之间的差异。自变量是标准化的，以便具有可比性。在控制了其他代理变量之后，发现 AbGB1 的影响是显著的。AbGB1 对事件日当天的即期回报率有正向影响，而这种关系在第二天发生逆转——在这之后的三

天内，这种关系变得不显著。可以得出结论，AbGB1 的影响是瞬时的，并随着新信息的发布而消失。Abvolume 的影响是最显著的，在接下来的几天内会发生长期反转，而 Absabret 的影响很小，是最持久的。最后，AbNews1 的影响力仅在事件日当天显著。

因此，AbGB1 是度量中国股市投资者注意力的一个很好的指标：它与现有注意力指标高度相关的日度数据，并对股票回报有显著影响。

4.3.4　投资者注意力与订单不平衡

在最后一步中，基于时间和公司固定面板数据模型，研究了 AbGB1 对不同投资者订单失衡 im 的影响：

$$
\begin{aligned}
\mathrm{im}_{i,t} = \beta_0 &+ \beta_1 \times \mathrm{Ab\ GB1} + \beta_2 \times \mathrm{Log(\ cap + 1\ )}_{i,t} + \beta_3 \times \mathrm{BM}_{i,t} + \beta_4 \\
&\times \mathrm{Spread}_{i,t} + \beta_5 \times \mathrm{Turnover}_{i,t} + \mu_{i,t}
\end{aligned} \tag{4-27}
$$

其中，im 计算如下：

$$
\mathrm{im}_{i,t} = \frac{\mathrm{buy\ volume}_{i,t} - \mathrm{sell\ volume}_{i,t}}{\mathrm{buy\ volume}_{i,t} + \mathrm{sell\ volume}_{i,t}} \tag{4-28}
$$

而在第 t 天，股票 i 的每种类型的投资者的买入和卖出量都会考虑。其他变量是控制变量，在表 4-20 中报告了结果。

AbGB1 对不同投资者订单失衡的影响差异显著。在 AbGB1 增加的情况下，资本较少的个人投资者是净买家，而资本较多的个人投资者受影响不显著，而机构投资者在 AbGB1 增加和减少的情况下是净卖家。结果确实与巴伯和奥迪恩（2008）一致，他们使用异常交易量、极端回报和新闻作为注意力代理变量，并发现个人投资者和机构投资者的订单失衡受到相反的影响。根据表 4-20 的结果，还可以发现，个人投资者更喜欢低资本、高账面市值比、高利差和低换手率的股票；而机构投资者没有明显的偏好。这进一步证明了个人投资者是不知情的交易者，他们根据噪声行事，因此很可能受到吸引注意力事件的影响。

表 4-20　AbGB1 和订单不平衡之间的关系

	Ind1	Ind2	Ind3	Ind4	Ind5	Pro1	Pro2	Pro3	Pro4	Pro5	Pro6	OI
AbGB1	1.559 (0.107)	1.714 (0.120)	0.991 (0.205)	0.420 (0.445)	-0.242 (0.511)	-4.210 (0.625)	-3.148 (0.709)	-5.136 (1.277)	-1.844 (0.490)	-1.844 (0.490)	-8.670 (1.773)	-1.793 (0.423)
log(cap+1)	-0.270 (0.151)	-0.368 (0.169)	-1.003 (0.288)	-0.130 (0.621)	-0.186 (0.700)	0.081 (0.804)	1.357 (0.999)	1.686 (1.819)	0.491 (0.657)	-0.261 (0.859)	2.549 (2.022)	0.250 (0.592)
BM	0.757 (0.157)	0.883 (0.175)	0.829 (0.298)	1.53 (0.642)	1.488 (0.721)	-1.031 (0.844)	-0.089 (0.963)	-4.625 (1.413)	0.564 (0.688)	-0.273 (0.868)	-0.480 (1.897)	0.581 (0.614)
Spread	0.181 (0.058)	0.189 (0.065)	0.092 (0.111)	0.089 (0.239)	0.299 (0.267)	0.003 (0.320)	-0.163 (0.351)	-0.844 (0.467)	0.142 (0.258)	-0.815 (0.321)	-0.608 (0.534)	0.031 (0.228)
Turnover	-0.333 (0.058)	-0.482 (0.065)	-0.459 (0.112)	-1.267 (0.241)	-1.926 (0.271)	3.804 (0.370)	-1.623 (0.437)	0.065 (0.816)	-0.348 (0.279)	0.079 (0.355)	2.931 (1.168)	-0.173 (0.230)
Constant	-5.793 (1.833)	0.148 (2.052)	13.631 (3.493)	-0.206 (7.551)	15.421 (8.520)	-34.982 (10.141)	47.022 (12.542)	9.812 (22.933)	38.831 (8.142)	34.761 (11.144)	-24.232 (30.473)	14.773 (7.189)
Observations	47 760	47 760	47 760	46 685	44 320	40 695	37 674	15 949	44 060	37 080	8 817	47 387
R-squared	0.064	0.034	0.014	0.009	0.016	0.079	0.074	0.045	0.140	0.147	0.162	0.028

本部分研究还作了稳健性检验。巴伯和奥迪恩（2008）模型的一个前提是，个人投资者无法卖空；他们只能选择出售自己拥有的少数股票，但可以从数千只股票中选择购买，这导致了订单失衡。

巴伯和奥迪恩（2008）通过研究个人投资者已经持有的股票来消除卖空的影响；鉴于 2010 年后中国卖空限制的解除，提出了更直接的研究。基于卖空清单，将样本分为两组，并研究 AbGB1 是否会对他们产生不同的影响。根据 2013 年 1 月 31 日的卖空清单，在样本中确定了允许卖空的 97 只股票和非法卖空的 102 只股票。公式（4 - 27）应用于两个子样本，并在表 4 - 21 中显示结果。

一般来说，个人投资者更喜欢买入而不是卖出高关注度的股票，有趣的是，这种现象在可以卖空的股票中更为明显。为了真正确定允许卖空和不允许卖空的股票之间是否存在真正的差异，延续了帕特诺斯特等（Paternoster et al.，1998）的方法。

$$Z = \frac{b_1 - b_2}{\sqrt{SEb_1^2 + SEb_2^2}} \qquad (4-29)$$

其中，b_1 和 b_2 是从两个样本获得的系数，而 SEb_1 和 SEb_2 是相应的标准误差。

结果表明，对于可以卖空的股票，Ab GB1 对订单不平衡的影响显著更大：表 4 - 21 中的 Diff 计算为因变量和自变量之间的差异。第一个 Diff 值为 0.945，通过 Ab GB1 对可卖空股票的影响（2.110）减去 Ab GB1 对不能卖空股票的影响力（1.165）计算得出。括号中的值是 Diff 的有效值（0.945），由公式（4 - 29）得出。鉴于 Z 统计值大于 1% 临界水平（4.258）的临界值，可以得出结论，Ab GB1 对卖空和非卖空股票有不同的影响。这个结果是合理的，在中国股票市场，个人投资者数量仅占所有卖空者的 24%，个人投资者卖空仅占总卖空的 4% 左右。卖空在投资者的交易中没有起到很大的作用，应该注意的是，允许卖空的股票通常规模更大，流动性更好，从而增加了在股吧上提及的可能性。

表 4 - 21　　AbGB1 对个人投资者订单不平衡的影响

	AbGB1					AbGB1 Shortsell				
	Ind1	Ind2	Ind3	Ind4	Ind5	Ind1	Ind2	Ind3	Ind4	Ind5
AbGB1	1.165 (0.127)	1.033 (0.151)	-0.026 (0.301)	-0.355 (0.655)	-0.577 (0.775)	2.110 (0.182)	2.646 (0.194)	2.237 (0.277)	1.557 (0.610)	0.333 (0.681)
Diff	0.945 (4.258)	1.613 (6.561)	2.263 (5.532)	1.912 (2.136)	0.910 (0.882)					
$\log(cap+1)$	-0.507 (0.160)	-0.468 (0.189)	-0.828 (0.377)	0.039 (0.802)	-0.089 (0.921)	-0.654 (0.375)	-0.821 (0.401)	-1.448 (0.572)	-1.340 (1.291)	-0.222 (1.435)
BM	2.477 (0.358)	1.889 (0.424)	0.275 (0.845)	1.793 (1.826)	0.508 (2.178)	0.774 (0.195)	0.953 (0.208)	0.919 (0.297)	1.396 (0.653)	1.938 (0.724)
Spread	0.227 (0.083)	0.243 (0.098)	0.196 (0.196)	0.010 (0.421)	0.321 (0.482)	0.130 (0.081)	0.143 (0.087)	0.006 (0.124)	0.086 (0.272)	0.287 (0.301)
Turnover	-0.129 (0.062)	-0.201 (0.073)	-0.241 (0.146)	-0.961 (0.312)	-1.706 (0.358)	-0.833 (0.128)	-1.165 (0.136)	-0.891 (0.195)	-1.975 (0.428)	-2.572 (0.476)
Constant	-4.158 (1.941)	2.396 (2.299)	16.261 (4.581)	1.084 (9.844)	27.302 (11.261)	-3.924 (4.237)	1.754 (4.533)	14.421 (6.465)	9.951 (14.531)	3.695 (16.162)
Observations	24 193	24 193	24 193	23 213	21 152	23 567	23 567	23 567	23 472	23 168
R - squared	0.053	0.025	0.017	0.015	0.020	0.106	0.082	0.031	0.015	0.027

4.3.5　小结

总的来说，根据实证分析结果，即使在解除卖空限制后，Ab GB1 仍然是个人投资者关注的良好代理变量。

本部分研究发现了一种新的投资者关注指标：东方财富股吧网站上每只股票的每日异常阅读量。得到了多个结果：Ab GB1 与其他代理变量（Ab News1、Abs ab ret 和 Ab volume）具有很强的相关性；此外，Ab GB1 在预测短期股票收益以及未来反转方面是有效的；最后，Ab GB1 是与不同类型投资者的异质交易行为高度相关。因此，该代理变量是对中国股市现有投资者注意力代理的有益扩展。

研究将得到中国政策制定者的关注，因为个人投资者是中国股市的主要参与者，而由于分析能力有限，他们对公开信息的处理仍然不完善。

4.4　本章小结

本章主要介绍了股票历史价格、企业社会责任、投资者注意力三种不同信息源对投资者交易行为的影响。本章以实证分析为基础，介绍了相关研究在中国市场的表现，具有一定的参考意义。

具体而言，在股票历史价格方面，本章介绍了传统动量策略在中国市场的表现，动量效应表现随着市场状态变化而改变的原因主要来自市场变化对最高组股票与最低组股票相对 Beta 差值的影响，市场回报符号在两个时期是否相同对动量效应的影响对于其他市场动量效应的表现同样适用。将策略构建期与回报期市场回报符号是否一致的因素考虑至动量策略的构建中，动量策略可以产生从最低组到最高组明显的回报递增趋势，最高组与最低组差值在统计意义与经济意义上均显著，且回报具有一定的持续性，即存在证明中国股票市场中存在显著动量效应的证据。市场动态对于动量效应检测具有重要影响，只有当市场在动量策略构建期与回报期表现一致时，传统动量效应才有显著的表现。考虑到动量效应的本质为投资者对于市场中公开信息或私人信息的不及时反应，因此动量效应的表现可以作为信息扩散效率的有效指标。但由于无法得到显著的动量效应表现使得这一指标在中国股票市场适用性较低，这意味着维持市场的稳定发展，增加市场持续期样本所占的比重可能成为提高市场中信息扩散效率的前提。

在空气污染这一环境信息与企业社会责任方面，本章介绍了中国股票市场责任投资的发展现状，责任投资能够为投资者带来投资组合收益，机构投资者倾向于持有责任投资指数中的股票。通过使用国家大气污染指标，能够发现投资者在空气重度污染日的悲观情绪对 A 股股票收益有负向影响，而责任投资指数中的股票在同一时间段内表现出改善。利用汇总交易数据研究中国散户投资者在空气污染影响日的交易偏好，发现他们的总交易比例对 A 股和责任投资指数都有负面影响。此外，在空气污染日责任投资指数中，整个样本的卖方发起交易较多，而股票的买方发起交易较多。这一发现与这两个样本不同的股票收益表现是一致的。这一发现将责任投资的研究扩展到了新兴市场，并为环境因素对交易行为和回报表现的影响提供了新的证据。

在社交媒体与投资者注意力方面，本章介绍了基于东方财富股吧网站的每只股票帖子的日异常阅读量，提出了中国股市投资者注意力代理变量与订单不平衡之间的关系。这一代理变量，不仅与现有的注意力代理变量显著相关，还是一种新的有效度量投资者注意力的方法。它在预测短期股票收益以及未来反转方面是有效的，对事件日当天的即期回报率有正向影响，而在第二天发生逆转——在这之后的三天内，这种关系变得不显著。通过分析投资者注意力代理变量与不同投资者订单不平衡之间的关系发现，这是由不同投资者的异质交易行为导致的。值得一提的是，这一代理变量可用于指导和模拟投资者的交易。

本章附录

附录 4 – 1　变量定义

变量	变量定义
r_{last}	最近半小时的收益是用当前交易日 14：30 和 15：00（收盘时）的股价计算的
r_{1st}	前半小时收益，计算方法是前一个交易日的收盘价和当前交易日 10 点的股价
$r_{14:30}$	倒数第二个半小时的收益，用当前交易日 14：00 和 14：30 的股价计算
r_{ov}	用前一个交易日的收盘价和当前交易日 9：30 的开盘价计算的隔夜收益
$r_{10:00}$	开盘半小时收益，计算方法为当前交易日 9：30 和 10：00 的股价，不包括隔夜收益
PJ	如果前一个交易日是正跳跃日，则为 1
NJ	如果前一个交易日是负跳跃日，则为 1
FC	如果日期在 2007 年 10 月 16 日至 2008 年 9 月 18 日或 2015 年 6 月 12 日至 2016 年 2 月 29 日之间，则为 1
FC_1	如果日期从 2007 年 10 月 16 日到 2008 年 9 月 18 日，等于 1
FC_2	如果日期范围为 2015 年 6 月 12 日至 2016 年 2 月 29 日，则为 1

附录 4 – 2　各分市场特征整理

年份	股票数			市场价值（$\times 10^9$）			流通股（$\times 10^9$）			交易量（$\times 10^8$）		
	主板	中小板	创业板	主板	中小板	创业板	主板	中小板	创业板	主板	中小板	创业板
2004	1 311	38		2.74	1.09		1.43	0.25		4.28	1.56	
2005	1 305	50		2.40	0.96		1.66	0.44		4.86	2.61	
2006	1 296	102		6.64	1.98		2.51	0.54		11.97	2.91	
2007	1 305	202		24.06	5.27		3.56	0.63		26.72	4.04	

续表

年份	股票数			市场价值（×10⁹）			流通股（×10⁹）			交易量（×10⁸）		
	主板	中小板	创业板	主板	中小板	创业板	主板	中小板	创业板	主板	中小板	创业板
2008	1 308	273		8.74	2.30		4.99	0.95		17.37	4.36	
2009	1 315	327	36	17.01	5.16	4.47	10.38	1.16	0.18	35.99	10.04	1.07
2010	1 357	531	153	15.43	3.04	1.31	13.66	1.33	0.33	27.52	7.64	2.62
2011	1 393	646	281	12.36	2.22	0.89	15.13	1.74	0.51	21.00	5.77	2.71
2012	1 416	701	355	13.06	2.32	0.94	16.18	2.12	0.68	18.45	7.24	4.16
2013	1 412	701	355	12.66	3.64	2.32	19.39	2.93	1.21	25.97	11.76	8.55
2014	1 454	732	406	19.83	4.92	3.22	19.89	3.49	1.69	39.78	15.46	9.94
2015	1 540	776	492	23.05	8.99	6.52	20.94	4.51	2.38	87.79	32.74	20.20
2016	1 642	822	570	20.80	7.80	5.36	21.22	5.43	2.98	39.22	25.03	16.68
2017	1 854	903	710	21.35	7.88	4.30	19.95	6.18	3.08	33.66	19.28	12.44

附录4-3 分市场结果汇总

	全市场			主板			中小板			创业板		
	α	$r_{1st,t}$	$r_{14;30,t}$	α	$r_{1st,t}$	$r_{14;30,t}$	α	$r_{1st,t}$	$r_{14;30,t}$	α	$r_{1st,t}$	$r_{14;30,t}$
均值	0.01	1.87	6.70	0.04	1.70	5.75	-0.01	2.06	7.25	-0.03	2.09	8.44
中位数	0.02	1.93	6.60	0.04	1.75	5.73	0.00	2.17	7.67	-0.03	2.17	8.42
t-Stat.	1.32	1.58	1.70	2.59	1.55	1.74	0.19	1.59	1.66	-0.82	1.61	1.57
>0	63.40	90.42	89.73	79.06	90.16	88.55	51.48	90.34	89.46	32.65	90.69	91.32
>0*	46.12	60.86	63.93	64.38	59.26	63.81	29.86	61.58	63.34	15.30	63.25	61.83
>0**	42.15	48.88	53.44	60.53	47.70	54.72	25.03	49.18	52.47	12.62	50.00	48.11
>0***	38.83	38.52	43.98	57.42	38.09	46.61	21.41	38.31	42.15	9.46	38.33	36.75
R^2	1.13			0.90			1.41			1.65		
公司数	3 224			1 738			852			634		

附录4－4　分市场结果汇总

	全市场			主板			中小板			创业板		
	α	$r_{1st,t}$	$r_{14:30,t}$	α	$r_{1st,t}$	$r_{14:30,t}$	α	$r_{1st,t}$	$r_{14:30,t}$	α	$r_{1st,t}$	$r_{14:30,t}$
均值	0.02	2.81	6.70	0.04	2.66	5.75	0.00	3.10	7.25	－0.03	2.78	8.44
中位数	0.02	2.78	6.59	0.04	2.64	5.74	0.01	3.13	7.69	－0.03	2.68	8.43
t－Stat.	1.43	1.78	1.72	2.70	1.87	1.75	0.30	1.77	1.68	－0.73	1.54	1.58
>0	64.80	92.21	89.76	80.15	92.29	88.49	53.57	92.86	89.68	33.75	90.69	91.32
>0 *	47.83	66.87	64.05	65.48	68.58	63.92	32.27	66.74	63.23	17.51	61.36	62.30
>0 **	43.61	55.27	53.82	61.91	58.29	55.29	26.89	54.34	52.47	13.56	46.53	48.42
>0 ***	40.17	45.13	44.54	58.98	47.64	47.12	22.39	45.12	42.81	10.57	35.80	37.22
R^2	1.18			0.96			1.47			1.64		
公司数	3 224			1 738			852			634		

附录4－5　各时期交易投资者特征比较

	P（early-informed＝1）	P（late-informed＝1）
投资经验	0.222 *** (0.0237)	－0.117 *** (0.0166)
学历	0.335 *** (0.0313)	－0.107 *** (0.0218)
风险忍受程度	0.335 *** (0.0265)	－0.196 *** (0.0210)
男性	0.399 *** (0.0255)	－0.217 *** (0.0178)
常数项	－3.074 *** (0.0224)	－1.536 *** (0.0134)
观测数	120 608	120 608

附录4－6 中国的交易时间、交易机制、价格和收益

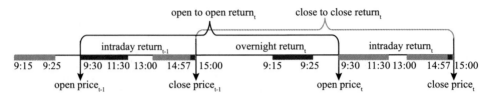

图1 中国的交易时间、交易机制、价格和收益

其中，■■■■■代表集中竞价交易机制，▨▨▨▨▨代表连续双向拍卖交易机制。

时间点	交易机制
9：15～9：25	上海和深圳股市的开盘叫价时段，只允许限价订单，9：20后不能撤销订单
9：25～9：30	在非交易时段，9：25和9：30的执行价格是相同的，是中国股市的开盘价
9：30～11：30	两个市场的上午连续双向拍卖交易期，允许限价和市场订单，并且可以自由提交和撤销订单
11：30～13：00	非交易时段
13：00～15：00	下午的连续双向拍卖交易时段，上海（2018.08.20之前）和深圳（2006.07.01之前）的股票市场限价和市价订单均被允许，并且可以自由提交和撤销订单。收盘价是指15：00的执行价格
13：00～14：57	自2018.08.20以来，上海股市的下午连续双向拍卖交易期，以及自2006.07.01以来，深圳股市的下午连续双向拍卖交易期
14：57～15：00	自2018.08.20以来上海股市和自2006.07.01以来深圳股市的收盘拍卖期，只允许限价订单，不能撤销订单。收盘价是在这一时期产生的

集合竞价期的交易特点。

（1）价格由所有提交的买卖指令一次性集中匹配产生，采用能带来最大交易量的价格。

（2）只允许限价订单，9：20 后不能撤销订单。

（3）所有买入（卖出）价格较高（卖出）的订单都可以执行。

（4）削弱了大投资者的操纵行为，可以避免买卖价差的成本。

（5）大约 70% 的公司特定新闻是在收市后和第二天正式开市前发布的。因此，开盘前的认购拍卖期可以被视为与信息有关。

（6）开盘前的交易量占整个交易日的 10% 左右。

（7）投资者中希望利用高流动性（大的交易量）和对买卖价差敏感的价差的，可能会把开盘前的集合竞价期作为他们的第一选择。

连续双向拍卖期的交易特点。

（1）当最高买入价与最低卖出价相匹配时，价格就确定了。

（2）投资者可以自由地提交和撤销市价订单和限价订单，他们可以监控价格并对新发布的信息在到达市场后立即作出反应。

（3）交易是实时完成的，因此，提交市场订单的人可以更容易地进行交易。

（4）那些想立即交易，想避免一次性集中定价的不确定性的，并相信他们能更好地获得新的信息的投资者，可能会选择在这个时期进行交易。

附录 4 - 7　变量定义

变量	定义
Beta	市场贝塔，定义为对市场组合的回报敏感性，市场贝塔系数是以 36 个月的滚动月度数据窗口的回归中的斜率系数来计算
lnME	股票市值的自然对数，定义为每个月末测量的公司总市值的（自然对数）
lnBTM	账面市值比率的自然对数，定义为公司的（自然对数）账面市值权益，在截至 t - 1 的财政年度测量
ISKEW	偏度，定义为从哈维和希迪克（Harvey & Siddique，2000）回归中得到的每日残差项的偏度：$$R_i - RF = \alpha_i + \beta_i RMRF + \gamma_i RMRF^2 + \varepsilon_i$$上述回归是使用过去 12 个月滚动窗口的每日观测值进行的。每个月重复估计程序，以获得每个月的事前 ISKEW 测量

变量	定义
IVOL	特异性波动率，与昂等（Ang et al.，2006）的定义相似，是以下回归中残差的标准偏差： $$R_i - RF = \alpha_i + \beta_i^{RMRF} RMRF + \beta_i^{SMB} SMB + \beta_i^{HML} HML + \varepsilon_i$$ 事先的 IVOL 衡量标准是使用上述 Fama – French 三因素模型，使用前一个月的每日观测值构建的，这需要至少 10 个观测值来运行回归
ILLIQ	Amihud 非流动性比率，定义为绝对收益与美元交易量之比的 12 个月滚动平均值（Amihud，2002）
PRC	价格水平，定义为上个月底未经调整的收盘价
TURN	成交率，定义为过去一个月滚动窗口的累计日成交量
ANACOV	分析师覆盖率，定义为 1 加上盈利预测的数量的自然对数
DISP	分散性，定义为收益预测的标准偏差
IO	机构所有权，机构拥有股票的比例，数据频率为每季度一次

附录 4 – 8 责任投资指数的简要描述

附录 4 – 8 给出了中国责任投资指数的一些简要说明，包括指数名称、地方代码，每个指数的起始日期，这些指数所包含的股票数量，这些指数中的股票所属的市场以及每个指数的具体类别。市场中的"CSI"表示纳入责任投资指数的股票可以在上海证券市场或深圳证券市场交易，"上证"表示纳入责任投资指数的股票只能在上海证券市场交易。"Ind1"和"Ind2"给出了纳入各责任投资指数的股票所属的行业数量，行业的分类分别来自中国证监会 2001 年和 2012 年的数据。类别中的"E"表示责任指数注重环保，"S"表示责任指数注重社会责任，"G"表示责任指数注重企业，"ESG"表示责任指数在这三个方面有综合表现。

指数代码	指数名称	开始日期	样本数	交易市场	行业类型 1	行业类型 2	类别
000846	ESG100	20121016	100	CSI	6	13	ESG
000970	ESG40	20100917	40	SSE	6	13	ESG
000114	可持续发展行业	20110822	40	SSE	3	5	E
000158	SSE 环境保护	20120925	40	SSE	6	9	E
000827	CSI 环境保护	20120925	100	CSI	6	9	E
000941	中证中国新能源指数	20091028	50	CSI	4	7	E
000977	内地低碳指数	20110121	50	CSI	5	9	E
399806	环境治理	20120104	50	CSI	4	7	E
399808	CSI 新能源	20150710	80	CSI	4	6	E
399817	生态保护 100	20120702	100	CSI	4	8	E
399976	CSI 新能源汽车	20120104	80	CSI	6	9	E
930614	CSI 环境保护 50	20120104	50	CSI	4	8	E
930642	CSI 核能与电力指数	20050104	50	CSI	4	7	E
930835	CSI 水杉环保专利 50 指数	20140102	50	CSI	5	8	E
930853	CSI 海绵城市指数	20120702	50	CSI	4	7	E
930854	CSI 水环境治理指数	20120702	50	CSI	5	10	E
930956	绿色投资	20120702	300	CSI	4	7	E
930997	新能源汽车行业	20170627	不固定	CSI	4	6	E
931037	沪深 300 绿色龙头股指	20171212	100	CSI	4	7	E
950081	SSE180 碳效率	20150909	不固定	SSE	6	13	E
000048	SSE 社会责任指数	20090805	100	SSE	6	12	S
000019	治理指数	20080102	不固定	SSE	6	11	G
000021	180 治理	20080910	100	SSE	6	13	G

附录 4 - 9　空气质量指数的简要描述

附录 4 - 9 给出了空气质量指数的一些概要描述，包括 6 个级别的间隔，每个级别的含义以及不同级别的空气状况对健康的影响。

区间	等级	对健康的影响
0～50	level 1 优质空气质量	人们可以到外面呼吸新鲜空气
50～100	level 2 良好空气质量	人们可以正常外出
100～150	level 3 轻微污染	敏感人群应减少户外活动
150～200	level 4 中度污染	对敏感的人有很大的影响
200～300	level 5 严重污染	人们都应该减少户外活动
>300	level 6 污染等级最高	人们都不应该待在户外

附录 4 – 10　我国主要城市的年交易率

附录 4 – 10 给出了 2007～2017 年我国主要城市的年度交易比例。第一行的数据是当地的城市代码。附录 4 – 10 中的数值是百分比值。本表中的数据来自两个股票市场的年报。

年份	31	44	11	33	32	35	37	51	21	42	43	41	34	36	23
2007	19.45	18.55	8.29	10.22	7.44	3.66	3.35	3.30	3.12	2.62	2.05	1.91	1.54	1.47	1.48
2008	17.63	16.99	9.39	10.52	7.58	3.93	3.72	3.53	3.17	2.81	1.99	1.97	1.53	1.56	1.56
2009	16.76	17.57	9.05	10.67	7.41	3.98	4.04	3.52	2.99	2.72	2.06	2.19	1.55	1.66	1.45
2010	16.80	17.04	9.56	11.12	7.71	4.34	3.89	3.36	2.78	2.67	2.18	2.22	1.52	1.67	1.35
2011	17.15	16.86	10.00	11.26	7.58	4.59	3.71	3.25	2.71	2.65	2.21	2.22	1.55	1.71	1.24
2012	18.22	16.66	10.55	10.54	7.31	4.58	3.55	3.14	2.66	2.80	2.21	2.07	1.65	1.73	1.26
2013	18.26	16.91	10.38	9.76	7.43	4.43	3.52	3.19	2.30	2.90	2.27	2.04	1.56	1.64	1.12
2014	17.27	17.95	9.92	10.03	7.47	4.44	3.47	3.35	2.28	2.98	2.27	2.18	1.55	1.63	1.06
2015	15.72	17.64	9.13	11.01	7.93	4.58	3.77	3.39	2.27	3.04	2.44	2.19	1.66	1.75	1.07
2016	16.04	16.40	8.86	11.12	8.64	4.62	3.67	3.46	2.26	3.01	2.44	2.17	1.85	1.79	1.01
2017	16.17	15.94	10.42	9.31	8.78	4.13	3.43	4.26	2.15	3.13	2.36	1.67	1.70	1.86	1.43

续表

年份	12	61	13	22	50	14	45	53	65	46	15	62	52	64	63	54
2007	1.44	1.38	1.26	1.19	1.12	1.02	0.88	0.70	0.65	0.54	0.40	0.41	0.32	0.14	0.07	0.01
2008	1.46	1.47	1.45	1.14	1.13	1.09	0.94	0.84	0.59	0.49	0.46	0.50	0.33	0.15	0.08	0.01
2009	1.46	1.53	1.44	1.01	1.26	1.05	0.99	0.91	0.67	0.46	0.46	0.54	0.33	0.14	0.09	0.04
2010	1.50	1.47	1.39	0.86	1.23	0.89	0.96	0.85	0.70	0.45	0.40	0.56	0.30	0.13	0.08	0.02
2011	1.49	1.38	1.33	0.75	1.24	0.92	1.03	0.81	0.58	0.42	0.41	0.46	0.29	0.12	0.06	0.01
2012	1.39	1.29	1.22	0.74	1.32	0.95	1.02	0.79	0.56	0.43	0.45	0.42	0.29	0.12	0.06	0.01
2013	1.23	1.23	1.22	0.74	1.27	0.81	1.00	0.86	0.61	0.44	0.35	0.45	0.33	0.13	0.07	0.02
2014	1.20	1.28	1.32	0.75	1.31	0.92	0.96	0.77	0.62	0.42	0.38	0.47	0.31	0.14	0.07	0.03
2015	1.15	1.38	1.45	0.77	1.32	0.90	0.95	0.72	0.63	0.41	0.41	0.46	0.32	0.16	0.08	0.09
2016	1.17	1.34	1.37	0.77	1.33	0.84	0.90	0.66	0.51	0.36	0.41	0.41	0.35	0.17	0.09	0.60
2017	1.12	1.39	1.21	0.80	1.29	0.85	0.81	0.73	0.43	0.34	0.72	0.31	0.43	0.11	0.14	0.78

第 5 章

总结与展望

5.1　研究结论

5.1.1　大数据环境下的独特性与投资者交易行为分析

本书从金融市场微观结构基本研究思路出发，结合心理学和行为金融学相关理论，从确认性心理偏差的实证分析和理论模型扩展出发，提供投资者先验信念对其后续信息获取和解读产生的影响，基于大数据环境对投资者决策过程的详细记录，提供不同市场参与者交易决策前信息搜寻、信息获取和信息解读行为差异的直接实证证据，得出投资者信息获取偏好来源及在海量信息环境下的表现。

研究基于个股历史交易数据与前期信息性质，构建投资者先验信念指标；获取和整理公司年报和调整公告等重大新闻发布前，投资者基于先验信念对公司信息的搜索和交流行为；基于语义分析和文本分析技术，分析市场中新发布信息性质与投资者先验信念一致或不一致时，投资者信息搜索和交流行为的差异性；分组研究，得出确认性偏差对投资者后续信息获取影响的综合证据。其后，在普吉等（Pouget et al.，2017）包含确认性偏差投资者与理性投资者金融市场动态模型的基础上进行扩展，引入投资者初始财富指标，分析确认性偏差投资者对信息错误反应导致初始财富损失，进而退出市场的机制；尝试放松模型中市场价格与先验信念间差值的严格假定，分析不同程度市场信息对投资者交易形成和信息反馈产生的影响；对模型进行多期扩展，分析投资者确认性偏差对市场中不同类型信息持续性产生的影响；基于两类投资者行为差异及对市场交易结果的影响，得出确认性心理偏差对股票市场几大典型异象可能存在的解释路径。在此外的研究中：关注东方财富网股吧首页或高关注度发帖和个股日总发帖间相对表现。基于首页或高关注度发帖在后续时间段中阅读量和回复量中所占比重，得出投资者对首页或高关注度信息的获取偏好；分析投资者首页或高关注度信息获取对当日个股信息扩散的主导作用；构建投资者情绪一致性指标，分析投资者首页或高关注度信息获取对当日个股情绪的主导作用；分析首页或高关注信息获取偏好对投资者羊群交易等非理性行为可能存在的解释力度。

进一步地，通过区分投资者非理性交易行为是否伴随着信息获取，厘清传统研究中本地偏好和羊群交易等非理性行为产生机制的争议：具体为关注当前所在地非家乡投资者的信息获取和非理性交易行为，基于股吧发帖的 IP 追踪定位，分析投资者对家乡股票和所在地股票的交流偏好，并利用文本分析技术得出投资者对两类股票预期的差异；分析投资者对家乡股票和所在地股票的交流是否与新信息到达及新信息类别相关；借助于账户数据信息，得出个体层面投资者对两类型股票的交易偏好，根据交易获利情况分析本地偏好是否来自信息获取优势；最后，分析本地偏好在不同交易规模、投资经验和金融素养水平投资者子样本中的表现，提供本地偏好在个体层面的综合证据。此外，重点关注中国股票市场独有"概念股"羊群交易中投资者信息获取和交易行为表现。以概念股推出为准自然实验的研究基础，分析推出前后相关股票和非概念股股票信息搜索指标的变化，研究概念股推出是否增强了投资者对相关共性信息的获取行为；通过对概念股推出前后相关股票定价效率指标的分析，得出投资者概念股羊群交易是否依据相关信息，并对个股信息环境存在改善作用；分析投资者对概念股股票的信息获取和交易行为是否具有持续性，进一步区分概念股羊群交易来源于共性信息的驱动还是投资者非理性追捧。

最后，提供中国情境下投资者交互模式优化、多平台信息整合和市场交易制度完备对投资者信息获取和非理性交易行为的改善作用。其中，重点关注融券交易制度推出对个人投资者信息获取有偏性的改善作用。分析融券交易政策推出后，投资者对相关股票负面信息的获取和交流活动在百度搜索和股吧媒体平台中的变化情况，得出政策效应对投资者信息获取有偏性改善的直接衡量；基于中国股票市场融券政策实施的特点，分析历次名单扩张对投资者负面信息获取行为的改善可能存在的渐进式强化效果；构建投资者异质信念指标和个股信息效率指标，分析负面信息获取增强对个股信息环境的改善；最后，分析信息获取有偏性改善对市场整体交易环境可能起到的优化作用。

5.1.2　月频度股价信息对投资者交易行为的影响

这一部分研究了传统动量策略在中国市场的表现，发现无论是以前 12～2 月回报或前 12～7 月回报作为策略构建依据，对中国股票市场中 A 股股票以分组、固定每组数量或截面回归的方式作分析，都无法找出中国股票市场中存在显著动量效应的证据。

根据市场回报在动量策略构建期与回报期的不同表现对全样本进行细分后，发现传统动量效应在不同类型市场状态子样本中有不同的表现。当市场状态在两个时期同方向时，传统动量效应有显著为正的超额收益，而当市场状态在两个时期反方向时，传统动量效应有显著为负的超额收益。由于中国股票市场中市场状态在两个时期同方向与反方向的占比相近，两个子样本中表现相反的动量效应相互抵消，因而导致我国整体动量效应表现得不显著。

进一步地，研究发现动量效应表现随着市场状态变化而改变的原因主要来自市场变化对最高组股票与最低组股票相对 Beta 差值的影响，且市场回报符号在两个时期是否相同对动量效应的影响对于其他市场动量效应的表现同样适用。

将策略构建期与回报期市场回报符号是否一致的因素考虑至动量策略的构建中后，研究发现改进后动量策略可以产生从最低组到最高组明显的回报递增趋势，最高组与最低组差值在统计意义与经济意义上均显著，且回报具有一定的持续性，找到了中国股票市场中存在显著动量效应的证据。由于调整后动量策略所产生的最高组与最低组回报差值不能被 Fama 因子模型和 French 因子模型完全解释，动量因子可能成为解释中国股票市场回报的新的因子。

这部分研究发现了市场动态对于动量效应检测的重要影响，只有当市场在动量策略构建期与回报期表现一致时，传统动量效应有显著的表现。考虑到动量效应的本质为投资者对于市场中公开信息或私人信息的不及时反应，因此动量效应的表现可以作为信息扩散效率的有效指标。但由于无法得到显著的动量效应表现使得这一指标在中国股票市场适用性较低，这意味着维持市场的稳定发展，增加市场持续期样本所占的比重可能成为提高市场中信息扩散效率的前提。

此外，本书还评估了股票市场中的 MAX 效应对中国金融市场的影响。相关实证分析始于评估 MAX 策略在 1995～2020 年的全样本期间内的表现。该部分基于中国 A 股月频度综合数据集，重新评估 MAX 效应，并记录了个人投资者主导的新兴市场中的几个典型事实。第一，MAX 效应在我国股市显著存在。零成本 MAX 策略，即做多（做空）前一个月最高（最低）最大日回报率的股票，在整个样本期间产生重大损失。第二，与之前的文献一致，MAX 股票表现出博彩特征（小盘股、成长型、较少的分析师覆盖和较低的机构所有权）。第三，MAX 策略的（负面）表现会随着时间的推移而变化，并且在很大程度上取决于投资者的情绪。即使基于 MAX 效应的交易也会给非理性的个人投资者带来损失，对这些股票的投资似乎没有从损失中得以修正。第四，在 2010 年后引入保证金交易和卖空之后，MAX 策略的（负）异常回报变得更弱。这与之前文献中的预测一致，因为资产定价异常在套利限制降低后变得更弱（错误定价的纠正）。第五，记录了中国共同基金中一个有趣的反向

MAX 效应：当使用股票基金作为复合资产时，类似实施的 MAX 策略产生显著的正风险调整后回报。这种巨大的反差凸显出中国职业经理人在股市中受制于赌博行为的可能性较小，并为个人投资者在追求相同策略时将金融工具从股票转向股票基金提供了可能的建议。

5.1.3 日内股价信息对投资者交易行为的影响

相较于先前关于发达资本市场日内动量效应的研究（Elaut et al.，2018；Gao et al.，2018），本部分给出了个股层面中国股票市场存在显著的日内动量效应的证据，补充了相关研究中来自新兴市场的证据。

与先前研究一致，本部分研究发现了中国 A 股股票在个股层面存在显著的日内动量效应：开盘后第一个半小时回报对收盘前最后半小时回报有显著的影响，且这个影响在不同大小的股票中普遍存在。本部分进一步细分了高等（2018）研究中使用的第一个半小时回报，发现了隔夜回报在日内动量效应研究中的重要作用：开盘后第一个半小时回报的预测能力主要来自专业投资者在集合竞价期间交易产生的隔夜回报，隔夜回报对收盘前最后半小时回报有更显著的影响。

利用某证券公司提供的投资者账户信息与交易数据，研究发现中国股票市场中存在两类对信息获取能力不同的投资者，其在投资经验、高学历投资者占比、交易积极性程度和不同时间段交易占比方面均存在着显著差异，因而从实证角度验证了高等（2018）提出的滞后信息投资者假说。专业投资者获取信息能力较强，且交易更加积极，因而在集合竞价阶段通过交易向市场释放所获得的信息，而滞后信息投资者对信息获取的能力较弱，因此更偏先于在市场的后半阶段进行交易，尤其是在流动性较好的收盘前半小时利用自己获得的信息与专业投资者释放的信息进行交易。由于这两类投资者交易所依据的信息是相同的，因而导致了隔夜回报与收盘前半小时回报的显著正相关，即日内动量效应。

进一步地，本部分研究发现在信息高度集中的金融危机时期，日内动量效应的表现也更加显著，这个结论在中国股票市场两次主要金融危机期间都是成立的。基于十年期子样本进行分析时，本书发现中国股票市场日内动量效应存在明显的随时间逐渐上升趋势，这与市场中小股票的不断增多以及互联网媒体发展对市场中信息整体信息含量提高，从而导致两类投资者由于信息获取与分析能力不同而产生的信息差逐渐扩大相关。

本书这部分对日内动量效应的研究也具有显著的实践意义：股票市场的隔夜回报对收盘前半小时回报有显著影响，因此对于中国市场中占据较大比重的散户投资者（滞后信息投资者）而言，隔夜回报也可以作为股票交易信息的重要来源。同时由于日内动量效应的主要影响来自隔夜回报，因此即使中国市场中存在 T + 1 的交易限制，本部分研究的结论同样为滞后信息投资者的交易提供了充足的反应与交易时间，基于本部分研究进行投资策略的构建在实践中是可行的。

5.1.4　不同信息源对投资者交易行为的影响

本书之前研究了信息与中国股票市场日内动量效应间的关系。信息到达与不同信息获取、分析能力投资者的存在共同构成了日内动量效应产生的两个必要条件，本书在接下来的研究中给出了信息的作用。

本部分研究发现，在信息含量相对较高的周一，股票的日内动量效应有更显著的表现，这个结果无论是使用周一子样本回归还是使用虚拟变量回归进行分析都是稳健成立的。

此外，本书利用改进的股价跳跃检测程序，找到了相对于上一个交易日的数据，股票当天开盘时出现股价跳跃的数据样本，并以此为基础研究市场开盘前新信息到达的影响。本部分研究发现，受到来自公司管理者对不同类型信息发布偏好、市场中实际存在的卖空交易限制以及投资者典型处置效应下的行为偏差等影响，当市场中有正面信息到达时，滞后信息投资者可能选择在较早的时刻进行交易，从而减少了收盘前的交易行为，降低了日内动量效应。而当市场中有负面信息到达时，滞后信息投资者更有可能持有其预期亏损股票至当日交易最后时刻,从而增加了收盘前的交易量以及日内动量效应强度。本部分研究也发现,新信息到达对日内动量效应的影响具有时间持续性,当天到达未被市场完全吸收的新信息以被削弱的新信息的形式对随后两天的日内动量效应产生影响,受限于实践中卖空限制的影响,新正面信息比新负面信息在市场中扩散的速度更快。

最后,本部分研究了公开新闻出现对日内动量效应的影响。公开新闻的主要作用为减少了专业投资者与滞后信息投资者间的信息差,因此降低了股票市场日内动量效应。公开新闻对日内动量效应削弱的影响来源于其为两类投资者提供了同质的信息,因而公开新闻的影响与新闻中所包含具体信息的性质无关,积极新闻、消极新闻与中性新闻的出现均降低了日内动量效应。

受限于数据的可得性,本书这一部分使用的新闻数据为锐思数据库提供的日度新闻数据,因而在分析公开新闻的影响时大量削减了研究的样本数。样本数据的限制可能对本书公开信息与日内动量效应研究的准确度产生影响,因此,在本书未来的研究中,可能会基于新的可获得的实时新闻数据对这部分研究加以完善。得益于大数据时代下互联网新闻数据可获得性的提高,互联网媒体平台所提供的公开信息可能成为增加投资者信息可获得性的新途径,且相对于传统新闻数据,互联网媒体平台数据的时效性可能更强。借助于新媒体平台的数据对传统动量效应作研究,可以进一步补充信息对于日内动量效应的作用,因而也成为本书未来可能的研究方向。

5.2 研究意义

5.2.1 大数据环境的独特性与投资者交易行为分析

关于大数据环境下投资者交易行为分析方面的研究可能产生的理论和现实意义主要体现在以下几个方面。

在理论层面，本书研究的主要意义如下。

（1）更准确地识别投资者交易所依据的信息渠道。本书借助于大数据环境下各类数据的详细记录，更加准确地识别出了投资者关注的信息渠道、信息类别以及不同类型投资者对信息获取偏好的差异性，扩展了理论层面关于投资者决策行为影响和驱动因素的研究。

（2）丰富和扩展了现有关于投资者行为规律的认识。研究基于多源互联网媒体数据与投资者微观层面账户数据，提供了大数据背景下投资者行为规律的实证证据，丰富和扩展了相关的研究内容。

在实践影响层面，本书研究的主要意义如下。

（1）有助于市场参与者优化自身交易决策。研究有助于投资者认清自己，减少或纠正其在交易决策中的非理性行为，从而更好地遵循行为金融理论相关的投资策略，并提高投资收益。

（2）为信息发布者提供发布平台与扩散渠道选择依据。本书关于投资者对多源信息平台选择优化的研究提供了不同类型投资者主要信息渠道选择偏好的实证证据，有助于市场中信息发布者针对各类投资者选择差异化、更有效的信息发布平台。

在政策层面，本书研究的主要意义如下。

（1）有助于市场监管者制定政策以促进股票市场健康发展。监管者在制定相关政策时需要充分考虑投资者非理性行为对市场交易产生的影响，并对其进行合理的规范和引导，本书为此提供了参考依据。

（2）有助于实现党中央和证监会优化投资者结构和保护其合法权益的目标。作为市场中最大的资金提供者和主要交易者，个人投资者的成熟与发展成为衡量股市质量的重要指标之一。本书研究结果有助于深入了解投资者在信息获取和分析时存在的偏差，对于监管者制定政策以改善投资者交易信息环境、保护其合法交易权益具有重要意义。

5.2.2　中国股票市场动量效应研究

对中国股票市场中动量效应方面的研究意义包括理论意义和现实意义两

部分。

理论意义：本书找到了使用传统动量策略构建方式无法得出中国市场显著短期动量效应的原因，给出了结合市场动态后改进的动量策略构建方式，并得到了显著的改进后动量效应表现。本书这部分的内容为其他同样无法找到显著动量效应的亚洲股票市场的研究提供新的策略构建思路，可能成为短期动量效应研究一个新的突破口。本书发现改进后动量策略的超额回报无法被现有因子模型解释的现象也有助于进一步探索中国市场新的定价因子。

本书给出了个股层面中国股票市场存在显著的日内动量效应的证据，补充了相关研究中来自新兴市场的证据。利用某证券公司提供的投资者账户信息与交易数据，本书实证检验了高等（2018）提出的滞后信息投资者假设，完善了相关的理论分析。本书找出了专业投资者在集合竞价期间交易产生的隔夜回报对日内动量效应的重要作用，得到了日内动量效应产生的主要原因，扩展了先前文献中关于日内动量效应研究指标的选取。

本书分析了市场整体信息含量变化和不同类型信息到达对日内动量效应的影响，给出了日内动量效应产生的另一主要驱动因素"信息到达"的重要作用，找出了市场中信息变化对投资者交易行为的影响，从而更好地解释了日内动量效应的影响因素。日内动量效应的研究目前还处于初步阶段，本书的研究有效补充并扩展了这一新领域的文献，为之后的研究提供了新的思路。

现实意义：本书对日内动量效应的研究具有重要的实践意义：股票市场的隔夜回报对收盘前半小时回报有显著影响，因此对于中国市场中占据较大比重的散户投资者（滞后信息投资者）而言，隔夜回报（开盘回报）也可以作为股票交易的重要信息来源。同时由于日内动量效应的主要影响来自隔夜回报，因此即使中国市场中存在 T＋1 的交易限制，本书研究的结论同样为滞后信息投资者的交易提供了充足的反应与交易时间，基于本书研究进行投资策略的构建在实践中是可行的。

对于市场监管者而言，本书中给出的动量效应尤其是日内动量效应的实证结果是对市场有效性的挑战，股票相关的信息无法有效地通过交易反映到价格中，因而造成了日内回报的相关性。本书的研究进一步发现在信息含量和信息不透明程度增加的金融危机期间，股票日内动量效应显著增加，而公开信息的发布有效地降低了两类投资者的信息差，从而削弱了动量效应表现。尽管大数据时代的到来增加了投资者可获取信息的渠道，但滞后信息投资者掌握和分析有效信息的能力仍然存在局限性，官方平台发布的新闻信息对于增加这类型投资者信息持有量、改变其交易行为有显著影响，进一步证实了增加传统新闻渠道信息含量对于提高市场有效性，促进市场健康有序发展的重要作用。

5.2.3　中国股票市场 MAX 效应研究

这部分研究发现了中国共同基金中一个有趣的反向 MAX 效应：当使用股票基金作为复合资产时，类似实施的 MAX 策略产生显著的正风险调整后回报。这种巨大的反差凸显出中国职业经理人在股市中受制于赌博行为的可能性较小，并为个人投资者在追求相同策略时将金融工具从股票转向股票基金提供了可能的建议。

5.3　研究展望

5.3.1　大数据环境下的独特性与投资者交易行为分析

本书研究有助于准确识别投资者交易所依赖的信息渠道，扩展现有关于投资者交易行为规律的认识，优化投资者交易决策并促进股票市场有序发展。投资的最终决策是外界信息到达与投资者信息处理能力综合作用的结果，信息获取和信息加工的局限性导致个体判断失误并对其交易行为产生的偏差在大数据时代仍然存在，且可能有更显著的影响。准确把握大数据时代下投资者信息获取偏好的来源与具体表现，分析其对投资者决策行为产生的影响，并寻求信息获取偏好与非理性交易行为可能的改善因素是该部分研究想要重点关注和扩展的主要方向。

投资者非理性交易行为是金融市场微观结构和行为金融学研究中的热点话题，大数据环境对投资者信息获取和交易行为的详细记录为投资者微观非理性交易决策形成和演化规律的研究提供了便利，独特的投资者构成和市场频繁波动的现状也使得这部分研究在中国股票市场的扩展变得更加重要，厘清现有研究存在的争议和补充由于数据获取困难而导致的研究不充分是本书研究的主要目标。

此外，投资者交互对信息获取成本的降低、多源信息渠道带来的信息获取便利以及交易制度完善对投资者获取各类信息的促进作用等，均在一定程度上改善了投资者信息主动获取的外在动机。当前研究可能存在的不足在于未能将大数据环境下的改善因素与中国情境进行有效结合，包括对市场中占据主导地位的个人投资者信息交互网络模型构建的不足、缺少对多平台信息数据的整合以及政策推出对投资者信息获取不平衡改善的非直接衡量等，未来将针对这些内容加以扩展。

5.3.2 中国股票市场动量效应研究

本书在关于中国股票市场短期动量效应研究中得出的调整后的动量策略构建方式考虑了市场回报在策略构建期与回报期的表现。因此，从本质上讲，本书改进后的动量策略是后验的策略，从而使得本书研究无法应用于实际的交易中。尽管本书尝试使用相关的市场交易数据和宏观经济数据来预测回报期的市场回报/市场回报符号，发现某些变量对市场回报有显著影响、回归的拟合优度值也相对较大，但根据回归公式所拟合出的市场回报预测值与市场回报实际值的相关性最高为21.27%，市场回报预测值符号与市场回报实际值符号的相关性最高为25.84%，因而无法根据市场回报的预测值作为调整传统动量策略构建方式的依据。因此，寻找代替市场回报符号的先验指标将作为本书未来的研究方向。

受限于数据的可得性，本书使用的新闻数据为锐思数据库提供的日度新闻数据，因而在分析公开新闻的影响时大量削减了研究的样本数。样本数据的限制可能对本书公开信息与日内动量效应研究的准确度产生影响，因此，在本书未来的研究中，可能会基于新的可获得的实时新闻数据对这部分研究加以完善。

本书将市场状态加入到传统短期动量策略构建中的改进方式可以扩展至其他股票市场，如日本、韩国、中国台湾等同样使用传统动量策略检测未得出显著结果的亚洲市场的研究中，分析剔除市场动态影响后这些股票市场是否能够获得类似的显著超额收益。当前短期动量效应的研究中涌现出许多其他改进动量策略的研究方式，改进的动量策略是否能够获得比这些策略更好的超额收益表现也是本书未来的研究内容。

得益于大数据时代下互联网新闻数据可获得性的提高，互联网媒体平台所提供的公开信息可能成为增加投资者信息可获得性的新途径，且相对于传统新闻数据，互联网媒体平台数据的时效性可能更强。借助于新媒体平台的数据对传统动量效应进行研究，可以进一步补充信息对于日内动量效应的作用，因而也成为本书未来可能的研究方向。

5.4　政策建议

5.4.1　大数据环境的独特性与投资者交易行为分析

这部分研究内容向投资者明确其基于先验信念和个人特征因素等造成的信息获取偏好与非理性交易行为，从信息获取平台和交互模式选择等方面为投资者交易决策优化提供建议；基于各类投资者对信息渠道选择偏好的调查，为信息发布者信息发布平台选择、加快重要信息扩散效率等提供咨询建议；分析市场中可能存在的基于首页信息进行信息操纵的风险，为监管者制定政策以促进市场平稳发展提供建议。有助于市场监管者政策制定以促进股票市场健康发展。现实中许多股市不稳定现象都是由于投资者非理性行为引起的，如交易本地偏好导致对特定地域股票的追捧而造成的资产不完全配置、盲从性羊群交易导致股市的暴涨暴跌等。监管者在制定相关政策时需要充分考虑投资者非理性行为对市场交易产生的影响，并对其进行合理的规范和引导，项目研究为此提供了参考依据。

此外，本书的研究有助于实现党中央和证监会优化投资者结构和保护其合法权益的目标。作为市场中最大的资金提供者和主要交易者，个人投资者的成熟与发展成为衡量股市质量的重要指标之一。本书研究结果有助于深入了解投资者在信息获取和分析时存在的偏差，对于监管者制定政策以改善投资者交易信息环境、保护其合法交易权益具有重要意义。

5.4.2　中国股票市场动量效应研究

本部分研究发现了市场动态对于动量效应检测的重要影响，只有当市场在动量策略构建期与回报期表现一致时，传统动量效应才有显著的表现。考虑到动量效应的本质为投资者对于市场中公开信息或私人信息的不及时反应，因此动量效应的表现可以作为信息扩散效率的有效指标。但由于无法得到显著的动量效应表现使得这一指标在中国股票市场适用性较低，因而对于中国股票市场而言，可能存在投资者对信息反应不足以及市场波动大两方面的问题。这意味着维持市场的稳定发展，增加市场持续期样本所占的比重成为提高市场中信息扩散效率的前提，也是促进市场健康稳定发展的重要途径。

中国股票市场显著的日内动量效应表明了市场中滞后信息投资者（散户投资者）与专业投资者在获取、分析信息能力上的差异性，两类投资者间的信息差在信息含量和信息不透明程度均显著增加的金融危机期间增加，而在新闻等公开信息发布后显著降低，表明了提高市场中信息扩散效率的必要性。

日内动量效应是对市场有效性的挑战，利用官方新闻平台增加信息发布和社交媒体平台加快市场中信息扩散速度、降低两类投资者间信息不对称程度，对于增加散户投资者信息持有量、提高市场定价效率有重要意义，也是市场监管者未来可能的改进方向。

参考文献

[1] 陈国进，张贻军．异质信念、卖空限制与我国股市的暴跌现象研究 [J]．金融研究，2009（4）：80－91.

[2] 陈新春，刘阳，罗荣华．机构投资者信息共享会引来黑天鹅吗？——基金信息网络与极端市场风险 [J]．金融研究，2017（7）：140－155.

[3] 程学旗，靳小龙，王元卓，等．大数据系统和分析技术综述 [J]．软件学报，2014，25（9）：1889－1908.

[4] 董大勇，肖作平．证券信息交流家乡偏误及其对股票价格的影响：来自股票论坛的证据 [J]．管理世界，2011（1）：52－61，188.

[5] 方军雄，伍琼，傅颀．有限注意力、竞争性信息与分析师评级报告市场反应 [J]．金融研究，2018（7）：193－206.

[6] 郭白滢，周任远．信息互动、投资决策与股票价格——基于机构投资者信息网络的分析 [J]．金融研究，2019（10）：188－206.

[7] 刘博，皮天雷．惯性策略和反转策略：来自中国沪深A股市场的新证据 [J]．金融研究，2007（8）：154－166.

[8] 刘海飞，许金涛，柏巍，李心丹．社交网络、投资者关注与股价同步性 [J]．管理科学学报，2017，20（2）：53－62.

[9] 刘杰，陈佳，刘力．投资者关注与市场反应——来自中国证券交易所交易公开信息的自然实验 [J]．金融研究，2019（11）：189－206.

[10] 刘志峰，张婷婷．投资者彩票偏好对股票价格行为的影响研究 [J]．管理科学学报，2020，23（3）：89－99.

[11] 鲁臻，邹恒甫．中国股市的惯性与反转效应研究 [J]．经济研究，2007（9）：145－155.

［12］马超群，张浩．中国股市价格惯性反转与风险补偿的实证研究［J］．管理工程学报，2005（2）：64－69.

［13］马黎珺，伊志宏，张澈．廉价交谈还是言之有据？——分析师报告文本的信息含量研究［J］．管理世界，2019，35（7）：182－200.

［14］苏冬蔚，彭松林．卖空者与内幕交易——来自中国证券市场的证据［J］．金融研究，2019（9）：188－206.

［15］王宇哲，赵静．"用钱投票"：公众环境关注度对不同产业资产价格的影响［J］．管理世界，2018，34（9）：46－57.

［16］肖欣荣，刘健，赵海健．机构投资者行为的传染——基于投资者网络视角［J］．管理世界，2012（12）：35－45.

［17］熊熊，高雅，冯绪．卖空交易与异质信念：基于中国股票市场的证据［J］．系统工程理论与实践，2017，37（8）：1937－1948.

［18］杨晓兰，沈翰彬，祝宇．本地偏好、投资者情绪与股票收益率：来自网络论坛的经验证据［J］．金融研究，2016（12）：143－158.

［19］张维，翟晓鹏，邹高峰，熊熊．市场情绪、投资者关注与IPO破发［J］．管理评论，2015，27（6）：160－167，185.

［20］张维，张永杰．异质信念、卖空限制与风险资产价格［J］．管理科学学报，2006（4）：58－64.

［21］张永杰，张昱昭，金曦，沈德华，张维．媒体关注与成交量：基于百度媒体指数的研究［J］．系统工程理论与实践，2018，38（3）：576－584.

［22］朱战宇，吴冲锋，王承炜．股市价格动量与交易量关系：中国的经验研究与国际比较［J］．系统工程理论与实践，2004（2）：1－7，13.

［23］Aboulamer, A. & Kryzanowski, L. 2016. Are idiosyncratic volatility and MAX priced in the Canadian market? Journal of Empirical Finance, 37: 20－36.

［24］Acharya, V. V., Xu, Z. 2017. Financial dependence and innovation: the case of public versus private firms. Journal of Financial Economics, 124 (2): 223－243.

［25］Agarwalla, S. K., Jacob, J. & Pandey, A. 2015. Impact of the introduction of call auction on price discovery: Evidence from the Indian stock market using high-frequency data. International Review of Financial Analysis, 39: 167 – 178.

[26] Ahern, K. R. 2017. Information networks: Evidence from illegal insider trading tips. Journal of Financial Economics, 125 (1): 26 – 47.

[27] Altanlar, A., Guo, J. & Holmes, P. 2019. Do culture, sentiment, and cognitive dissonance explain the "above suspicion" anomalies? . European Financial Management, 25 (5): 1168 – 1195.

[28] Amihud, Y. 2002. Illiquidity and stock returns: cross-section and time-series effects. Journal of Financial Markets, 5 (1): 31 – 56.

[29] Andersen, T. G., Bollerslev, T., Frederiksen, P. & Ørregaard Nielsen, M. 2010. Continuous-time models, realized volatilities, and testable distributional implications for daily stock returns. Journal of Applied Econometrics, 25 (2): 233 – 261.

[30] Andersen, T. G., Dobrev, D. & Schaumburg, E. 2012. Jump-robust volatility estimation using nearest neighbor truncation. Journal of Econometrics, 169: 75 – 93.

[31] Ang, A., Hodrick, R. J., Xing, Y. & Zhang, X. 2006. The cross-section of volatility and expected returns. Journal of Finance, 61 (1): 259 – 299.

[32] An, L., Wang, H., Wang, J. & Yu, J. 2020. Lottery-related anomalies: The role of reference-dependent preferences. Management Science, 66 (1): 473 – 501.

[33] Ariel, R. A. 1987. A monthly effect in stock returns. Journal of Financial Economics, 18 (1): 161 – 174.

[34] Asem, E. & Tian, G. Y. 2010. Market dynamics and momentum profits. Journal of Financial and Quantitative Analysis, 45 (6): 1549 – 1562.

[35] Asness, C. S., Moskowitz, T. J. & Pedersen, L. H. 2013. Value and momentum everywhere. The Journal of Finance, 68: 929 – 985.

[36] Asness, C. S. 1995. The power of past stock returns to explain future

stock returns. Available at SSRN 2865769.

[37] Auer, B. R. 2016. Do socially responsible investment policies add or destroy European stock portfolio value? . Journal of Business Ethics, 135 (2): 381 – 397.

[38] Bacon, F. The New Organon or True Directions Concerning the Interpretation of Nature. 1620. Trans. James Spedding, Robert Leslie Ellis and Douglas Denon Heath. In, 1863, 8.

[39] Bajgrowicz, P. , Scaillet, O. & Treccani, A. 2015. Jumps in high-frequency data: Spurious detections, dynamics, and news. Management Science, 62 (8): 2198 – 2217.

[40] Baker, M. P. & Wurgler, J. 2006. Investor sentiment and the cross-section of stock returns. The Journal of Finance, 61 (1): 259 – 299.

[41] Bali, T. G. , Cakici, N. & Whitelaw, R. F. 2011. Maxing out: Stocks as lotteries and the cross-section of expected returns. Journal of Financial Economics, 99 (2): 427 – 446.

[42] Baltzer, M. , Jank, S. & Smajlbegovic, E. 2019. Who trades on momentum? . Journal of Financial Markets, 42: 56 – 74.

[43] Barber, B. M. & Odean, T. 2008. All that glitters: The effect of attention and news on the buying behavior of individual and institutional investors. The Review of Financial Studies, 21 (2): 785 – 818.

[44] Barberis, N. , Shleifer, A. & Vishny, R. 1998. A model of investor sentiment. Journal of Financial Economics, 49 (3): 307 – 343.

[45] Barndorff – Nielsen, O. E. & Shephard, N. 2006. Econometrics of testing for jumps in financial economics using bipower variation. Journal of Financial Econometrics, 4 (1): 1 – 30.

[46] Barndorff – Nielsen, O. E. & Shephard, N. 2004. Power and bipower variation with stochastic volatility and jumps. Journal of Financial Econometrics, 2: 1 – 37.

［47］ Baron, D. P. 2001. Private politics, corporate social responsibility, and integrated strategy. Journal of Economics & Management Strategy, 10（1）: 7 – 45.

［48］ Bauer, R. , Koedijk, K. & Otten, R. 2005. International evidence on ethical mutual fund performance and investment style. Journal of Banking & Finance, 29（7）: 1751 – 1767.

［49］ Becker, J. , Brackbill, D. & Centola, D. 2017. Network dynamics of social influence in the wisdom of crowds. Proceedings of the National Academy of Sciences, 114（26）: 5070 – 5076.

［50］ Beine, M. , Lahaye, J. , Laurent, S. , Neely, C. J. & Palm, F. C. 2007. Central bank intervention and exchange rate volatility, its continuous and jump components. International Journal of Finance & Economics, 12（2）: 201 – 223.

［51］ Ben – Rephael, A. , Da, Z. & Israelsen, R. D. 2017. It depends on where you search: Institutional investor attention and underreaction to news. The Review of Financial Studies, 30（9）: 3009 – 3047.

［52］ Benson, K. L. & Humphrey, J. E. 2008. Socially responsible investment funds: Investor reaction to current and past returns. Journal of Banking & Finance, 32（9）: 1850 – 1859.

［53］ Berkman, H. , Koch, P. D. & Tuttle, L. A. et al. 2012. Paying Attention: Overnight Returns and the Hidden Cost of Buying at the Open. Journal of Financial and Quantitative Analysis, 47（4）: 715 – 741.

［54］ Bianchi, R. J. , Drew, M. E. & Fan, J. H. 2015. Combining momentum with reversal in commodity futures. Journal of Banking & Finance, 59: 423 – 444.

［55］ Bianchi, R. J. , Drew, M. E. & Fan, J. H. 2016. Commodities momentum: a behavioral perspective. Journal of Banking & Finance, 72: 133 – 150.

［56］ Birru, J. 2018. Day of the Week and the Cross – Section of Returns. Journal of Financial Economics, 130（1）: 182 – 214.

［57］ Blake, D. , Sarno, L. & Zinna, G. 2017. The market for lemmings:

The herding behavior of pension funds. Journal of Financial Markets, 36: 17 – 39.

[58] Blitz, D., Huij, J. & Martens, M. 2011. Residual momentum. Journal of Empirical Finance, 18 (3): 506 – 521.

[59] Blocher, J. 2016. Network externalities in mutual funds. Journal of Financial Markets, 30: 1 – 26.

[60] Bénabou, R. & Tirole, J. 2010. Individual and corporate social responsibility. Economica, 77 (305): 1 – 19.

[61] Brennan, M. J., Huh, S. W. & Subrahmanyam, A. 2015. Asymmetric effects of informed trading on the cost of equity capital. Management Science, 62 (9): 2460 – 2480.

[62] Byun, S. K. & Oh, J. M. 2018. Local corporate social responsibility, media coverage, and shareholder value. Journal of Banking & Finance, 87: 68 – 86.

[63] Cafferata, A. & Tramontana, F. 2019. A financial market model with confirmation bias. Structural Change and Economic Dynamics, 51: 252 – 259.

[64] Cai, F., Han, S. & Li, D. et al. 2019. Institutional herding and its price impact: Evidence from the corporate bond market. Journal of Financial Economics, 131 (1): 139 – 167.

[65] Callen, J. L. & Fang, X. 2015. Short interest and stock price crash risk. Journal of Banking & Finance, 60: 181 – 194.

[66] Carhart, M. M. 1997. On persistence in mutual fund performance. Journal of Finance, 52 (1): 57 – 82.

[67] Celiker, U., Chowdhury, J. & Sonaer, G. 2015. Do mutual funds herd in industries? Journal of Banking & Finance, 52: 1 – 16.

[68] Chang, E. C., Luo, Y. & Ren, J. 2014. Short-selling, margin-trading, and price efficiency: Evidence from the Chinese market. Journal of Banking & Finance, 48: 411 – 424.

[69] Chang, R. P., Ko, K. C., Nakano, S. & Rhee, S. G. 2018. Residu-

al momentum in Japan. Journal of Empirical Finance, 45: 283 – 299.

[70] Chang, S. C. , Chen, S. S. , Chou, R. K. & Lin, Y. H. 2008. Weather and intraday patterns in stock returns and trading activity. Journal of Banking & Finance, 32 (9): 1754 – 1766.

[71] Chan, K. , Hameed, A. & Tong, W. 2000. Profitability of momentum strategies in the international equity markets. Journal of Financial and Quantitative Analysis, 35 (2): 153 – 172.

[72] Chan, P. T. & Walter, T. 2014. Investment performance of "environmentally-friendly" firms and their initial public offers and seasoned equity offers. Journal of Banking & Finance, 44: 177 – 188.

[73] Charfeddine, L. , Najah, A. & Teulon, F. 2016. Socially responsible investing and Islamic funds: New perspectives for portfolio allocation. Research in International Business and Finance, 36: 351 – 361.

[74] Charness, G. & Dave, C. 2017. Confirmation bias with motivated beliefs. Games and Economic Behavior, 104: 1 – 23.

[75] Chen, C. & Wang, X. R. 2016. The impact of the reputation of underwriter and sponsoring representative on IPO underwriting fees. China Finance Review International, 6 (4): 342 – 366.

[76] Chen, H. , De, P. , Hu, Y. J. & Hwang, B. – H. 2014. Wisdom of crowds: the value of stock opinions transmitted through social media. Review of Financial Studies, 27 (5): 1367 – 1403.

[77] Chen, Y. , Kumar, A. & Zhang, C. 2020. Searching for gambles: Gambling sentiment and stock market outcomes. Journal of Financial and Quantitative Analysis: 1 – 29.

[78] Choi, N. & Sias, R. W. 2009. Institutional industry herding. Journal of Financial Economics, 94 (3): 469 – 491.

[79] Chui, A. C. W. , Titman, S. & Wei, K. C. J. 2010. Individualism and momentum around the world. The Journal of Finance, 65: 361 – 392.

［80］ Cooper, M. J., Gutierrez Jr, R. C. & Hameed, A. 2004. Market states and momentum. Journal of Finance, 59 (3): 1345 – 1365.

［81］ Cremers, K. M. & Nair, V. B. 2005. Governance mechanisms and equity prices. The Journal of Finance, 60 (6): 2859 – 2894.

［82］ Cremers, M., Halling, M. & Weinbaum, D. 2015. Aggregate jump and volatility risk in the cross-section of stock returns. The Journal of Finance, 70: 577 – 614.

［83］ Daniel, K., Hirshleifer, D. A. & Subrahmanyam, A. 1998. Investor psychology and security market under-and overreactions. The Journal of Finance, 53 (6): 1839 – 1885.

［84］ Daniel, K. & Moskowitz, T. J. 2016. Momentum crashes. Journal of Financial Economics, 122 (2): 221 – 247.

［85］ Davies, S. 2014. Retail traders and the competitive allocation of attention. Finance Down Under 2015 Building on the Best from the Cellars of Finance Paper.

［86］ Da, Z., Engelberg, J. & Gao, P. 2011. In search of attention. The Journal of Finance, 66 (5): 1461 – 1499.

［87］ Da, Z., Gurun, U. G. & Warachka, M. 2014. Frog in the Pan: Continuous Information and Momentum. Review of Financial Studies, 27 (7): 2171 – 2218.

［88］ De Long, J. B., Shleifer, A., Summers, L. H. & Waldmann, R. 1990. Positive feedback investment strategies and destabilizing rational speculation. The Journal of Finance, 45 (2): 379 – 395.

［89］ Deng, X., Kang, J. K. & Low, B. S. 2013. Corporate social responsibility and stakeholder value maximization: Evidence from mergers. Journal of Financial Economics, 110 (1): 87 – 109.

［90］ Derwall, J., Guenster, N., Bauer, R. & Koedijk, K. 2005. The eco-efficiency premium puzzle. Financial Analysts Journal: 51 – 63.

[91] Derwall, J., Koedijk, K. & Ter Horst, J. 2011. A tale of values-driven and profit-seeking social investors. Journal of Banking & Finance, 35 (8): 2137 –2147.

[92] Devenow, A. & Welch, I. 1996. Rational herding in financial economics. European Economic Review, 40 (3 –5): 603 –615.

[93] Di Maggio, M., Franzoni, F. & Kermani, A. et al. 2019. The relevance of broker networks for information diffusion in the stock market. Journal of Financial Economics, 134 (2): 419 –446.

[94] Dimson, E., Karakaş, O. & Li, X. 2015. Active ownership. The Review of Financial Studies, 28 (12): 3225 –3268.

[95] Doran, J. S., Jiang, D. & Peterson, D. R. 2012. Gambling preference and the new year effect of assets with lottery features. Review of Finance, 16 (3): 685 –731.

[96] Dufwenberg, M., Heidhues, P., Kirchsteiger, G., Riedel, F. & Sobel, J. 2011. Other-regarding preferences in general equilibrium. The Review of Economic Studies, 78 (2): 613 –639.

[97] Du, Q. & Shen, R. 2018. Peer performance and earnings management. Journal of Banking & Finance, 89: 125 –137.

[98] Dyck, A., Lins, K. V., Roth, L. & Wagner, H. F. 2018. Do institutional investors drive corporate social responsibility? International evidence. Journal of Financial Economics.

[99] Edmans, A. 2011. Does the stock market fully value intangibles? Employee satisfaction and equity prices. Journal of Financial Economics, 101 (3): 621 –640.

[100] Elaut, G., Frömmel, M. & Lampaert, K. 2018. Intraday momentum in FX markets: Disentangling informed trading from liquidity provision. Journal of Financial Markets, 37: 35 –51.

[101] El Ghoul, S., Guedhami, O., Kwok, C. C. & Mishra, D. R.

2011. Does corporate social responsibility affect the cost of capital? Journal of Banking & Finance, 35 (9): 2388 – 2406.

[102] Engelberg, J. E. , Reed, A. V. & Ringgenberg, M. C. 2012. How are shorts informed?: Short sellers, news, and information processing. Journal of Financial Economics, 105 (2): 260 – 278.

[103] Eraker, B. & Ready, M. 2015. Do investors overpay for stocks with lottery-like payoffs? an examination of the returns of OTC stocks. Journal of Financial Economics, 115 (3): 486 – 504.

[104] Erb, C. & Harvey, C. 2006. The tactical and strategic value of commodity futures. Financial Analyst Journal, 62: 69 – 97.

[105] Fabozzi, F. J. , Ma, K. C. & Oliphant, B. J. 2008. Sin stock returns. Journal of Portfolio Management, 35 (1): 82.

[106] Fama, E. F. & French, K. R. 2015. A five-factor asset pricing model. Journal of Financial Economics, 116 (1): 1 – 22.

[107] Fama, E. F. & French, K. R. 2018. Choosing factors. Journal of Financial Economics, 128 (2): 234 – 252.

[108] Fama, E. F. & French, K. R. 1993. Common risk factors in the returns on stocks and bonds. Journal of Financial Economics, 33 (1): 3 – 56.

[109] Fama, E. F. & French, K. R. 2012. Size, value, and momentum in international stock returns. Journal of Financial Economics, 105 (3): 457 – 472.

[110] Fama, E. F. & MacBeth, J. D. 1973. Risk, return, and equilibrium: empirical tests. Journal of Political Economy, 81 (3): 607 – 636.

[111] Ferreira, M. A. , Matos, P. & Pereira, J. P. et al. 2017. Do locals know better? A comparison of the performance of local and foreign institutional investors. Journal of Banking & Finance, 82: 151 – 164.

[112] Ferrell, A. , Liang, H. & Renneboog, L. 2016. Socially responsible firms. Journal of Financial Economics, 122 (3): 585 – 606.

[113] Fong, T. , Wong, A. & Yong, I. 2010. Share price disparity in Chi-

nese stock markets. Journal of Financial Transformation, 30: 23 – 31.

[114] Fong, W. M. & Toh, B. 2014. Investor sentiment and the MAX effect. Journal of Banking and Finance, 46 (9): 190 – 201.

[115] Forner, C. & Marhuenda, J. 2003. Contrarian and momentum strategies in the Spanish stock Market. European Financial Management, 9 (1): 67 – 88.

[116] French, K. R. & Poterba, J. M. 1991. Investor diversification and international equity markets. National Bureau of Economic Research.

[117] Gao, L. , Han, Y. , Li, S. Z. & Zhou, G. 2018. Market intraday momentum. Journal of Financial Economics, 129 (2): 394 – 414.

[118] Gao, Y. , Guo, B. & Xiong, X. 2021. Signed momentum in the Chinese stock market. Pacific – Basin Finance Journal, 68: 101433.

[119] Gao, Y. , Han, X. , Li, Y. & Xiong, X. 2019. Overnight momentum, informational shocks, and late informed trading in China. International Review of Financial Analysis, 66: 101394.

[120] Gao, Y. , Xiong, X. & Feng, X. et al. 2019. A new attention proxy and order imbalance: Evidence from China. Finance Research Letters, 29: 411 – 417.

[121] Gargano, A. & Rossi, A. G. 2018. Does it pay to pay attention? The Review of Financial Studies, 31 (12): 4595 – 4649.

[122] Gebhardt, W. R. , Hvidkjaer, S. & Swaminathan, B. 2005. Stock and bond market interaction: does momentum spill over? Journal of Financial Economics, 75 (3): 651 – 690.

[123] Gerace, D. , Liu, Q. , Tian, G. G. & Zheng, W. 2015. Call auction transparency and market liquidity: Evidence from China. International Review of Finance, 15: 223 – 255.

[124] Gervais, S. , Kaniel, R. & Mingelgrin, D. H. 2001. The high volume return premium. The Journal of Finance, 56 (3): 877 – 919.

［125］ Gompers, P. , Ishii, J. & Metrick, A. 2003. Corporate governance and equity prices. The Quarterly Journal of Economics, 118 (1): 107 – 156.

［126］ Griffin, J. M. , Ji, X. & Martin, J. S. 2003. Momentum investing and business cycle risk: evidence from pole to pole. Journal of Finance, 58 (6): 2515 – 2547.

［127］ Grundy, B. & Martin, J. S. 2001. Understanding the nature and the risks and the sources of the rewards to momentum investing. Review of Financial Studies, 14 (1): 29 – 78.

［128］ Gutierrez Jr. , R. C. & Prinsky, C. A. 2007. Momentum, reversal, and the trading behaviors of institutions. The Journal of Financial Markets, 10 (1): 48 – 75.

［129］ Halim, E. , Riyanto, Y. E. & Roy, N. 2019. Costly information acquisition, social networks, and asset prices: Experimental evidence. The Journal of Finance, 74 (4): 1975 – 2010.

［130］ Hanauer, M. 2014. Is Japan different? Evidence on momentum and market dynamics. International Review of Finance, 14 (1): 141 – 160.

［131］ Harvey, C. R. & Siddique, A. R. 2000. Conditional Skewness in Asset Pricing Tests. Journal of Finance, 55 (3): 1263 – 1295.

［132］ Heinkel, R. , Kraus, A. & Zechner, J. 2001. The effect of green investment on corporate behavior. Journal of Financial and Quantitative Analysis, 36 (4): 431 – 449.

［133］ Henke, H. M. 2016. The effect of social screening on bond mutual fund performance. Journal of Banking & Finance, 67: 69 – 84.

［134］ Hirshleifer, D. , Lim, S. S. & Teoh, S. H. 2009. Driven to distraction: Extraneous events and underreaction to earnings news. The Journal of Finance, 64 (5): 2289 – 2325.

［135］ Hirshleifer, D. & Shumway, T. 2003. Good day sunshine: Stock returns and the weather. The Journal of Finance, 58 (3): 1009 – 1032.

［136］Hirshleifer, D. & Teoh, S. H. 2003. Herd behaviour and cascading in capital markets: A Review and Synthesis. European Financial Management, 9 (1): 25 - 66.

［137］Hirshleifer, D. & Teoh, S. H. 2003. Limited attention, information disclosure, and financial reporting. Journal of Accounting and Economics, 36 (1 - 3): 337 - 386.

［138］Hirshleifer, D. & Teoh, S. H. 2004. Limited investor attention and earnings-related under-and over-reactions. Unpublished working paper. Ohio State University, Columbus, OH.

［139］Hong, H. & Kacperczyk, M. 2009. The price of sin: The effects of social norms on markets. Journal of Financial Economics, 93 (1): 15 - 36.

［140］Hong, H. , Kubik, J. D. & Stein, J. C. 2005. Thy neighbor's portfolio: Word-of-mouth effects in the holdings and trades of money managers. The Journal of Finance, 60 (6): 2801 - 2824.

［141］Hong, H. & Stein, J. C. 1999. A unified theory of underreaction, momentum trading, and overreaction in asset markets. The Journal of Finance, 54 (6): 2143 - 2184.

［142］Hood, M. & Lesseig, V. 2017. Investor inattention around stock market holiday. Finance Research Letters, 23: 217 - 222.

［143］Hou, K. , Xue, C. & Zhang, L. 2020. Replicating anomalies. Review of Financial Studies, 33 (5): 2019 - 2133.

［144］Hsu, C. C. & Chen, M. L. 2017. The timing of low-volatility strategy. Finance Research Letters, 23: 114 - 120.

［145］Huang, D. , Li, J. , Wang, L. & Zhou, G. 2020. Time - Series Momentum: Is It There? Journal of Financial Economics, 135 (3): 774 - 794.

［146］Huang, S. , Huang, Y. & Lin, T. C. 2019. Attention allocation and return co-movement: Evidence from repeated natural experiments. Journal of Financial Economics, 132 (2): 369 - 383.

[147] Huang, X. & Tauchen, G. 2005. The relative contribution of jumps to total price variance. Journal of Financial Econometrics, 3: 456 – 499.

[148] Huang, Y., Qiu, H. & Wu, Z. 2016. Local bias in investor attention: Evidence from China's Internet stock message boards. Journal of Empirical Finance, 38: 338 – 354.

[149] Huber, C., Huber, J. & Hueber, L. 2019. The effect of experts' and laypeople's forecasts on others' stock market forecasts. Journal of Banking & Finance, 109: 105662.

[150] Ibikunle, G. 2015. Opening and closing price efficiency: Do financial markets need the call auction? Journal of International Financial Markets, Institutions and Money, 34: 208 – 227.

[151] Israel, R. & Moskowitz, T. J. 2013. The role of shorting, firm size, and time on market anomalies. Journal of Financial Economics, 108 (2): 275 – 301.

[152] Jadbabaie, A., Molavi, P. & Sandroni, A. et al. 2012. Non – Bayesian social learning. Games & Economic Behavior, 76 (1): 210 – 225.

[153] Jegadeesh, N. 1990. Evident of predictable behavior of security returns. Journal of Finance, 45 (3): 881 – 898.

[154] Jegadeesh, N. & Titman, S. 2001. Profitability of momentum strategies: an evaluation of alternative explanations. The Journal of Finance, 56 (2): 699 – 720.

[155] Jegadeesh, N. & Titman, S. 1993. Returns to buying winners and selling losers: Implications for stock market efficiency. The Journal of Finance, 48: 65 – 91.

[156] Jia, C., Wang, Y. & Xiong, W. 2017. Market segmentation and differential reactions of local and foreign investors to analyst recommendations. The Review of Financial Studies, 30 (9): 2972 – 3008.

[157] Jiang, G. J., Lo, I. & Verdelhan, A. 2011. Information shocks, liq-

uidity shocks, jumps, and price discovery: Evidence from the US Treasury Market. Journal of Financial and Quantitative Analysis, 46: 527 – 551.

[158] Jiang, G. J. & Oomen, R. C. 2008. Testing for jumps when asset prices are observed with noise-a "swap variance" approach. Journal of Econometrics, 144 (2): 352 – 370.

[159] Jiang, G. J. & Zhu, K. X. 2017. Information shocks and short-term market underreaction. Journal of Financial Economics, 124 (1): 43 – 64.

[160] Jiang, H. & Verardo, M. 2018. Does herding behavior reveal skill? An analysis of mutual fund performance. The Journal of Finance, 73 (5): 2229 – 2269.

[161] Johannes, M. 2004. The statistical and economic role of jumps in continuous-time interest rate models. The Journal of Finance, 59 (1): 227 – 260.

[162] Joliet, R. & Titova, Y. 2018. Equity SRI funds vacillate between ethics and money: An analysis of the funds' stock holding decisions. Journal of Banking & Finance, 97: 70 – 86.

[163] Jostova, G., Nikolova, S., Philipov, A. & Stahel, C. W. 2013. Momentum in corporate bond returns. Review of Financial Studies, 26 (7): 1649 – 1693.

[164] Kacperczyk, M., Nosal, J. & Stevens, L. 2019. Investor sophistication and capital income inequality. Journal of Monetary Economics, 107: 18 – 31.

[165] Kahneman, D. 1973. Attention and Effort. Prentice – Hall, Inc, Englewood Cliffs, New Jersey.

[166] Kamstra, M. J., Kramer, L. A. & Levi, M. D. 2003. Winter blues: A SAD stock market cycle. American Economic Review, 93 (1): 324 – 343.

[167] Kandel, E., Rindi, B. & Bosetti, L. 2012. The effect of a closing call auction on market quality and trading strategies. Journal of Financial Intermediation, 21 (1): 23 – 49.

[168] Kang, J., Liu, M. H. & Ni, S. X. 2002. Contrarian and momentum strategies in the China stock market: 1993 – 2000. Pacific – Basin Finance Journal,

10 (3): 243 –265.

[169] Karpoff, J. M. , Lott Jr, J. R. & Wehrly, E. W. 2005. The reputation-al penalties for environmental violations: Empirical evidence. The Journal of Law and Economics, 48 (2): 653 –675.

[170] Kempf, A. & Osthoff, P. 2007. The effect of socially responsible inves-ting on portfolio performance. European Financial Management, 13 (5): 908 –922.

[171] Kim, Y. , Li, H. & Li, S. 2014. Corporate social responsibility and stock price crash risk. Journal of Banking & Finance, 43: 1 –13.

[172] Kling, G. & Gao, L. 2005. Calendar effects in Chinese stock mar-ket. Annals of Economics and Finance, 6 (1): 75 –88.

[173] Koh, S. , Durand, R. B. & Limkriangkrai, M. 2015. The value of Saints and the price of Sin. Pacific –Basin Finance Journal, 35: 56 –72.

[174] Kou, Y. , Ye, Q. , Zhao, F. & Wang, X. 2018. Effects of investor attention on commodity futures markets. Finance Research Letters, 25: 190 –195.

[175] Krüger, P. 2015. Corporate goodness and shareholder wealth. Journal of Financial Economics, 115 (2): 304 –329.

[176] Lepori, G. M. 2016. Air pollution and stock returns: Evidence from a natural experiment. Journal of Empirical Finance, 35: 25 –42.

[177] Levy, T. & Yagil, J. 2011. Air pollution and stock returns in the US. Journal of Economic Psychology, 32 (3): 374 –383.

[178] Lewellen, J. 2002. Momentum and autocorrelation in stock re-turns. Review of Financial Studies, 15 (2): 533 –563.

[179] Li, B. , Stork, T. , Chai, D. , Ee, M. S. & Ang, H. N. 2014. Momentum effect in Australian equities: revisit, armed with short-selling ban and risk factors. Pacific Basin Finance Journal, 27: 19 –31.

[180] Li, C. , Zheng, W. , Chang, P. & Li, S. 2015. The correlation be-tween corporate governance and market value: regime or signal? China Finance Re-

view International, 5 (1): 19 – 33.

[181] Lin, C. , Ko, K. C. , Feng, Z. X. & Yang, N. T. 2016. Market dynamics and momentum in the Taiwan stock market. Pacific Basin Finance Journal, 38: 59 – 75.

[182] Lins, K. V. , Servaes, H. & Tamayo, A. 2017. Social capital, trust, and firm performance: The value of corporate social responsibility during the financial crisis. The Journal of Finance, 72 (4): 1785 – 1824.

[183] Liu, J. , Stambaugh, R. F. & Yuan, Y. 2019. Size and value in China. Journal of Financial Economics, 134 (1): 48 – 69.

[184] Liu, W. , Strong, N. & Xu, X. 1999. The profitability of momentum investing. Journal of Business Finance and Accounting, 26: 1043 – 1091.

[185] Lou, D. 2014. Attracting investor attention through advertising. Review of Financial Studies, 27 (6): 1797 – 1829.

[186] Lou, D. , Polk, C. & Skouras, S. 2019. A tug of war: Overnight versus intraday expected returns. Journal of Financial Economics, 134 (1): 192 – 213.

[187] Madhavan, A. & Panchapagesan, V. 2000. Price discovery in auction markets: A look inside the black box. The Review of Financial Studies, 13 (3): 627 – 658.

[188] Malenko, A. & Malenko, N. 2019. Proxy advisory firms: The economics of selling information to voters. The Journal of Finance, 74 (5): 2441 – 2490.

[189] Mamede, S. D. P. N. & Malaquias, R. F. 2017. Monday effect in Brazilian hedge funds with immediate redemption. Research in International Business and Finance, 39: 47 – 53.

[190] Mengoli, S. 2004. On the source of contrarian and momentum strategies in the Italian equity market. International Review of Financial Analysis, 13 (3): 301 – 331.

[191] Miffre, J. & Rallis, G. 2007. Momentum strategies in commodity fu-

tures markets. Journal of Banking & Finance, 31 (6): 1863 – 1886.

[192] Miller, E. M. 1977. Risk, uncertainty, and divergence of opinion. The Journal of Finance, 32 (4): 1151 – 1168.

[193] Min, B. K. & Kim, T. S. 2016. Momentum and downside risk. Journal of Banking & Finance, 72: 104 – 118.

[194] Morse, A. & Shive, S. 2011. Patriotism in your portfolio. Journal of Financial Markets, 14 (2): 411 – 440.

[195] Moskowitz, T. J. , Ooi, Y. H. & Pedersen, L. H. 2012. Time series momentum. Journal of Financial Economics, 104 (2): 228 – 250.

[196] Nartea, G. V. , Kong, D. & Wu, J. 2017. Do Extreme Returns Matter in Emerging Markets? Evidence from the Chinese Stock Market. Journal of Banking and Finance, 76 (3): 189 – 197.

[197] Newey, W. K. & West. K. D. 1987. A simple, positive semi-definite, heteroskedasticity and autocorrelation consistent covariance matrix. Econometrica, 55 (3): 703 – 708.

[198] Ng, L. & Wu, F. 2006. Revealed Stock Preferences of Individual Investors: Evidence from Chinese Equity Markets. Pacific-basin Finance Journal, 14 (2): 175 – 192.

[199] Nijman, T. , Swinkels, L. & Verbeek, M. 2004. Do countries or industries explain momentum in Europe? Journal of Empirical Finance, 11 (4): 461 – 481.

[200] Nofsinger, J. & Varma, A. 2014. Socially responsible funds and market crises. Journal of Banking & Finance, 48: 180 – 193.

[201] Novy – Marx, R. 2012. Is momentum really momentum? Journal of Financial Economics, 103 (3): 429 – 453.

[202] Okunev, J. & White, D. 2003. Do momentum-based strategies still work in foreign currency markets? Journal of Financial and Quantitative Analysis, 38 (2): 425 – 447.

［203］ Pan, L. , Tang, Y. & Xu, J. 2013. Weekly momentum by return interval ranking. Pacific – Basin Finance Journal, 21 (1): 1191 – 1208.

［204］ Park, T. – J. & Lee, Y. 2014. Informed trading before positive vs. negative earnings surprises. Journal of Banking & Finance, 49: 228 – 241.

［205］ Paternoster, R. , Brame, R. , Mazerolle, P. & Piquero, A. 1998. Using the correct statistical test for the equality of regression coefficients. Criminology, 36 (4): 859 – 866.

［206］ Patro, D. K. & Wu, Y. 2004. Predictability of short-horizon equity returns in international equity markets. Journal of Empirical Finance, 11 (4): 553 – 584.

［207］ Peng, L. & Xiong, W. 2006. Investor attention, overconfidence and category learning. Journal of Financial Economics, 80 (3): 563 – 602.

［208］ Peress, J. & Schmidt, D. 2018. Glued to the TV: distracted retail investors and stock market liquidity. HEC Paris, Paris, France Unpublished working paper.

［209］ Portes, R. & Rey, H. 2005. The determinants of cross-border equity flows. Journal of International Economics, 65 (2): 269 – 296.

［210］ Pouget, S. , Sauvagnat, J. & Villeneuve, S. 2017. A mind is a terrible thing to change: confirmatory bias in financial markets. The Review of Financial Studies, 30 (6): 2066 – 2109.

［211］ Pritamani, M. & Singal, V. 2001. Return predictability following large price changes and information releases. Journal of Banking & Finance, 25 (4): 631 – 656.

［212］ Qiao, K. & Dam, L. 2020. The overnight return puzzle and the "T + 1" trading rule in Chinese stock markets. Journal of Financial Markets, 50: 100534.

［213］ Rabin, M. & Schrag, J. L. 1999. First impressions matter: A model of confirmatory bias. The Quarterly Journal of Economics, 114 (1): 37 – 82.

［214］ Renault, T. 2017. Intraday online investor sentiment and return patterns in the US stock market. Journal of Banking & Finance, 84: 25 – 40.

［215］ Renneboog, L. , Ter Horst, J. & Zhang, C. 2008. Socially responsible investments: Institutional aspects, performance, and investor behavior. Journal of Banking & Finance, 32 (9): 1723 – 1742.

［216］ Riedl, A. & Smeets, P. 2017. Why do investors hold socially responsible mutual funds?. The Journal of Finance, 72 (6): 2505 – 2550.

［217］ Rouwenhorst, K. G. 1998. International momentum strategies. Journal of Finance 53 (1): 267 – 284.

［218］ Rouwenhorst, K. G. 1999. Local return factors and turnover in emerging stock markets. Journal of Finance, 54 (4): 1439 – 1464.

［219］ Sagi, J. S. & Seasholes, M. S. 2007. Firm-specific attributes and the cross-section of momentum. Journal of Financial Economics, 84 (2): 389 – 434.

［220］ Saunders, E. M. 1993. Stock prices and Wall Street weather. The American Economic Review, 83 (5): 1337 – 1345.

［221］ Seasholes, M. S. & Wu, G. 2007. Predictable behavior, profits, and attention. Journal of Empirical Finance, 14 (5): 590 – 610.

［222］ Seasholes, M. S. & Zhu, N. 2010. Individual investors and local bias. The Journal of Finance, 65 (5): 1987 – 2010.

［223］ Serban, A. F. 2010. Combining mean reversion and momentum trading strategies in foreign exchange markets. Journal of Banking & Finance, 34 (11): 2720 – 2727.

［224］ Sobel, J. 2005. Interdependent preferences and reciprocity. Journal of Economic Literature, 43 (2): 392 – 436.

［225］ Stellner, C. , Klein, C. & Zwergel, B. 2015. Corporate social responsibility and Eurozone corporate bonds: The moderating role of country sustainability. Journal of Banking & Finance, 59: 538 – 549.

［226］ Stigler, G. J. 1961. The economics of information. Journal of Political Economy, 69 (3): 213 – 225.

[227] Sulaeman, J. 2014. Do local investors know more? Evidence from mutual fund location and investments. The Quarterly Journal of Finance, 4 (2): 1450010.

[228] Tetlock, P. C. 2011. All the news that's fit to reprint: do investors react to stale information? Review of Financial Studies, 24 (5): 1481 – 1512.

[229] Tsukioka, Y. , Yanagi, J. & Takada, T. 2018. Investor sentiment extracted from internet stock message boards and IPO puzzles. International Review of Economics and Finance, 56: 205 – 217.

[230] Van Nieuwerburgh, S. & Veldkamp, L. 2009. Information immobility and the home bias puzzle. The Journal of Finance, 64 (3): 1187 – 1215.

[231] Walkshausl, C. 2014. The MAX effect: European evidence. Journal of Banking and Finance, 42 (5): 1 – 10.

[232] Wang, L. H. , Lin, C. H. , Fung, H. G. & Chen, H. M. 2015. Governance mechanisms and downside risk. Pacific – Basin Finance Journal, 35: 485 – 498.

[233] Wang, Y. M. , Li, C. A. & Lin, C. F. 2017. Investor sentiment of lottery stock-evidence from the Taiwan stock market. Investment Management & Financial Innovations, 9 (2): 203 – 207.

[234] Xiong, X. , Gao, Y. & Feng, X. 2017. Successive short-selling ban lifts and gradual price efficiency: evidence from China. Accounting & Finance, 57 (5): 1557 – 1604.

[235] Xu, Y. D. 2016. Aversion of information ambiguity and momentum effect in China's stock market. China Finance Review International, 6 (2): 125 – 149.

[236] Yamamoto, R. 2012. Intraday technical analysis of individual stocks on the Tokyo Stock Exchange. Journal of Banking & Finance, 36: 3033 – 3047.

[237] Yang, N. , Chu, H. , Ko, K. & Lee, S. 2018. Continuing overreaction and momentum in a market with price limits. Pacific Basin Finance Journal, 48: 56 – 71.

[238] Yang, W. , Lin, D. & Yi, Z. 2017. Impacts of the mass media effect on investor sentiment. Finance Research Letters, 22: 1 − 4.

[239] Yuan, Y. 2015. Market-wide attention, trading, and stock returns. Journal of Financial Economics, 116 (3): 548 − 564.

[240] Yung, K. & Nafar, N. 2017. Investor attention and the expected returns of REITS. International Review of Economics and Finance, 48: 423 − 439.

[241] Zhang, Y. , Ma, F. & Zhu, B. 2019. Intraday momentum and stock return predictability: Evidence from China. Economic Modelling, 76: 319 − 329.

[242] Zhong, A. & Gray, P. 2016. The max effect: An exploration of risk and mispricing explanations. Journal of Banking & Finance, 65: 76 − 90.